ALEXANDRE
LENOIR

ALEXANDRE
LENOIR

SKIRA

ALMINE RECH

Sauf mention contraire, toutes les œuvres sont réalisées avec de la peinture à l'huile et acrylique sur toile

Unless otherwise mentionned, all works were made with oil and acrylic paint on canvas

Sommaire - Contents

Alexandre Lenoir, des partitions de peinture -

Alexandre Lenoir: The Musical Scores of Painting

Anaël Pigeat

Anaël Pigeat (**A. P.**) : *Comment avez-vous commencé à peindre ? La notion de sculpter la lumière a-t-elle quelque chose à voir avec vos commencements, et avec ce que vous faites aujourd'hui ?*

Alexandre Lenoir (**A. L.**) : J'ai commencé à peindre avec des pinceaux juste avant d'entrer à l'École des beaux-arts. J'étais très impressionné par les grands formats que je voyais dans les écoles d'art, alors j'ai pris une grande feuille, les trois couleurs primaires, des brosses et un projecteur. Ce fut très inspirant pour moi d'utiliser des photos. Après les Beaux-Arts, j'ai voulu remettre en question mon geste direct sur une toile. Alors j'ai développé mon rapport avec ces trois éléments dont je disposais déjà : les trois couleurs primaires, la toile et le pinceau. Comment créer une image qui ait un sens plus élevé que ce que je pourrais dire avec mes entrailles ? J'ai cherché des règles à suivre, j'ai voulu devenir un pseudo-scientifique de la peinture en questionnant ma posture de peintre devant la toile, et j'ai trouvé des techniques indirectes. À partir de la projection d'une photographie sur la toile, j'ai masqué des pixels de lumière avec du scotch au fur et à mesure, du plus clair au plus sombre. Puis j'ai recouvert la toile avec des lavis successifs de peinture, partant des trois couleurs primaires, d'abord

Anaël Pigeat (**A.P.**): *How did you start painting? Did the notion of sculpting light have anything to do with it and with what you're doing today?*

Alexandre Lenoir (**A.L.**): I began painting with brushes just before I started at the Beaux-Arts de Paris. I was very impressed with the large-format paintings I was seeing in art schools, so I got hold of a big sheet of paper, the three primary colors, some brushes, and a projector. I was very inspired by using photos. After my time at the Beaux-Arts, I wanted to re-evaluate the way I was using brushstrokes directly on a canvas. So I developed my relationship with these three elements I was already using: the three primary colors, the canvas, and the paintbrush. How could I create a picture that was more meaningful than what I could portray intuitively? I looked for rules to follow; I wanted to develop a pseudo-scientific approach to painting by questioning my position as a painter facing the canvas, and I found some indirect techniques. I started by projecting a photograph onto the canvas, then gradually masked the pixels of light using masking tape, from lightest to darkest. Next, I covered the canvas with washes of paint, starting with the three primary colors—at first light, then gradually more and more concentrated. Sometimes, I reposition the masking tape in folds, or I reuse pieces from other

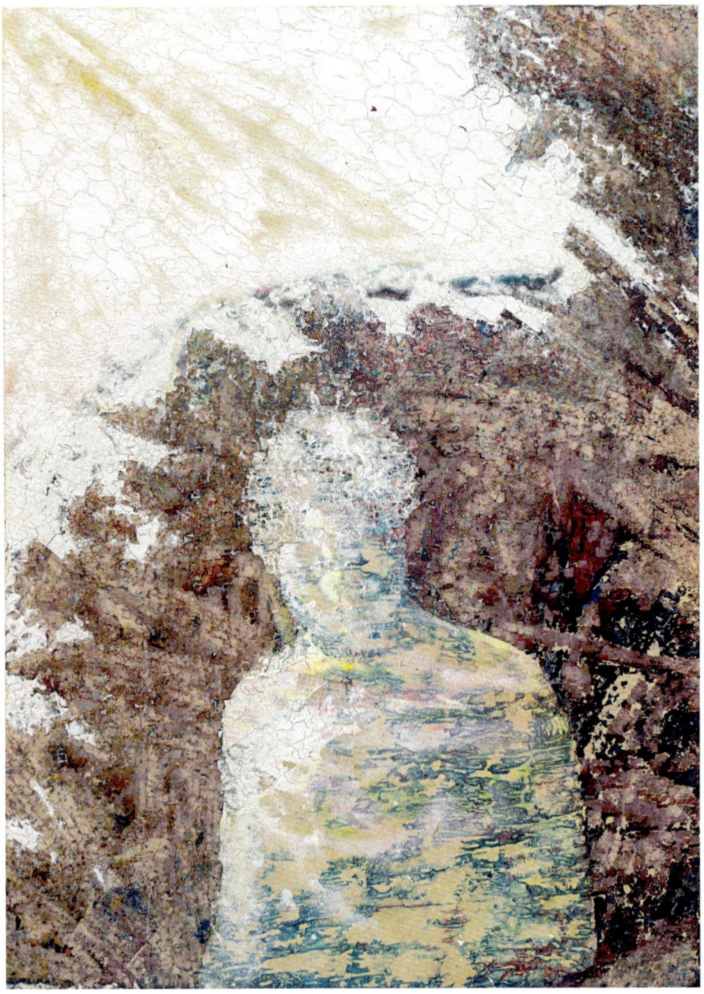

Buste, 2022, 108 × 76 cm / 42 ½ × 29 15⁄16 in
Collection privée / Private collection

légers et de plus en plus concentrés. Parfois, je repositionne les scotchs comme des drapés, ou je réutilise aussi des morceaux d'autres toiles. Et dans quelques œuvres récentes, j'ai même posé de la feuille d'or. Les scotchs sont ensuite retirés pour procéder à la « révélation » de la peinture, au sens photographique-parfois quelques morceaux de scotch sont laissés en place. Cela s'apparente, d'une certaine façon, au processus sérigraphique. Pour peindre des éléments naturels tels que l'eau ou la végétation, j'ai voulu être le plus vrai possible, les peignant avec le moins de coups de pinceau possible, avec des gouttes et de l'eau. La peinture crée des ponts entre les différentes réalités. Cela peut effectivement faire penser au fait de sculpter la lumière, car il s'agit d'un halo progressif, de l'élément le plus sombre au plus lumineux.

paintings. I've even placed gold leaf in some recent works. The masking tape is then removed to "reveal" the painting, in the photographic sense—sometimes a few pieces of masking tape are left in place. In a way, the process is a bit like silk screen printing. When painting natural elements such as water or plants, I wanted to be as true as possible, painting them with as few brushstrokes as possible, with drips and water. Painting creates bridges between different realities. That can, indeed, bring to mind sculpting light, because there's a progressive halo, from the darkest to the brightest element.

A.P.: *In 2018 you went to Morocco to spend a year working with assistants. What effect did that change in geographical location have on your work? How did the emphasis on distancing yourself from the canvas come about?*

A.L.: At first, my assistants were my friends; they used to help me and I would depict them in my paintings. After I sold my first canvas, I wanted to see what it would be like to paint with other assistants, and I went to Morocco, because I wanted to work with people who had received no artistic training and who I could pay adequately. Contrary to what you might imagine, I didn't go to Morocco for the light, but rather for something to be represented. In my first paintings there, I depicted artificial light, in a very systematized way, with no particular intention about one part of the canvas or another. I would ask my assistants to make the mechanical gestures I described to them and that I made with them at first. It was a unique experience, during which I sought to remove myself from the creative act.

A.P.: *How much free rein did you give these assistants in the paintings they were producing for you?*

A.L.: I would give them the framework and ask them to choose all the rest, including the use of their own photographs. They would ask me questions that I

A. P. : *En 2018, vous partez passer une année au Maroc pour travailler avec des assistants. Quel a été l'effet de ce déplacement géographique sur votre travail ? Comment s'est imposée l'accentuation de cette mise à distance de la toile par rapport à vous-même ?*

A. L. : Au début, les assistants étaient mes amis, ils m'aidaient et je les représentais dans les toiles. Quand j'ai vendu ma première toile, j'ai voulu expérimenter le fait de peindre avec d'autres assistants, et je suis parti au Maroc, car je voulais travailler avec des ouvriers n'ayant aucune formation artistique et que je pouvais rémunérer correctement. Contrairement à ce que l'on peut imaginer, je ne suis pas allé au Maroc pour la lumière, mais pour que quelque chose « se représente ». Dans mes premières toiles là-bas, j'ai représenté la lumière artificielle, de façon très codifiée, sans intention particulière sur telle ou telle partie de la toile. J'ai demandé à mes assistants de faire les gestes mécaniques que je leur décrivais, et que j'ai réalisés avec eux au début. Ce fut une expérience unique, au cours de laquelle j'ai voulu me retirer de l'acte créatif.

A. P. : *Quelle place faisiez-vous au jugement de ces assistants sur les toiles qu'ils réalisaient pour vous ?*

A. L. : Je leur donnais le cadre et je leur demandais de choisir tout le reste, jusqu'à leurs propres photographies. Ils me posaient des questions auxquelles je ne répondais pas. Cela a duré quelques mois. C'est alors moi qui suis devenu l'assistant. Mais après les toiles que j'avais dirigées au début et dans lesquelles je me reconnaissais, aucune ne m'a semblé fonctionner, à l'exception d'une seule, exceptionnelle, *Casablanca*. Elle avait une vraie poésie, à la croisée des chemins, comme une troisième voix, une œuvre faite par un artiste composé de plusieurs êtres en même temps. Je suis quelqu'un de spirituel, et je voulais réaliser une œuvre qui puisse faire penser à l'au-delà, qui

wouldn't answer. That lasted for several months. And it was then that I became the assistant. But of the paintings that followed those I directed in the beginning, and in which I could recognize myself, it seemed to me that only one worked, an exceptional one: *Casablanca*. It had real poetry, at a crossroads, like a third voice, a work created by an artist made up of many people at the same time. I'm a spiritual person, and I wanted to create a work that could bring to mind the beyond, that occurs as though by magic, because the artist is an alchemist who uses humans to give life to something that doesn't exist in real life.

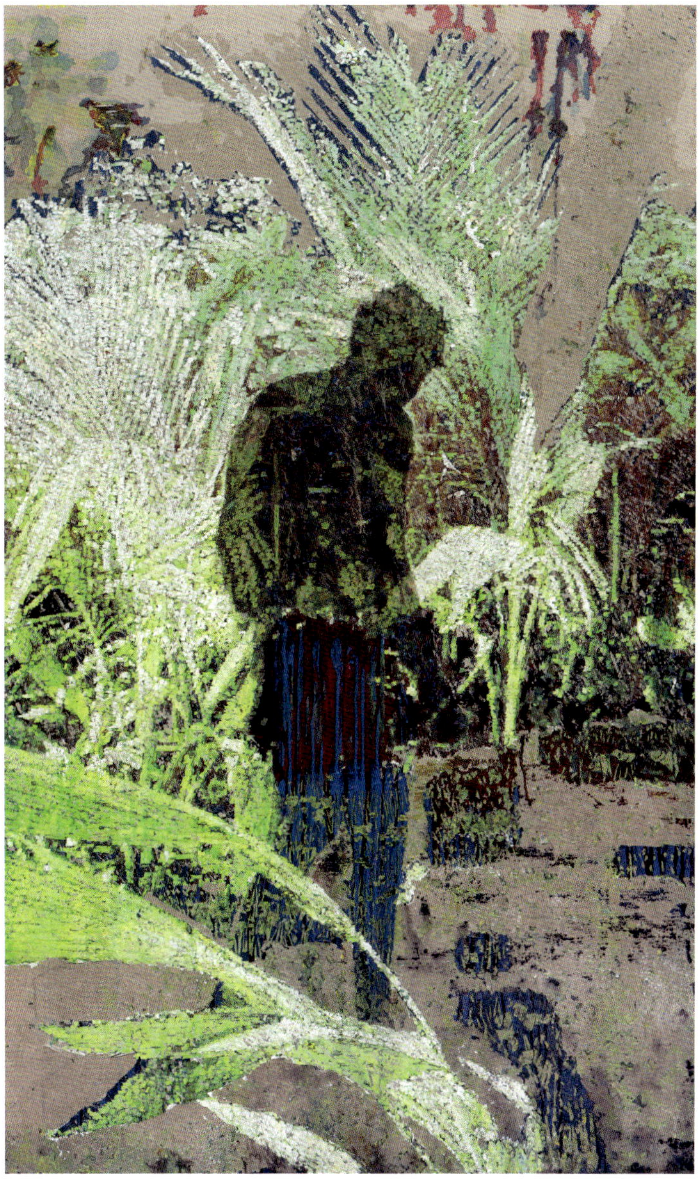

Dos, 2023, 178 × 109 cm / 70 1/16 × 42 15/16 in
Collection privée / Private collection

arrive comme par magie, parce que l'artiste est un alchimiste qui se sert de l'humain pour donner vie à quelque chose qui n'existe pas dans le réel.

A. P. : *Vos assemblages de lumières frôlent souvent l'abstraction…*

A. L. : J'ai provoqué l'image au maximum pour savoir si je pouvais l'évacuer complètement, et je n'y suis pas arrivé.

A. P. : *Vous avez une façon de travailler par séries d'expériences et de protocoles. Au retour du Maroc, vous vous retrouvez face à la toile. Quel effet cette « reprise en mains » a-t-elle eu sur la peinture ?*

A. L. : Face à moi-même, j'ai voulu retravailler avec un pinceau, or ce n'était pas possible, comme si je n'avais pas pu finir quelque chose que j'avais longtemps cherché. J'avais presque peur. J'ai eu beaucoup de mal à *me repeindre.*

A. P. : *C'est une formulation intéressante !*

A. L. : Oui ! Je peins avec ce que je suis, j'ai un besoin de retrait de moi-même qui vient de mon éducation et de la nécessité de chercher sa place. J'ai toujours eu confiance en une sorte de prière constante. Pour moi, la peinture s'apparente à une méditation, un mandala qui se dévoile comme quelque chose de plus grand que moi. À l'inverse, cela peut être aussi un emprisonnement. Peindre, c'est dire : « je suis libre ». Avec ces recherches, j'ai trouvé une façon de faire apparaître de la peinture sans peindre, avec une voix qui parle aussi de moi, de mon rapport à la vie, d'image, de magie, d'alchimie, d'élargissement de la notion de peinture. Cela assouvit un désir d'invention que j'ai, mais pas forcément un désir de peindre.

A. P. : *C'est donc cette prise de conscience à partir de 2020 qui vous fait élargir à nouveau votre peinture à*

A.P.: *Your assemblies of lights often verge on abstraction.*

A.L.: I provoked the image as much as possible to see if I could remove it completely, and I wasn't able to do so.

A.P.: *You have a way of working by series of experiments and protocols. When you returned from Morocco, you found yourself again in front of the canvas. What effect did this "taking control again" have on the painting?*

A.L.: On my own, I wanted to work with a paintbrush again, but it wasn't possible; it was as though I'd been unable to finish something I'd been looking for for a long time. I was almost afraid. I found it very difficult to "repaint myself."

A.P.: *That's an interesting formulation!*

A.L.: Yes! I paint with what I am; I have a need to withdraw from myself that comes from my education and the need to seek my place. I've always trusted in a sort of continual prayer. For me, painting is a sort of meditation, a mandala that reveals itself as something greater than myself. Conversely, it can also be an imprisonment. To paint is to say: "I'm free." With this research, I found a way of producing a painting without painting, with a voice that also speaks about me, about my relationship with life, about the image, about magic, about alchemy, and about broadening the notion of painting. It satisfies a desire I have to invent, but not necessarily a desire to paint.

A.P.: *So it was this awareness, in 2020, that caused you to broaden your painting again by using hands other than your own. And this was the beginning of your Orly studio period …*

A.L.: I took on a small studio in the heart of Orly; I recruited some art school students and I reclaimed what I'd set up in Morocco and that had totally escaped me. I pursued this indirect way of painting,

d'autres mains que les vôtres. Commence alors l'époque de votre atelier d'Orly…

A. L. : J'ai pris un petit atelier au fond d'Orly, j'ai recruté des stagiaires d'écoles d'art, et je me suis réapproprié ce que j'avais mis en place au Maroc et qui m'avait totalement échappé. J'ai poursuivi cette façon indirecte de peindre, tout en restant très proche des tableaux. Au Maroc, j'avais atteint le paroxysme des règles que je pouvais me donner. Et là, en arrêtant de m'en imposer, j'ai réexploré des sujets que j'avais étudiés auparavant lors de mes voyages en Guadeloupe, dont ma mère est originaire, ou lors des voyages faits avec des amis. Je ne me posais pas la question du sens de la toile afin de respirer. J'étais à la fois proche et à distance, et j'ai réalisé beaucoup de toiles.

A. P. : *Ces assistants, vous l'avez dit, étaient à nouveau des étudiants des Beaux-Arts. Pourquoi ?*

A. L. : J'avais besoin de partager, d'inclure des gens dans ma démarche qui soient acteurs sans être l'artiste, comme des pinceaux vivants. Par exemple pour le choix d'une image, je parlais avec les uns et les autres afin de créer une dimension holistique entre la toile, la personne au travail et moi. À cette époque-là, je faisais travailler une personne sur une toile, puis elle partait. Entre 2020 et 2022, une cinquantaine de personnes sont passées par l'atelier. Le matin, nous petit-déjeunions, nous nous mettions en condition et nous entrions dans les tableaux. Cela prenait énormément d'énergie. Je n'aurais pas pu continuer ainsi longtemps.

A. P. : *À partir de 2022, vous avez le projet de faire une machine à peindre, exactement à l'inverse de tout ce que vous venez de décrire. Avez-vous eu des modèles ?*

A. L. : Je marche toujours par oppositions. Mes toiles mêlent huile et eau, des réactions chimiques, souvent brutales. Mon travail se nourrit de positif,

while remaining close to the pictures. In Morocco, I'd reached the limit of the rules I could set for myself. And there, by putting an end to imposing them on myself, I re-explored subjects that I'd previously studied during my trips to Guadeloupe, which is where my mother comes from, or during trips with friends. I wasn't questioning the meaning of the painting, so I could breathe. I was both close and at a distance, and I produced a lot of paintings.

A.P.: *You've said that these assistants were once again Beaux-Arts students. Why?*

A.L.: I needed to share, to include people in the process that would be involved without being the artist, like living brushes. For example, when choosing an image, I would talk with some of them in order to create a holistic dimension between the canvas, the person working, and myself. During that period, I would work with one person on one painting, then they would leave. Between 2020 and 2022, some fifty people passed through the studio. In the morning, we would have breakfast, gear up, and then begin work on the paintings. It took an enormous amount of energy. I couldn't have continued like that for long.

A.P.: *In 2022 you had a plan to make a painting machine, exactly the opposite of what you've just described. Did you have models?*

A.L.: I always work in opposites. My canvases mix oil and water, chemical reactions that are often violent. My work is inspired by positive, by negative, by poles that are in contradiction with each other and create energy. And I'm looking for that energy that creates inspiration, life. I'd been dreaming, for a very long time—since my first experiments at the Beaux-Arts de Paris—of a machine that would position the masking tape. When I returned from Morocco, I designed a machine on a studio wall of my parents' house, near Chartres, but I didn't have

de négatif, de pôles qui s'opposent et créent de l'énergie. Et je suis à la recherche de cette énergie qui crée le souffle, la vie. Depuis très longtemps, j'avais le rêve d'une machine qui pose des scotchs, dès mes premières expérimentations à l'École des beaux-arts. À mon retour du Maroc, j'ai dessiné une machine sur un mur d'atelier chez mes parents, près de Chartres, mais je n'avais pas l'argent pour la concevoir. Dès que j'en ai eu les moyens, j'ai fait appel à la junior entreprise d'une école pour construire cette machine. Nous avons travaillé dessus pendant six mois. J'ai pris en charge une grande partie du projet. Un logiciel reconnaissait les éléments dans l'image en deux ou cent niveaux de lumière, et déterminait des masques à la manière d'un « chemin de toile » contenant les pourcentages d'eau, de colle et de couleur par zone. J'appuyais ensuite sur « play ». La machine – un grand cadre de quatre mètres sur trois – déroulait, coupait et posait le scotch. Puis elle se rangeait, et prenait un pinceau. Le mélange de peinture s'opérait alors, et la machine passait le pinceau sur la toile aux endroits déterminés. C'était ce que je faisais faire aux assistants l'année précédente. La chose qui ne fonctionnait pas était la tête de pose du scotch. Je voulais que le scotch mesure 0,5 cm × 0,5 cm. Les ingénieurs ne pouvaient pas faire plus petit que 1 × 1 cm. J'ai tout arrêté pour cette raison. Et tous les morceaux sont dans la cave de mon atelier…

A. P. : *Et que vous évoquent les procédés d'intelligence artificielle ?*

A. L. : Quand l'IA est apparue, j'ai compris que je cherchais d'autres formes d'intelligence dans ma peinture, mais qui n'étaient pas artificielles.

A. P. : *Est-ce que cela pourrait avoir un lien avec l'interprétation d'une partition musicale ? Ces « chemins de toiles » dont vous parlez, ne sont-ils pas comme des partitions de vos peintures, comme des notes d'enregistrement d'une chorégraphie ?*

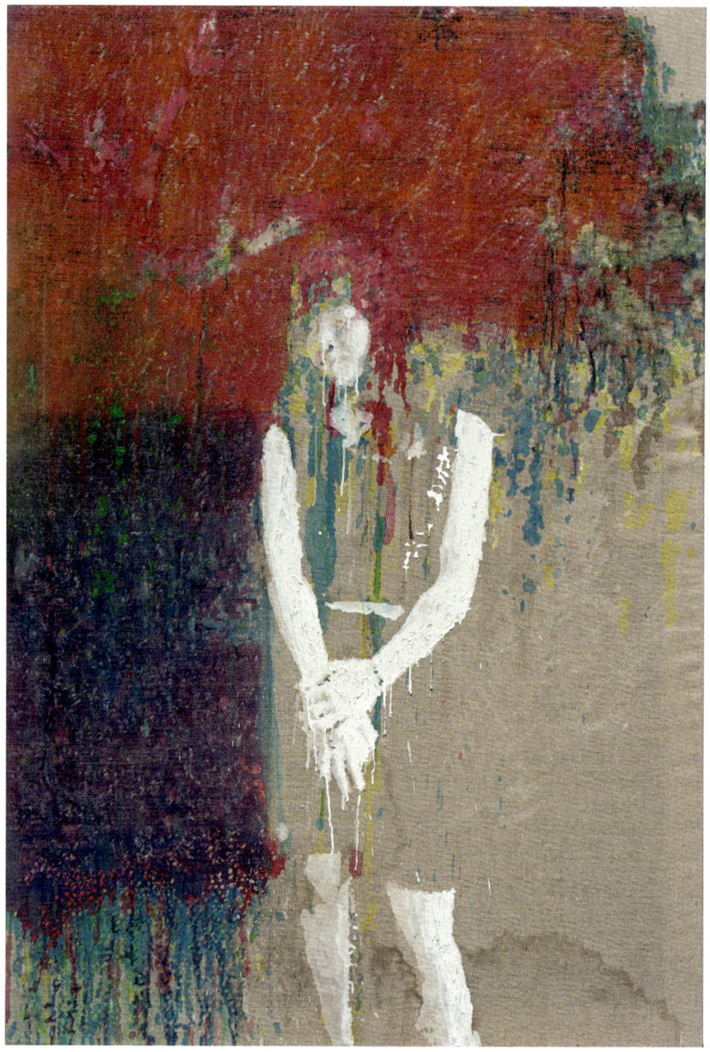

Jour d'été, 2023, 157 × 108 cm / 61 $^{13}/_{16}$ × 42 $^{1}/_{2}$ in
Collection privée / Private collection

the money to create it. As soon as I could afford it, I commissioned the Junior Enterprise of a school to build this machine. We worked on it for six months. I was responsible for a large part of the project. A software program would recognize elements in the image in two or a hundred levels of light and would determine stencils in the manner of a "canvas path" containing the percentages of water, glue, and color by zone. I would then press "play." The machine—a big 4-by-3-meter frame—would unroll, cut, and position the tape. Then it would reposition itself and take a paintbrush. The paint was then mixed and the machine would pass the brush over the canvas at the determined areas. It was what I used to get the assistants to do the previous year. The thing that didn't work was the head that positioned the

A. L. : Je n'y avais jamais pensé, mais c'est exactement ça ! Une partition est un protocole que je donne, et l'interprétation apparaît sur la toile. À un certain moment, j'ai voulu faire un protocole que j'aurais donné à cent personnes différentes, à qui j'aurais envoyé des kits de peinture, et j'aurais exposé les cent tableaux côte à côte. Je n'ai pas pu le faire, faute de moyens financiers.

A. P. : *Après l'époque de la machine, vous avez réalisé des toiles de plus en plus abstraites. Pourquoi ce retrait de la figure ?*

A. L. : En 2023, je me suis installé à New York la moitié du temps, et j'ai développé un rapport à la peinture à distance. Tous les soirs, l'équipe postait des *stories* sur un compte Instagram privé pour que je suive l'évolution des toiles et que je puisse les modifier. Je pilotais la fabrication de ces toiles de loin. Quand ce moment de retrait est arrivé, j'ai eu besoin de travailler seul avec mon pinceau sur la toile, mais je n'y suis pas arrivé. Je ne parvenais pas à me trouver. J'essayais de faire intervenir du hasard dans la façon de penser les mélanges des couleurs, d'oublier mes protocoles. Et j'ai retiré la figure, pour aller à la limite du visible, pour voir si les tableaux tenaient dans l'abstraction.

A. P. : *Quand on arrive aux États-Unis, est-ce qu'il y a dans le rapport à l'espace, au territoire, à l'immensité, une dimension d'abstraction qui vous rattrape ?*

A. L. : En arrivant, j'ai eu envie de changement, j'ai ressenti une notion d'échelle différente. Mes repères séculaires ont été ébranlés. Il m'a fallu du temps pour me réacclimater, comme si un autre monde s'ouvrait à moi. J'ai alors évacué les personnages de mes toiles. À l'Armory Show, j'ai présenté une série d'œuvres qui partaient d'une toile que j'avais réalisée à Paris, dont j'ai repris le motif pour créer quinze autres toiles, pour en disloquer l'intention, en les recomposant.

masking tape. I wanted pieces of tape that measured 5 millimeters square. The engineers couldn't make them smaller than 1 centimeter square. I stopped everything for that reason. And all the pieces are in the cellar of my studio.

A.P.: *And what do artificial intelligence processes evoke for you?*

A.L.: When AI emerged, I understood that I was looking for other forms of intelligence in my painting, but that weren't artificial.

A.P.: *Could that be likened to the interpretation of a musical score? These "canvas paths" you speak of, are they like the musical scores of your paintings, like the recording notes of a choreography?*

A.L.: I'd never thought of that, but that's exactly what it is! A musical score is a protocol that I give, and the interpretation emerges on the canvas. At one time, I wanted to produce a protocol that I would've given to a hundred different people, to whom I would've sent paint kits, and I would then have exhibited the hundred paintings side by side. I wasn't able to pursue the idea because of a lack of resources.

A.P.: *After the machine period, you created paintings that were more and more abstract. Why this removal of the figure?*

A.L.: In 2023 I spent half my time in New York, and I developed a relationship with painting from a distance. Every evening, the team would post stories on a private Instagram account so that I could follow the evolution of the paintings and could modify them. I was managing the production of these paintings from a distance. When that moment of withdrawal occurred, I needed to work alone with my paintbrush on the canvas, but I couldn't do it. I couldn't manage to find myself. I tried to introduce chance into the way I thought about the mixes of colors and to forget

J'en ai changé les couleurs, le sens, les compositions, pour obtenir des tableaux, tous différents, et qui ne forment qu'un.

A. P. : ***Une sorte de kaléidoscope ?***

A. L. : Oui, exactement.

A. P. : ***Le processus que vous êtes en train d'expérimenter dans votre atelier parisien, qui consiste en une sorte de peinture par transfert, comme des palimpsestes, me semble justement être votre machine à peindre… Auriez-vous envie d'en fabriquer une nouvelle ? D'où vous est venue cette envie d'imprimer ainsi ces toiles, comme dans un effet de persistance rétinienne ?***

A. L. : C'est vrai qu'elle est là, cette machine… J'ai commencé ce travail en 2023 : je disposais des toiles non préparées les unes sur les autres. La peinture posée par les assistants traversait les toiles différemment. Au début, elle était très présente, puis elle le fut de moins en moins. Certaines avaient besoin d'être reprises, d'autres étaient abandonnées. En même temps, j'ai ouvert mon nouvel atelier près de Paris : je voulais que la peinture produise de la peinture, comme si mon geste pictural, qui n'existe pas, s'élargissait dans plusieurs réalités. J'ai l'impression de peindre dans l'espace.

my protocols. And I removed the figure, to go to the limits of what is visible, to see if the paintings would work as abstracts.

A.P.: *When arriving in the United States, is there, in the relationship to the space, the territory, the vastness, an aspect of abstraction that recaptures you?*

A.L.: When I arrived, I wanted a change; I felt a different sense of scale. My traditional points of reference were shaken. It took me some time to reacclimatize, as though another world was opening to me. So I removed the people from my paintings. At the Armory Show, I presented a series of works that were based on a painting I'd done in Paris, from which I took the motif to create fifteen other paintings, deconstructing the intention by recomposing them. I changed the colors, the orientation, the compositions, to create different paintings but that formed a single whole.

A.P.: *A sort of kaleidoscope?*

A.L.: Yes, exactly.

A.P.: *The process that you're currently experimenting with in your Paris studio, which involves a sort of transfer painting, like palimpsests, seems to me to be your painting machine, in fact. Would you like to make a new one? Where did you get the idea to print the canvases in this way, in a sort of afterimage effect?*

A.L.: It's true that the machine is there. I started this work in 2023: I was laying unprepared canvases on top of each other. The paint put down by the assistants would penetrate the canvases differently. At first, it was very present, then less and less so. Some needed to be redone; others were abandoned. At the same time, I opened my new studio near Paris: I wanted the paint to produce painting, as though my pictorial gesture, which doesn't exist, was expanding into different realities. I feel like I'm painting in space.

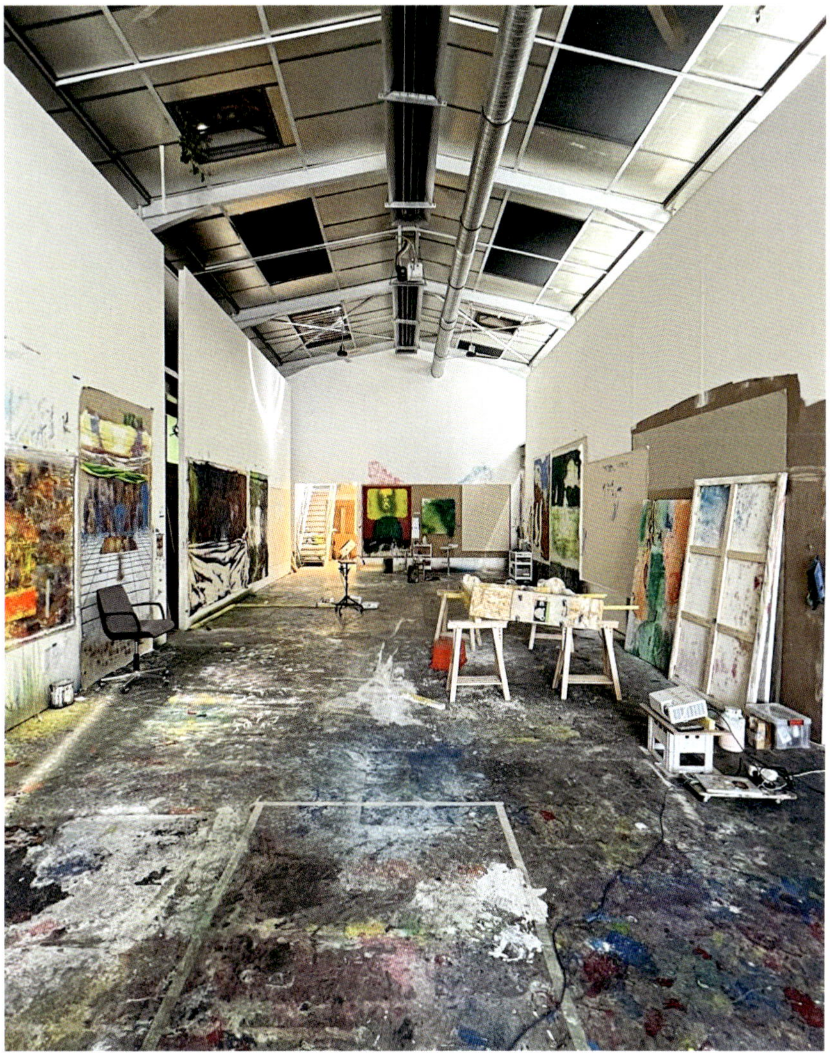

Vue d'atelier* / *Studio view, Vitry-sur-Seine, France, 2024

Au commencement, scotcher le ciel -

Tape the Sky at the Beginning

Joachim Pissarro

À l'occasion de son exposition personnelle organisée par la galerie Almine Rech, à New York, Alexandre Lenoir présente une toile où, dans le coin supérieur gauche, figure une inscription aussi énigmatique que séduisante : « Au commencement, scotcher le ciel. » Direct et didactique, mais aussi profondément poétique, cet énoncé met en lumière le cœur même du procédé artistique qui distingue le travail de Lenoir ainsi que sa rigoureuse assise conceptuelle, physique et métaphysique. Il fait avant tout référence à la méthode caractéristique de l'artiste, qui consiste à piéger la peinture sous des couches de ruban de masquage adhésif pour reproduire la nature, représenter une image et, comme le montrent les œuvres présentées dans l'exposition, ses incessantes expérimentations avec le matériau et la couleur.
Ce griffonnage lyrique donne également un aperçu sur la pratique d'atelier de Lenoir, élément conceptuel décisif de son travail. En effet, ce texte a été écrit en guise d'« instruction » directement adressée à un assistant d'atelier. Les instructions de la sorte relèvent de ce que l'artiste désigne sous les termes « protocole » ou « recette » pour réaliser une toile. Des protocoles méticuleux qui prennent la forme de diagrammes destinés à ses assistants d'atelier et parlent de son propre retrait (son *absence* personnelle) des modalités de la création picturale, à la recherche d'une image guidée par le hasard, une image qu'il n'aurait pu faire lui-même ou, plutôt, qu'il aurait décidé de ne pas faire puisqu'il s'en est détaché

In Alexandre Lenoir's solo exhibition at Almine Rech in New York, the top left corner of one of his canvases contains the enigmatic and alluring phrase: "Tape the sky at the beginning." Direct and instructional, yet profound and poetic, this phrase illuminates the crux of Lenoir's distinctive artistic process and its rigorous, conceptual, physical, and metaphysical underpinnings. First and foremost, the phrase refers to Lenoir's signature method of trapping paint beneath masking tape to replicate nature, to represent an image, and, showcased by the works on view in the exhibition, his continued experimentation with material and color. The lyrical scrawl also offers insight into Lenoir's studio practice, a crucial conceptual element of his work. Indeed, the text was written as a direct "instruction" to a studio assistant. These instructions are part of what the artist calls his "protocol" or "recipe" for a painting. Lenoir's meticulous protocols appear in the form of charts for studio assistants and speak to his own removal (his own absence) from the process of painting in search of an image steered by chance, one that he himself could not make (or rather, decided not to make), since he literally "stood out." But here is what is inherent in this protocol: while "standing out," the artist becomes "outstanding" in his own absence. The artist shines through his own absence. He reveals himself through his own self-removal. Likening the artist to a conductor or architect, Lenoir draws on the formal and conceptual strategies of pioneering avant-garde artistic movements across

au sens propre. Mais voilà ce qui est inhérent à ce protocole : en se *démarquant*, l'artiste devient *remarquable* du fait de sa propre absence. Il brille par son absence. Il se révèle par son propre retrait. Assimilant l'artiste à un chef d'orchestre ou à un architecte, Lenoir s'inspire des stratégies formelles et conceptuelles des avant-gardes artistiques, enjambant les canons esthétiques de l'histoire de l'art, des Nabis à Fluxus. Les œuvres exposées évoquent également la présence d'Andy Warhol et d'Alighiero Boetti dans la pratique d'atelier conceptuelle de Lenoir, voire métaphysique. Une pratique que l'on peut qualifier de « métaphysique » au sens littéral : « méta », après ou au-delà ; « physique », nature, présence. Dans la mesure où Lenoir soustrait sa personne, sa propre présence, de la réalisation de l'œuvre, son rôle est en effet métaphysique, ou se situant au-delà de la physique. Alors que nous musardons au commencement, scotchons le ciel et franchissons le seuil de l'univers pictural d'Alexandre Lenoir.

La vingtaine de toiles de grand format regroupée dans l'exposition d'Alexandre Lenoir–intitulée « Entre chien et loup » et présentée à la galerie Almine Rech dans le quartier de Tribeca, à New York, atteste d'un degré d'expérimentation sans précédent dans la pratique du peintre, né en France. Ce sont autant de triomphes picturaux, reflétant l'intensité des techniques de superposition, qui étayent sa vision singulière depuis l'obtention de son diplôme avec mention à l'École des beaux-arts de Paris, en 2016. Pour créer ces œuvres, il projette sur la toile des photographies en noir et blanc et sépia, représentant principalement des espaces intérieurs, et s'attache à suivre chaque image par des strates progressives et méditatives de pigments brillants qu'il dépose sur la toile avec son matériau de prédilection : le papier-cache adhésif. Pour la première fois dans sa pratique, Lenoir a opté dans certaines œuvres pour des rubans adhésifs de couleur différente, substituant à sa marque de fabrique,

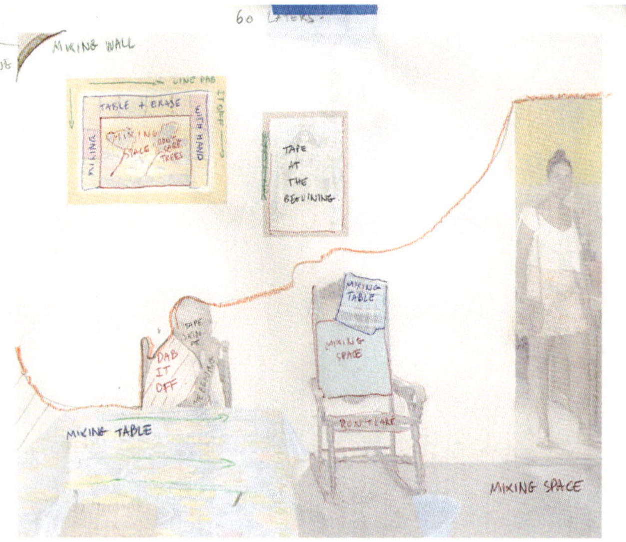

Protocole / Protocol 1, *L'Attente*, 2024

the art historical canon, ranging from Les Nabis to Fluxus. The works in the exhibition also conjure up the presence of Andy Warhol (1928–1987) and Alighiero Boetti (1940–1994) in Lenoir's conceptual, or indeed metaphysical, studio practice. Lenoir's practice can be called "metaphysical" in the plain, simple sense of "meta-physics"—*meta*: after or beyond; *physics*: nature, presence. Insofar as Lenoir takes his own self, his own presence, away from making the work, his role is indeed meta-physical or beyond-the-physical. As we loiter at the beginning, let us tape the sky and cross the threshold into Alexandre Lenoir's pictorial world.

The nearly twenty large-scale works on view in Alexandre Lenoir's exhibition, *Entre chien et loup*, in Almine Rech's Tribeca space, reveal an unparalleled degree of experimentation in the French-born artist's practice to date. These pictorial triumphs reflect the intensive layering techniques underpinning Lenoir's singular vision since he graduated with honors from the legendary École des beaux-arts in Paris in 2016. In order to create these works, Lenoir projected black-and-white and sepia-toned photographs, primarily of interior spaces, onto the canvas, following each image through brilliant, meditative, gradual deposits

le ruban de masquage bleu pour peintre, des rubans jaunes et orange. Dans l'exposition figure également sa toute première toile marouflée sur panneau d'aluminium, trait d'union entre la sphère des images bidimensionnelles et celle des installations. Dans l'ensemble, le traitement de la peinture sur ces toiles, une combinaison rarement rencontrée d'huile et d'acrylique (qui ressemble bel et bien à un mélange d'huile et d'eau), est plus lumineux et translucide que jamais. On dirait que la lumière émane de l'intérieur, d'une source cachée, un symptôme de son utilisation plus prolifique du blanc sur ces surfaces. Tout en conservant d'intenses alchimies de couleurs, l'effet est raffiné par de subtiles gradations de teintes ainsi qu'une hypnotisante dérive aqueuse entre les tons.

Matériau mnémonique, couleur mnémonique

Le papier-cache adhésif s'est révélé une technique parfaitement appropriée et très fructueuse pour l'artiste et son projet conceptuel, tout en produisant une palette étonnante et insoupçonnée d'effets visuels : qui donc aurait pu croire que le ruban de masquage était riche de tant de ressources ? En l'utilisant, Lenoir en inverse réellement la fonction ordinaire, qui est de scotcher une image sur un mur pour que son sujet reste présent à la mémoire. Ici, au lieu de cela, Lenoir projette sur la toile l'image qui est ensuite *dissimulée* au moyen du papier-cache et de la couleur. Comme le suggère son procédé, le ruban adhésif est une métaphore réfléchie de la malléabilité adhésive de la mémoire. L'utilisation par l'artiste du ruban de masquage, sa mise en place puis son retrait ultérieur, évoque également le souvenir de la peinture dans l'atelier, l'origine même de chaque tableau. De cette façon, la distance, le temps et l'expérience se fondent en une image de la mémoire elle-même.

À l'origine, cherchant à représenter les ondulations hypnotisantes et le mouvement perpétuellement changeant de l'eau, Lenoir avait remplacé

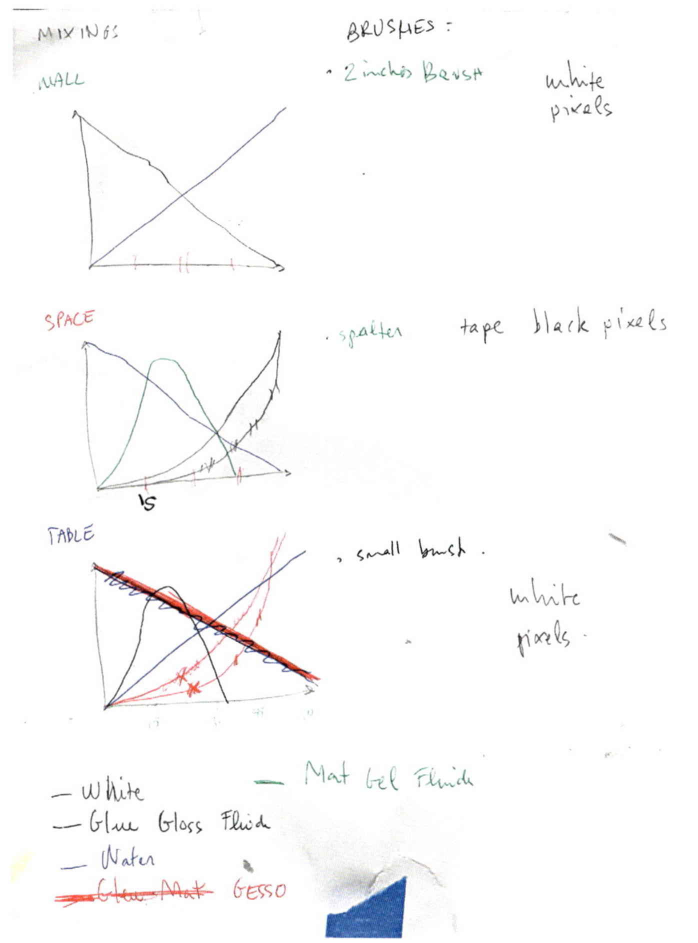

Protocole / Protocol 2, *L'Attente*, 2024

of pigment with his signature material: masking tape. For the first time in his practice, Lenoir has opted for a different color masking tape in some works, exchanging his trademark painter's blue for yellow and orange. The exhibition also includes the artist's first-ever canvas glued onto aluminum panel, which straddles the spheres of two-dimensional images and installation artworks. In the paintings overall, Lenoir's treatment of paint—a rarely encountered combination of oil and acrylic (which looks literally like oil and water)—is more luminous and translucent than ever before. Light appears to emanate from within the works, from a hidden luminous source, a symptom of his more prolific use of white across these surfaces. While still maintaining intense color alchemies, the effect is refined with delicate gradations in hue as well as a mesmerizing, aqueous drift between tones.

le coup de pinceau par des morceaux de ruban adhésif. Lors de ses premiers essais, il recouvrait certaines zones de papier-cache, de manière à préserver ces formes masquées des nombreuses autres couches de couleur ultérieures. La peinture ayant séché sous l'adhésif, il en résultait une troublante similitude avec quelque sédimentation ou miroitement aquatique.
« Les éléments naturels ne sont pas fabriqués de main d'homme », nous rappelle Lenoir, « ils sont fabriqués par eux-mêmes. Je devais trouver un moyen de peindre avec le moins de coups de pinceau possible[1]. » Répétant ce procédé par couches successives jusqu'à une centaine de fois, Lenoir découvre alors de multiples divisions et harmonies de couleurs, une façon de provoquer, évoquer (voire tenter d'égaler) la nature (*physis*) même. Par cette méthode, l'aquatique, le floral et le végétal figurés dans les toiles revêtent une dimension spirituelle (*aura*) en faisant apparaître, à l'instar de la nature, les éléments dans leur essence propre. Selon Lenoir, reprenant probablement le texte fondateur de Vassily Kandinsky, *Du Spirituel dans l'art* (1911), « la peinture a un si grand potentiel d'existence, simplement pour exister[2] [...] ».

Sur Bonnard

Ce sentiment était également partagé, ou anticipé, par le peintre Pierre Bonnard (1867-1947), illustre représentant d'un groupe d'artistes avant-gardistes qui s'étaient baptisés les « Nabis ». « Il ne s'agit pas de peindre la vie, il s'agit de rendre vivante la peinture[3] », a déclaré ce maître de la couleur, qui n'a eu de cesse de sonder la nature expressive de ses constructions picturales. Il considérait l'acte même de peindre comme une recherche incluant l'exploration de la substance physique et matérielle de la peinture, ce qui n'était guère différent des expérimentations de Lenoir avec le ruban-cache adhésif.

Mnemonic material, mnemonic color

Masking tape has proven a very apt and fruitful medium for the artist and his conceptual project, while yielding an astonishing and unsuspected array of visual effects: whoever thought that masking tape could hold so many resources? In his application of tape, Lenoir has literally reversed the usual, ordinary function of taping up an image on a wall in order to better remember its subject. Instead, here, Lenoir projects images onto canvas that are then "concealed" with tape and color. As suggested by his process, adhesive tape is a ripe metaphor for the sticky malleability of memory. Lenoir's use of tape—his application and later removal of it—also evokes the memory of the painting in the studio: the very origin of each painting. In this way, distance, time, and experience coalesce into an image of memory itself.

Lenoir initially replaced his brushstroke with pieces of tape as a means to represent the hypnotic ripples and ever-changing motion of water. In his early experiments, Lenoir covered certain areas with tape so that these masked forms remained untouched by many subsequent layers of color. As the paint dried under the tape, the result produced an uncanny resemblance to sedimentation or glimmering water brought to life. "Natural elements are not made with the hand of man," Lenoir reminds us, "they are made by themselves. I needed to find a way to paint with the least brushstrokes possible."[1] When his process was repeated in layers upwards of a hundred, Lenoir discovered multiple color separations and harmonies—a provocation and evocation, (or emulation) of nature (physis) herself. Through his process, water and vegetation depicted in the works assume a spiritual dimension (aura) by conjuring up, like nature, elements in their own essence. In Lenoir's words, seemingly plucked from Wassily Kandinsky's seminal text *Concerning the Spiritual in Art* (1911), "The painting has so much potential to be, just to be ..."[2]

Avec l'éblouissant *Orange Room* (2023), par exemple, Lenoir figure une chambre qui brille, des reflets irisés d'une rutilante lumière ambrée aux somptueux passages de couleurs dont l'intensité va crescendo et qui se manifestent dans une atmosphère hypnotisante, bruissante de vie. L'œuvre rappelle immédiatement *Grande Salle à manger sur le jardin* (1934-1935) de Bonnard (fig. 1). Toutes deux aussi riches de splendides tons vermillon, ces deux toiles se reflètent l'une l'autre dans l'architectonique de leur échelle de couleurs et de leur géométrie compositionnelle, ancrant de manière analogue leur composition respective autour d'une fenêtre centrale. Dans ces deux tableaux, les relations entre les objets, les coloris et la lumière poussent leur couleur foisonnante jusque dans ses dernières limites.

Sur le plan de la composition, Lenoir et Bonnard ont une approche similaire de la figuration. Lorsque des corps apparaissent dans le travail de l'un ou l'autre, leur présence demeure souvent spectrale. Lenoir peint ses figures de manière indirecte : il crée de simples silhouettes, pleines des couleurs et textures de l'environnement naturel dans lequel elles sont inscrites. Qui plus est, Bonnard fut le précurseur de ce glissement entre figure et espace, « camouflant » ses figures au sein de flamboyants rectangles de couleur et de joyaux de compositions mouchetées de lumière, très appréciées pour leurs motifs et ornementations enfiévrées. De même, Lenoir dissout la figure dans l'espace, reprenant la planéité du document source photographique de l'image. Dans l'un des tableaux exposés à New York, il laisse

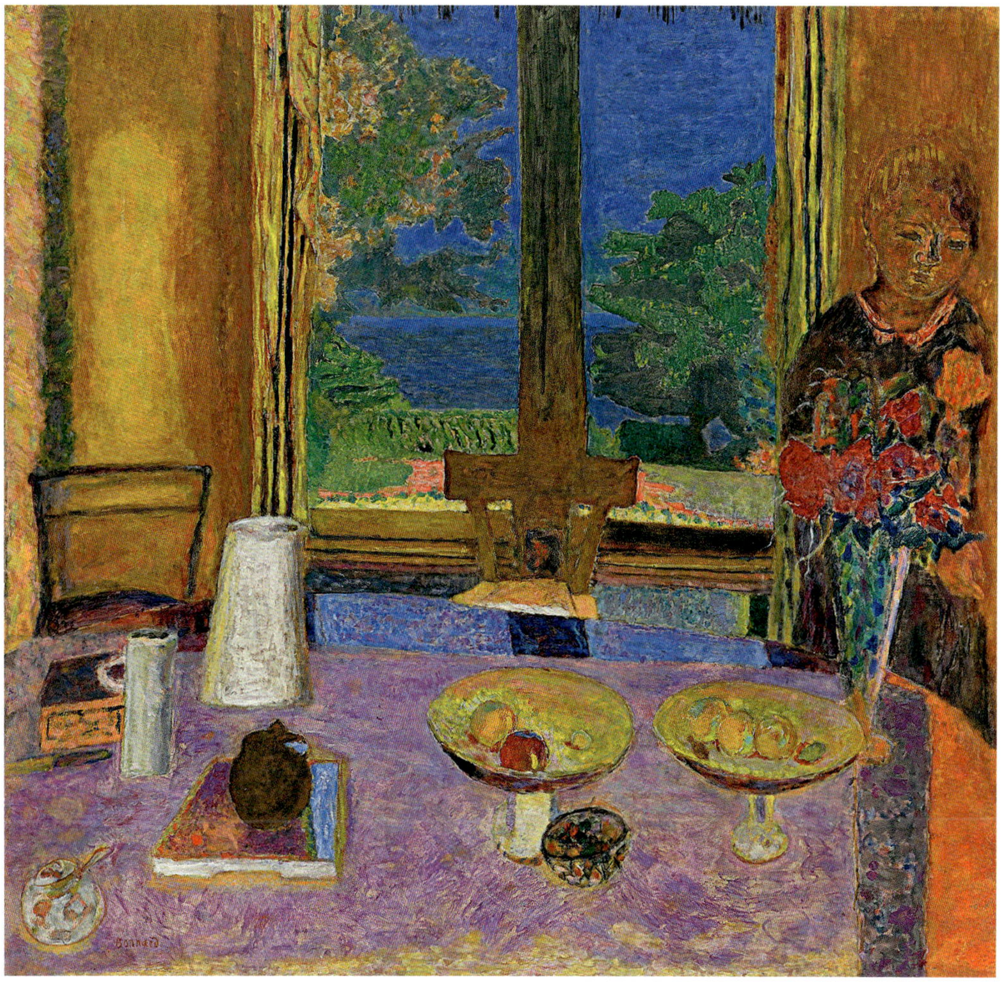

Fig. 1 : Pierre Bonnard, *Grande Salle à manger sur le jardin*, 1934–1935, huile sur toile / oil on canvas, 127 × 135,3 cm / 50 × 53 ¼ in, Solomon R. Guggenheim Museum, New York

On Bonnard

This sentiment was also echoed, or anticipated, by the acclaimed painter Pierre Bonnard (1867–1947), a key member of the avant-garde artist group Les Nabis, who declared, "It's not a matter of painting life, it's a matter of giving life to painting."[3] A master colorist, Bonnard endlessly probed the expressive nature of his pictorial constructions. For Bonnard, the act of painting itself was an investigation and often included explorations within the physical and material substance of paint, not unlike Lenoir's experimentation with tape.

Lenoir's dazzling *Orange Room* (2023), for example, presents an iridescent chamber of glowing amber light

même transparaître la toile brute à travers un motif de maillage vert foncé entrelacé, évoquant la flore longeant le bord inférieur. Cette pratique rappelle la façon dont Bonnard adoptait avec l'ornementation les harmonies sauvages de la nature.

Autre parallèle majeur entre les deux artistes : on sait que Bonnard peignait de mémoire. Il ne se risquait à peindre les objets figurant dans ses toiles que lorsqu'il pouvait ressentir une profonde familiarité avec eux, objectant parfois : « Je n'ai pas vécu assez longtemps avec cela pour le peindre[4]. » De même, après la mort de sa femme, Marthe de Méligny (1869-1942), modèle et muse avec qui il avait vécu pendant cinquante ans, il continua à la peindre, évoquant sa mémoire sur la toile, comme si elle n'était jamais partie, comme si elle était toujours en vie. Selon le peintre contemporain Peter Doig, « d'une certaine manière, [Bonnard] peint l'espace qui se trouve derrière les yeux [...] Comme si vous étiez couché, vous efforçant de vous rappeler l'aspect de quelque chose. Bonnard a réussi à peindre cet état singulier. Ce n'est pas du tout un espace photographique. C'est un espace de mémoire, mais qui repose sur la réalité[5]. »

De même, les compositions de Lenoir sont également inspirées d'interstices mentaux intensément personnels, utilisant comme point de départ de chaque toile des images d'aïeux et d'êtres chers disparus, un état d'attachement obsessionnel vis-à-vis de l'absent, ou le seuil même de la métaphysique. Dans la continuité de l'état d'esprit de Bonnard, les peintures de Lenoir illustrent elles aussi les mécanismes de la mémoire, faisant écho à ses dérapages, lapsus et ruptures au moyen de la superposition d'images, de bandes adhésives et de couleurs. Il serait alors possible d'imaginer que la palette de l'artiste ne se compose pas simplement de peinture, mais également des couleurs fuligineuses de la mémoire ou de la prise de conscience d'un souvenir, issu d'un tube ou d'un cheminement

with sumptuous passages of color that crescendo and manifest themselves in a mesmerizing atmosphere animated with life. The work strikes an immediate resemblance to Bonnard's *Grande Salle à manger sur le jardin,* 1934–1935 (fig. 1). Equally rich in exquisite, vermilion tones, these works mirror one another in the architectonics of their color scales and compositional geometries, similarly anchoring each respective composition around a central window. Relationships between objects, color, and light within each tableau push teeming color to its limits.

Compositionally, Lenoir and Bonnard also approach figural representations in analogous ways. When bodies appear in either artist's work, their presence often remains spectral. Lenoir paints his figures indirectly, creating mere silhouettes filled with the coloration and texture of the surrounding natural environment. Indeed, this very slippage between figure and space was pioneered by Bonnard, who "camouflaged" his figures within flaming rectangles of color and light-dappled, compositional gems, highly regarded for their feverish patterns and ornamentation. Lenoir likewise melts the figural into space, echoing the flattened picture plane of his photographic source material. In one work in the exhibition, Lenoir even allows raw canvas to peek through a dark-green, interwoven netting pattern suggestive of flora along the lower edge of the painting. This practice calls to mind Bonnard's embrace of the wild harmonies of nature with ornamentation.

Another major parallel between the two artists: Bonnard was known to paint from memory. The objects in his works were only attempted once he felt a deep familiarity with his subject, at times demurring, "I haven't lived with that long enough to paint it."[4] Similarly, after the death of Bonnard's wife, model, and muse, Marthe de Méligny (1869–1942), with whom he lived for fifty years, the artist continued to paint her, conjured from memory onto canvas—as

naissant au cœur de l'esprit. Cependant, comme le suggère la pratique d'atelier de Lenoir, le souvenir n'est guère singulier, il est souvent informé, troublé ou altéré par notre entourage et, bien entendu, par le temps.

En cours

Résultat d'expérimentations de nouveaux matériaux et de plus belles variations de couleurs, les toiles présentées à Tribeca chez Almine Rech attestent des prouesses techniques remarquables mises en œuvre par Lenoir et de son inventivité ininterrompue à ce jour. Affinant ses matériaux et sa palette, il agit tel un cicérone virgilien, traversant l'interaction dynamique et phénoménologique de la réalité, de la perception et de la mémoire à l'œuvre dans chaque tableau. « Nous sommes entre notre réalité et la réalité de la peinture, entre la projection de nos images mentales et la matière de la peinture, et entre deux espaces[6] », indique-t-il. Ce qui est essentiel à cette bascule d'un domaine à l'autre, en action dans ses toiles, c'est le choix judicieux de ses images sources. Ces dernières appartiennent à un fonds d'archives considérable composé de photographies de familles anciennes qu'il a constitué au fil du temps. Nombre d'entre elles ont été archivées durant de longues années avant de refaire surface comme point de départ d'une œuvre. Décrivant ses archives photographiques personnelles, Lenoir précise : « Elles sont proches de mes souvenirs. Elles sont proches de la mémoire de ma famille[7]. » Les photographies, dont certaines appartenaient à sa grand-mère et ornaient les murs et les étagères de la maison de ses grands-parents en Guadeloupe, où enfant il passait ses vacances, ont été prises principalement par son père ou par lui-même[8]. Ainsi ses toiles sont dérivées de documents d'archives éphémères, de traces de mémoire, dont elles conservent les qualités transitoires, comme quelque reviviscence, séquence onirique ou hallucination. En conséquence, elles semblent dépeindre l'intervalle

though she never left, as though she was still alive. Best described by the contemporary artist Peter Doig, "Somehow [Bonnard] is painting the space that is behind the eyes. ... It's as if you were lying in bed trying hard to remember what something looked like. And Bonnard managed to paint that strange state. It's not a photographic space at all. It is a memory space, but one which is based on reality."[5]

Lenoir's compositions are likewise drawn from intensely personal mental interstices, using images of departed ancestors and loved ones as a point of departure for each work—a state of limerence with the absent one, or the very threshold of metaphysics. In the spirit of Bonnard, Lenoir's paintings similarly picture the mechanics of memory, echoing its slippages, lapses, and ruptures by way of layering image, tape, and color. We might then imagine Lenoir's palette as consisting not merely of paint but the smoldering colors of memory or the realization of a memory, derived from a tube or pathway originating within the mind. However, as suggested by Lenoir's studio practice, memory is hardly singular, often informed, touched, or altered by those around us and of course, time.

In process

Achieved through experimentation with new materials and finer color variations, the works on view in Almine Rech's Tribeca gallery demonstrate Lenoir's remarkable technical prowess and continued invention to date. Honing his materials and palette, Lenoir acts as a Virgilian guide through the dynamic, phenomenological interplay between reality, perception, and memory at work in each painting. In Lenoir's words, "We are between our reality and the reality of the painting, between the projection of our mental images and the matière of the painting, and between two spaces."[6] Fundamental to this toggle of realms at work in Lenoir's canvases is his discerning selection of source imagery. The photographs belong to

entre des formes de représentation, exister sur un seuil situé entre distance et immédiateté, information et oblitération, physique et métaphysique. « Encore un peu de temps, et le monde ne me verra plus ; mais vous, vous me verrez, car je vis, et vous vivrez aussi. » (saint Jean, chap. XIV, verset 19).

Lenoir peint entre New York et Paris, avec des assistants qui travaillent dans chacun de ses deux ateliers. Le point de départ de chaque tableau si singulier est une image unique, modifiée numériquement et pixellisée à l'aide de Photoshop, puis projetée sur une grande toile agrafée directement au mur de l'atelier[9]. En effet, depuis sa découverte de la peinture à l'âge de dix-huit ans, Lenoir peint sur de grands formats, à l'aide d'un projecteur. Plongé dans l'obscurité pour tenir compte du rétroprojecteur, Lenoir compare son procédé artistique à l'activité du photographe dans sa chambre noire : « Mon travail s'inspire dans ses modalités de la photographie argentique : peindre avec trois couleurs primaires, projeter la lumière sur un écran (en coton), laisser sécher la peinture dans des bains de peinture à l'huile, travailler au dos d'une toile[10] (le négatif). » Travaillant directement d'après photographies et reproduisant des méthodes photographiques pour réaliser ses œuvres, Lenoir rend ainsi compte d'un lien entre la source et le procédé, soudant les mécanismes de la peinture au moyen de la photographie.

Attestant sa maîtrise du matériau et de la couleur, de la source et du procédé, les œuvres exposées évoquent un monde intime refusant d'établir une distinction entre émotions personnelles ou partagées, passées ou présentes, réelles ou imaginaires. Ce sont des exemples chatoyants, panoramiques, du style inimitable de Lenoir, qui signent sa synthèse distinctive de la figuration et de l'abstraction. Elles appellent la comparaison avec le travail de peintres contemporains comme Hurvin Anderson (né en 1965), Peter Doig (né en 1959), ou même Rudolf Stingel (né en 1956),

a massive, ancestral image archive that Lenoir has built over time, with many images existing in the archive for years before surfacing as the point of departure for a work. Describing his personal image archive, Lenoir has said, "It's close to my memory. It's close to the memory of my family."[7] The photographs—some of which belonged to his grandmother and decorated the walls and shelves of his grandparents' house in Guadeloupe, where he spent holidays as a youth—were taken predominately by Lenoir's father or the artist himself.[8] Consequently, Lenoir's works are derived from ephemera, archival records, traces of memory, and retain these transitory qualities like a flashback, a dream sequence, or a hallucination. As a result, the works appear to depict the gap between forms of representation, existing on a threshold between distance and immediacy, information and obliteration, physics and metaphysics. "Before long, the world will not see me anymore, but you will see me. Because I live, you will also live" (John 14:19 [New King James Version]).

To create his signature works, Lenoir paints between New York and Paris, with assistants in each studio. Lenoir begins each painting with a single image, which is digitally altered and pixelated in Photoshop and then projected onto a large canvas that is stapled directly to the studio wall.[9] Indeed, Lenoir has been painting in large scale and with a projector since he discovered painting at the age of eighteen. Cloaked in darkness to accommodate the overhead projector, Lenoir has likened his artistic process to working in a photographer's darkroom: "My work is inspired by analogue photography in the process: paint with three primary colors, project light on a screen (cotton), let the painting dry in baths of oil painting, work on the back of a canvas (negative)."[10] Working directly from photographs and replicating the photographic process in the making of his works, Lenoir presents a link between source and process, soldering the mechanisms of painting through photography.
A testament to his mastery of material and color,

Lenoir vénérant ce dernier, bien que chacun entretienne incontestablement un domaine singulier et une atmosphère picturale distincte, les trois dans leurs styles respectifs[11]. Les œuvres exposées chez Almine Rech sont des exemples sans pareils de la signature personnelle de l'artiste, à la fois indisciplinées et lyriques, rigoureuses et délicates, concluantes et régénératrices, qui résument le sentiment permanent de mystère dont est pénétré le meilleur de la peinture de Lenoir. La simultanéité de la grâce formelle et de l'intensité qu'exprime son travail sont autant de témoignages irréfutables de sa force en tant que peintre.

L'esprit Fluxus

Sur le plan conceptuel, le « protocole » mentionné ci-dessus, établi par Lenoir, ou les « instructions » qu'il donne à ses assistants d'atelier, s'inscrivent dans une généalogie artistique qui n'est pas sans rappeler Fluxus. Mouvement aussi légendaire qu'énigmatique, créé en 1960 par l'artiste lituanien George Maciunas (1931-1978), et qui se prolongea jusqu'à la fin des années 1970. C'était un groupe ouvert, international et pluridisciplinaire, rassemblant des peintres, des compositeurs, des graphistes et stylistes, des poètes, des musiciens et créateurs unis par le même objectif de dissoudre les frontières entre l'art et la vie. Dans son *Manifeste Fluxus* de 1963 (The Museum of Modern Art, New York), Maciunas indique avoir fondé Fluxus pour « encourager un flux et un reflux révolutionnaire dans l'art, promouvoir le développement de l'art vivant, de l'anti-art [...] Fusionner les cadres du culturel, du social et des politiques révolutionnaires en un front ayant une action commune[12] ». Influencées par Marcel Duchamp (1887-1968), pionnier du dadaïsme, ainsi que par le compositeur d'avant-garde John Cage (1912-1992), les principales figures du mouvement sont Allan Kaprow (1927-2006), George Brecht (1926-2008), Joseph Beuys (1921-1986), Nam June Paik (1932-2006), Robert Watts (1923-1988)

source and process, the works on view are evocative of an interior realm, refuting distinctions of personal or shared, past or present, actual or imagined emotions. The works in the exhibition are shimmering, panoramic exemplars of Lenoir's inimitable style and trademark synthesis of figuration and abstraction. They invite comparison to the work of contemporary artists Hurvin Anderson (b. 1965), Peter Doig (b. 1959), or even Rudolf Stingel (b. 1956)—the latter revered by Lenoir—though each artist certainly maintains a singular domain and distinctive painterly mood, each within his respective style.[11] Epitomizing an abiding sense of mystery that infuses Lenoir's best paintings, the works on view at Almine Rech are superlative examples of the artist's own signature: at once unruly and lyrical, rigorous and delicate, conclusive and regenerative. The simultaneous formal grace and intensity of his works serve as irrefutable evidence of Lenoir's strength as a painter.

Fluxus spirit

Conceptually, Lenoir's aforementioned "protocol"—or "instructions" to studio assistants—follows an artistic lineage that brings to mind the legendary, enigmatic Fluxus movement. Created in 1960 by the Lithuanian artist George Maciunas (1931–1978) and continuing into the late 1970s, the movement was a loose, international, and interdisciplinary community of artists, composers, designers, poets, musicians, and makers united in their aim to dissolve the boundaries between art and life. In the words of Maciunas, writing in his *Fluxus Manifesto* of 1963 (Museum of Modern Art, New York), Fluxus was created to "promote a revolutionary flood and tide in art, promote living art, anti-art. ... Fuse the cadres of cultural, social & political revolutionaries into united front & action."[12] Influenced by Dada pioneer Marcel Duchamp (1887–1968), as well as the avant-garde composer John Cage (1912–1992), prominent figures of the movement included Allan Kaprow (1927–2006), George Brecht (1926–2008),

et Yoko Ono (née en 1933). Nommant le mouvement « Fluxus », du nom latin signifiant « flux », Maciunas désignait ainsi la nature changeante du groupe et de ses diverses activités, mais faisait également allusion aux mouvements des fluides corporels. Par coïncidence, pour ce qui concerne Lenoir, le terme pourrait également s'appliquer, en tant que descripteur pertinent, aux vicissitudes de la mémoire. Au mépris de toute classification, Fluxus a endossé un large éventail d'activités, notamment les *Event Scores* (« partitions d'événement »), Fluxkits, Fluxconcerts, Fluxfilms, ainsi que des « Happenings » connus pour exiger la participation du public et qui se distinguaient principalement par leur caractère spontané, de flux et reflux.

Le caractère éphémère et régi par le procédé mis en avant par Fluxus pourrait représenter l'aspect le plus pertinent concernant la pratique artistique de Lenoir, en particulier les « événements » ou performances fondés sur un ensemble d'instructions écrites, nommées « partitions », que prônait le mouvement. Revêtant la forme d'instructions, de recommandations et de propositions, ces œuvres étaient consignées non sous forme de notes de musique, mais sous celle de textes brefs. Les premiers exemples de ces partitions remontent au célèbre cours proto-Fluxus de « composition expérimentale » assuré à la fin des années 1950 par John Cage à la New School for Social Research, à New York. Parmi les élèves de Cage, George Brecht, Allan Kaprow et Alison Knowles entreprirent tous de prolonger dans leur travail personnel le modèle cagien de composition indéterminée, remplaçant des sons ready-made par des actions ready-made[13]. Inachevées, jusqu'à tant que quelqu'un y prenne part, les premières *Event Scores* (« partitions d'événement »), ainsi qu'on les désigne, étaient notées sur des fiches de travail pour les Fluxconcerts ; elles furent finalement compilées sous forme de collections de boîtes, dont la plus connue est le livre d'artiste créé

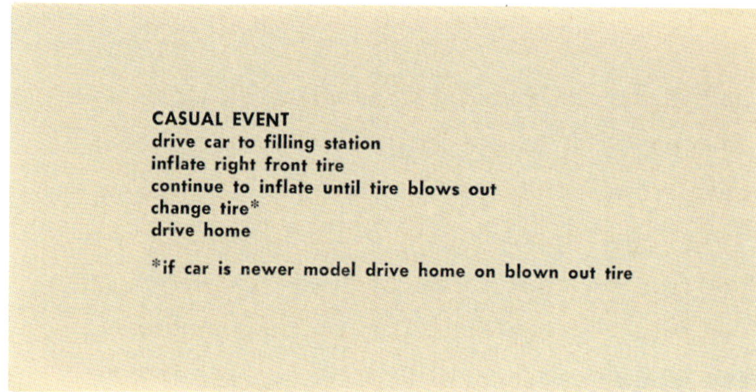
CASUAL EVENT
drive car to filling station
inflate right front tire
continue to inflate until tire blows out
change tire*
drive home

*if car is newer model drive home on blown out tire

Fig. 2 : Robert Watts, *Casual Event*, v. / c. 1962, typographie /letterpress, feuille / sheet: 5 × 10,1 cm / 1 $^{15}/_{16}$ × 4 in, Museum of Modern Art, New York

Joseph Beuys (1921–1986), Nam June Paik (1932–2006), Robert Watts (1923–1988), and Yoko Ono (b. 1933). Maciunas coined the name Fluxus, meaning "flowing" in Latin, to refer to the ever-changing nature of the group and its varying activities, while also alluding to the organic movements of bodily fluids. In Lenoir's case, the term is also coincidentally an apt descriptor for the vicissitude of memory. In defiance of categorization, Fluxus assumed a wide range of activities, which included Event Scores, Fluxkits, Fluxconcerts, Fluxfilms, and "Happenings" that notoriously demanded audience participation and were themselves largely characterized by their spontaneity, flux, and reflux.

Most relevant to Lenoir's artistic practice is perhaps the process-driven and ephemeral nature of Fluxus, particularly its "events" or performance pieces based on a series of written instructions referred to as "scores." Taking the form of instructions, proposals, and propositions, these artworks were scored in brief verbal notations rather than musical notes. Indeed, the earliest examples of these scores can be traced back to John Cage's infamous, proto-Fluxus "Experimental Composition" course at the New School for Social Research in New York in the late 1950s.
Cage's students included George Brecht, Allan Kaprow,

par Yoko Ono, *Grapefruit*, en 1964 (The Museum of Modern Art, New York). Au nombre des Fluxconcerts d'inspiration cagienne, citons *Casual Event*, vers 1962 (fig. 2), de Robert Watts, ingénieur excentrique devenu artiste Fluxus, qui prescrit à un performeur de conduire sa voiture jusqu'à une station-service, de gonfler le pneu avant droit jusqu'à l'éclatement, puis de changer le pneu et rentrer simplement chez lui, comme *indiqué*. Outre *Casual Event*, *Subway Event*, et *Xmas Event*, vers 1962 (The Museum of Modern Art, New York), les pièces tout aussi humoristiques que pince-sans-rire de Robert Watts fusionnent de ce fait le rôle de spectateur et celui de performeur.

Aujourd'hui, la pratique d'atelier de Lenoir se nourrit des fondements conceptuels établis par les *Event Scores* Fluxus, avec lesquelles elle entretient un dialogue. Prenons par exemple la partition d'événement de Yoko Ono, *Painting to be Stepped On* (1960-1961), qui indique : « *Leave a piece of canvas or finished painting on the floor or in the street* » (« Laisser par terre ou dans la rue une toile ou un tableau achevé[14] »). Le *Monochrome pour Yves Klein* (1963) du très regretté Ben Vautier vient également à l'esprit : « *Performer paints a large white panel black* » (« Le performeur peint en noir un grand panneau blanc[15] »). On peut ainsi désormais lire « *Au commencement, scotcher le ciel* » comme s'inscrivant dans la continuité des *Event Scores* Fluxus de l'époque, même si cette phrase en est une variation lointaine et autonome.

À propos de Warhol et Boetti

« En ce moment, je produis de nouveaux protocoles inspirés des résultats du tableau précédent.
Je suis très impatient quand je rédige un nouveau protocole, parce que c'est à chaque fois un nouveau verbe [...] », a récemment déclaré Lenoir au cours d'une conversation dans son atelier[16]. Il a également élaboré tout un vocabulaire personnel pour décrire

and Alison Knowles, all of whom began to extend Cage's indeterminate compositional model to their own works, replacing readymade sounds with readymade actions.[13] Unfinished until participated in, early Event Scores, as they are known, existed on working sheets for Fluxconcerts and eventually were compiled into box collections, the best known of which includes Yoko Ono's artist book *Grapefruit*, 1964 (Museum of Modern Art, New York). Cage-inspired Fluxconcerts included the eccentric engineer turned Fluxus artist Robert Watt's *Casual Event* (c. 1962) (fig. 2), in which one performer drove his car to a gas station, inflated the right front tire until it blew out, then changed the tire and simply drove home, as "instructed." Consequently, in addition to *Casual Event*, Watt's equally deadpan and humorous *Subway Event* (c. 1962) and *Xmas Event* (c. 1962) (Museum of Modern Art, New York) fused the role of spectator and performer.

Lenoir's studio practice today is nurtured by, and in dialogue with, the conceptual groundwork laid by the Fluxus Event Scores. Take, for example, Yoko Ono's Event Score *Painting to Be Stepped On* (1960), which reads, "Leave a piece of canvas or finished painting on the floor or in the street."[14] The much-missed Ben Vautier's *Monochrome for Yves Klein* (1963) also comes to mind: "Performer paints a large white panel black."[15] In this way, Lenoir's instruction of "Tape the sky at the beginning" becomes legible as a continuum, if but a distant and autonomous iteration of the erstwhile Fluxus Event Scores.

On Warhol and Boetti

"Right now, I'm doing some new protocols that are inspired by the result of the previous painting. I'm very excited when I write a new protocol because it's always a new verb," Lenoir recently stated in conversation in his studio.[16] Lenoir has also developed his own utterly distinct vocabulary to describe his creative process, using the word "protocol" to refer to his precise

son procédé créatif, désignant du mot « protocole » les instructions précises qu'il donne à ses assistants d'atelier. Sur le plan formel, ses protocoles ont l'aspect de diagrammes et de courbes avec lesquels sont précisés les éléments à scotcher, le nombre de couches par toile et les couleurs correspondant à chaque couche. Ses graphiques rappellent ici un autre type d'indications : les instructions qu'Andy Warhol (1928-1987) laissa à ses assistants d'atelier de la Factory, son préféré étant Gerard Malanga, en vue de la création de son emblématique *Flowers* (1964) dans la version mesurant deux mètres (fig. 3). Le document source utilisé par Warhol pour créer l'une des images les plus immédiatement reconnaissables du canon de l'art occidental contemporain est une photographie en couleur figurant sept fleurs d'hibiscus, prise par Patricia Caulfield, rédactrice en chef du magazine *Modern Photography*, qui l'a publiée dans sa livraison de juin 1964. Conservées dans les archives de l'artiste, les instructions de Warhol indiquent explicitement que plusieurs interventions décisives, notamment le recadrage et la coloration, ont été effectuées sur la photographie de Caulfield pour aboutir à la composition souhaitée. Cette photographie, après les ajouts et les modifications de Warhol, fut ensuite traitée par des imprimeurs qui ont transféré l'image sur un écran de sérigraphie. L'encre de sérigraphie, étalée à l'aide d'une raclette sur cet écran, traverse le maillage de ce dernier et imprime l'image sur un support, feuille de papier ou toile. Lenoir admet qu'il existe des similitudes entre sa technique de superposition et la pratique sérigraphique warholienne. Son procédé n'en demeure pas moins particulièrement plus complexe et laborieux, le nombre de couches superposées pouvant aller de 40 à 110, sans parler des milliers de morceaux de ruban adhésif utilisés sur chaque toile.

Ce procédé sophistiqué, qui exige de l'investissement, offre à Lenoir la possibilité de faire émerger l'image lentement sous l'effet de gestes répétitifs

instructions for studio assistants. Formally, Lenoir's protocols appeared as curved line charts indicating elements to tape, the number of layers per work, and corresponding colors for each layer. Lenoir's charts recall here another kind of instructions: the Factory instructions Andy Warhol left for his own studio assistants—Gerard Malanga favorite among them—to create his iconic *Flowers* (1964) in the 82 in variation (fig. 3). One of the most recognizable images in the contemporary canon of Western art, Warhol's source image was a color photograph of seven hibiscus blossoms printed in the June 1964 issue of *Modern Photography*, shot by the magazine's executive editor, Patricia Caulfield. Evident in Warhol's instructions and preserved in his archives, several crucial interventions to Caulfield's photograph were made to reach his desired composition, including cropping and coloration. This photograph, with Warhol's additions and changes, was then sent to printers to transfer the image to a mesh of a silk screen. When the artist passed an ink-laden squeegee over this screen, the ink passed through the mesh and impressed a print of the image on the paper or canvas. Lenoir recognized similarities between his layering technique and the Warholian silk screen. His process, however, is notably more intricate and laborious, with the total number of layers ranging anywhere from 40 to 110, not to mention the multiple thousands of pieces of masking tape per each work.

Through this elaborate, labor-intensive process, Lenoir allows for the image to slowly emerge from repetitive, mechanical gestures, mediated by his studio assistants' hands. This procedure was first developed during the artist's stay in Casablanca, Morocco, during a residency in 2017. A formative two-year period for the then twenty-five-year-old artist, it was in Casablanca that Lenoir learned to work with assistants, eventually developing his signature "protocol"—driven method. In one experiment, Lenoir instructed locals, none of which were painters, to create artworks, allowing

et mécaniques, avec la médiation des mains de ses assistants d'atelier. Il fut élaboré à l'origine en 2017 à Casablanca (Maroc) lors du séjour en résidence du peintre âgé de vingt-cinq ans. Durant cette période de formation de deux ans dans la cité marocaine, il apprit à travailler avec des assistants et mit au point sa méthode caractéristique, dictée par un « protocole ». Se lançant dans une expérience, il demanda à des Casablancais, dont aucun n'était peintre, de créer des œuvres d'art, les laissant choisir eux-mêmes leurs images sources. Gardant à l'esprit ces premiers essais en matière de création d'images, il donne désormais à ses assistants d'atelier l'instruction de tamponner les restes de peinture de leurs pinceaux lorsqu'ils ont fini de peindre. « Je considère que c'est cela, le potentiel de la peinture[17] », fait-il remarquer. En renonçant à son pouvoir de décision, Lenoir ouvre sa pratique au hasard, au libre arbitre, et aux possibilités créatives inédites de la peinture réalisée sans intervention du peintre.

« Je voulais avoir des règles pour peindre, et ces règles sont devenues le protocole », a-t-il déclaré[18]. Faisant écho à l'enseignement de John Cage, ou inspirés de celui-ci, les « protocoles » de Lenoir ainsi que le renoncement au libre arbitre pour façonner l'aboutissement d'une œuvre d'art ne sont pas sans rappeler également Alighiero Boetti (1940-1994), artiste radicalement conceptuel qui se définissait lui-même comme un « créateur de règles ». Les règles énoncées par ce dernier prohibaient notamment le contact de deux couleurs ou la prédominance d'une seule couleur sur la toile. « Dès lors que j'ai créé ces règles, ces jeux, ces mécanismes, je peux en jouer ou demander à d'autres personnes d'en jouer », a expliqué l'artiste[19]. En 1971, lors d'un voyage en Afghanistan, Boetti entreprend son projet majeur et le plus connu, *Mappa*, qu'il poursuivra jusqu'en 1973 (fig. 4). Il travaille pour ce faire avec des dizaines d'artisanes afghanes issues d'une école de broderie locale, leur demandant de piquer sur une série de planisphères

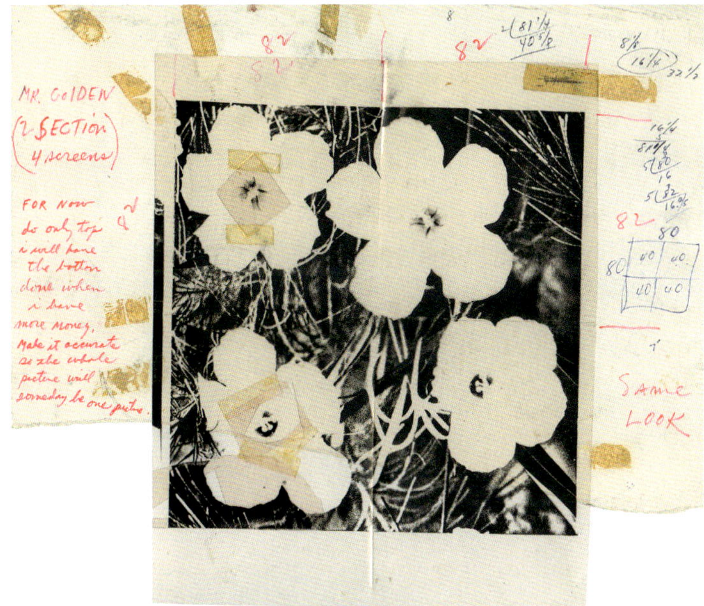

Fig. 3 : Andy Warhol, acétate pour *Flowers*, annoté avec les instructions de l'artiste / acetate mechanical for *Flowers*, annotated with the artist's instruction, 1964, 200 cm / 82 in (*Flowers*)

them to even select by themselves their own source imagery. Recalling these early trials in image making, Lenoir now instructs studio assistants to dab leftover paint from their brushes when they are done painting. "This for me," Lenoir has remarked, "is the potential of painting."[17] Relinquishing the power of decision, Lenoir has opened his practice to chance—*libre arbitre* or free will—and new creative possibilities in painting without the intervention of the artist.

"I wanted to have rules to paint and the rules became the protocol," Lenoir has said.[18] Echoing John Cage's teachings once more, Lenoir's "protocols" and the relinquishing of *libre arbitre* in shaping the outcome of an artwork also bring to mind Alighiero Boetti, a radically conceptual artist who defined himself as a "creator of rules." Boetti's rules were such that no two colors should touch or that no single color should dominate the canvas. In the artist's words, "Once I've created these rules, these games, these mechanisms, I can play or make other people play."[19] In 1971, during a trip to Afghanistan, Boetti conceived of his most

brodés les motifs de drapeaux représentant les pays. Boetti a également encouragé les brodeuses à choisir pour chaque *Mappa* la couleur des mers, une décision conceptuelle destinée à tisser l'esprit créatif d'autrui dans l'ouvrage achevé. Boetti avait décidé de rester en retrait, laissant aux autres le soin d'assumer pleinement l'acte créatif. À l'instar de Lenoir au Maroc, Boetti avait le goût de l'aléatoire et comptait sur les effets du hasard pour parachever son travail, un sentiment partagé par le système de valeurs Fluxus qui considérait qu'une œuvre n'était pas achevée tant que les participants n'avaient pas fait leur part. De la même manière, en s'attachant à créer des règles lui permettant de peindre et de se soustraire à l'acte de création par l'intermédiaire de ses protocoles et de sa méthode indirecte de peinture, Lenoir donne à l'image inscrite au sein de chaque œuvre la possibilité de se déployer de l'intérieur. Selon lui, c'est en se retirant intentionnellement des modalités du travail pictural proprement dit, que la peinture devient une entité créative en soi, entièrement activée par les assistants eux-mêmes. Comme il l'a déclaré : « Plus nous peignons, moins nous voyons[20]. »

Vues à travers les diverses lentilles successives, et en les combinant, de Pierre Bonnard, Fluxus, Andy Warhol et Alighiero Boetti, la formule lyrique énoncée par Lenoir – « *Au commencement, scotcher le ciel* » – revêt une dimension entièrement nouvelle : on peut désormais la lire comme une instruction adressée non seulement aux assistants d'atelier, mais aussi à nous, le public. En s'attachant avec ses assistants à traduire ou reconstituer sur la toile ses souvenirs familiaux, Lenoir nous invite également à prendre conscience des souvenirs représentés et à compléter l'image qui nous est présentée en reliant nos souvenirs à ceux du peintre. Il en résulte une collaboration aussi fertile que fascinante de l'artiste et du public qui participe ainsi à la création d'une image, tout comme Lenoir collabore avec ses assistants dans son atelier[21]. Les œuvres de Lenoir sont dès lors

significant and best-known project, *Mappa* (1971–1973) (fig. 4), working with dozens of skilled Afghan women from a local embroidery school to stitch flag designs onto each corresponding country. Boetti encouraged artisans to decide on the color of the seas in each *Mappa*, a conceptual decision intended to weave the creative spirit of others into each finished product. Boetti decided to stay at a remove, letting others take over the creative act fully. Like Lenoir in Morocco, Boetti also relished in and counted on the effects of chance to consummate his works, a sentiment shared with the Fluxus ethos that a work was not finished until participants had done their share. Similarly seeking rules to paint and withdrawing from the act of creation by way of his protocols and indirect method of painting, Lenoir allows the image within each work to unfold from within. For Lenoir, by intentionally removing himself from the process of painting, the painting becomes a creative entity itself, fully activated by the assistants themselves. As Lenoir has proclaimed, "The more we paint, the less we see."[20]

Seen through the multifarious, successive, and compounded lenses of Pierre Bonnard, Fluxus, Andy Warhol, and Alighiero Boetti, Lenoir's lyrical phrase "Tape the sky at the beginning" acquires a whole new dimension: it can be read as an instruction not only to studio assistants but also to us, the viewers. Working with studio assistants in the translation, or reenactment, of his familial memories onto canvas, Lenoir also invites viewers to realize the depicted memories and to complete the image before them by connecting his memories with their own. The result yields a fascinating and rich collaboration between artist and viewer in the creation of an image, just as Lenoir collaborates in the studio with his assistants.[21] In this way, Lenoir's works become portals or gateways on a path toward reality that is suspended between individual and collective memory, interiority and communion. Guided by the artist's instructions, once there, we too participate in the creation of a work of

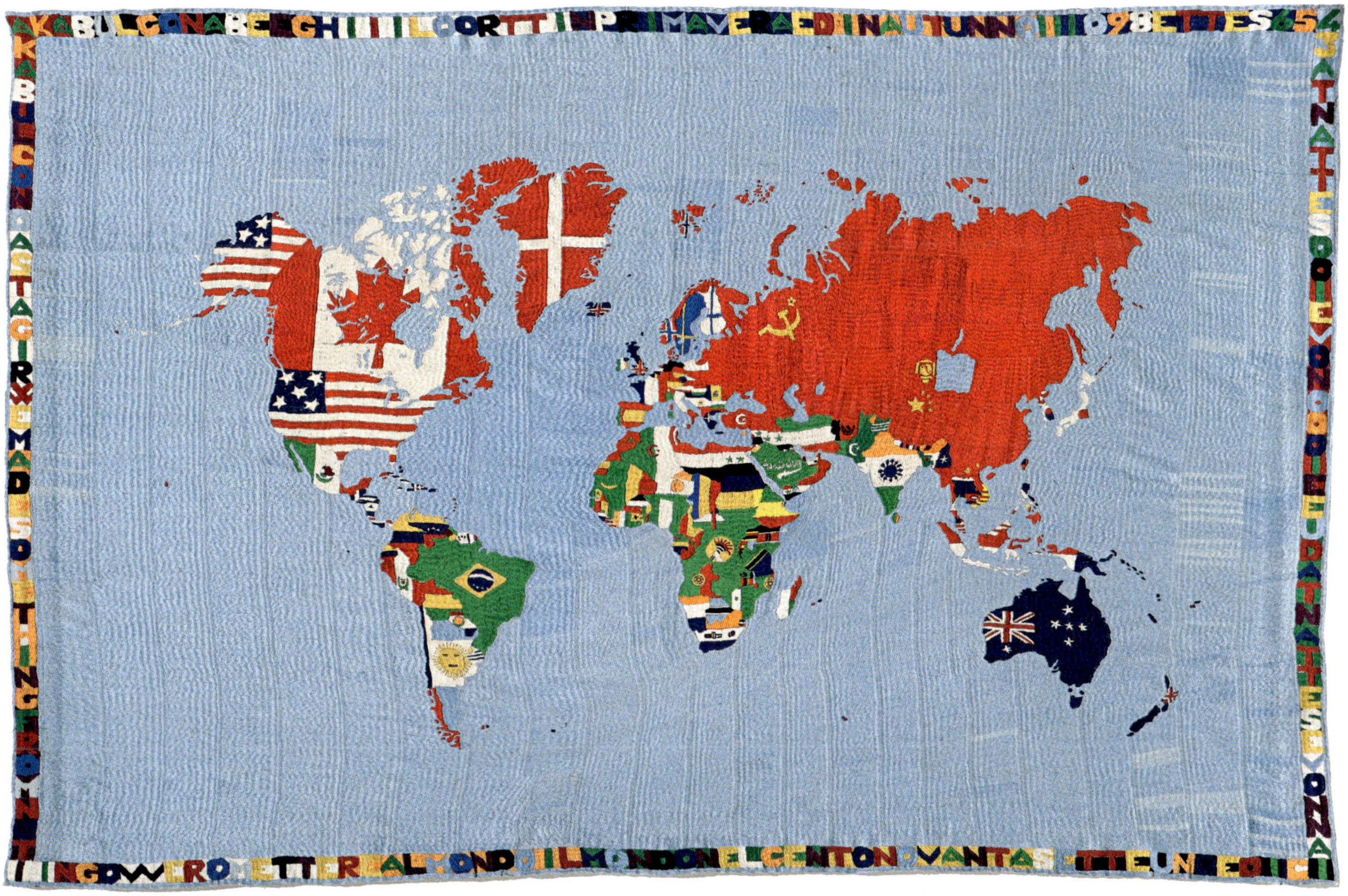

Fig. 4 : Alighiero Boetti, *Mappa*, 1971–1973, broderie à la main sur lin / hand embroidery on linen, 163 × 217 cm / 64 1/8 × 85 3/8 in, MAXXI–Museo Nazionale delle Arti del XXI Secolo

autant de portails ou passerelles ponctuant un chemin suspendu entre mémoire individuelle et collective, intériorité et communion, menant vers la réalité. Une fois là, guidés par les instructions de l'artiste, nous participons nous aussi à la création d'une œuvre d'art, acte véritablement et profondément intersubjectif, qui nous englobe entièrement. L'univers de Lenoir convoque une nouvelle strate de réalité, celle du synode (*syn-hodos*, littéralement « chemin ensemble »), qui attire l'attention sur notre voyage commun, puisque nous pérégrinons ensemble sur la même route[22] (*hodos*) – « ce chemin étant le Christ » (saint Jean, chap. XIV, verset 6).

art—a true, deep act of intersubjectivity enveloping us fully. There, Lenoir's world summons another layer of reality, that of the synod (*syn-odos*: literally, way-together), which points to our shared journey, as we travel together along the same way[22] (*odos*)—"that way being Christ" (John 14:6 [NKJV]).

Notes

1. Extrait d'une conversation entre Joachim Pissarro, Alexandre Lenoir et Hieromonk Silouan dans l'atelier de l'artiste à New York, le 3 juin 2024.
2. Extrait d'une conversation entre Joachim Pissarro et Alexandre Lenoir dans l'atelier de l'artiste à New York, le 23 mai 2024 ; voir également Vassily Kandinsky, *Du Spirituel dans l'art et dans la peinture en particulier*, trad. Nicole Debrand et Bernadette du Crest, Paris, Folio essais n° 72, Éditions Denoël, 1989, p. 197, où on lit : « C'est d'une manière mystérieuse, énigmatique, mystique, que l'œuvre d'art véritable naît "de l'artiste". »
3. Pierre Bonnard, *Observations sur la peinture*, François-Marie Deyrolle éditeur, Strasbourg, Éditions L'Atelier contemporain, 2015, p. 19.
4. Dita Amory (dir.), *Pierre Bonnard: The Late Still Lifes and Interiors*, New York, The Metropolitan Museum of Art ; New Haven, Yale University Press, 2009, p. 26. On notera également qu'Alexandre Lenoir, plus particulièrement dans ses premières toiles, a été influencé par Peter Doig.
5. Adrian Searle, Kitty Scott, Catherine Grenier, *Peter Doig*, Londres ; New York, Phaidon, 2007, p. 142.
6. « Julia Michiewicz in conversation with Alexandre Lenoir », *Émergent Magazine*, septembre 2021 [https://www.emergentmag.com/interviews/alexandre-lenoir, consulté le 09/07/2024].
7. Extrait d'une conversation entre Joachim Pissarro et Alexandre Lenoir dans l'atelier de l'artiste à New York, le 23 mai 2024.
8. On ne connaît qu'une seule exception pour laquelle Lenoir s'est écarté de ses archives photographiques familiales. Il a indiqué lors d'une conversation avoir utilisé un photogramme extrait d'un film comme cadre de l'une des toiles présentées chez Almine Rech.
9. Lenoir travaille sur des toiles fines qui laissent le pigment déteindre sur le mur de l'atelier, offrant ainsi à l'artiste la possibilité d'approfondir ses recherches sur la traduction d'images, l'image rémanente et la mémoire comme sujet.
10. « Julia Michiewicz in conversation with Alexandre Lenoir », *Émergent Magazine*, septembre 2021 [https://www.emergentmag.com/interviews/alexandre-lenoir, consulté le 09/07/2024].
11. L'exposition de Rudolf Stingel, organisée en 2022 par la Paula Cooper Gallery à New York, a laissé une très forte impression sur Lenoir. Elle comportait cinq tableaux, chacun portant principalement sur la nature conceptuelle de la peinture, à la fois comme technique artistique et comme sujet.
12. Conservé à l'heure actuelle au Museum of Modern Art, à New York, le *Manifeste Fluxus* (1963) de George Maciunas est intégralement publié sur le site Web du musée [https://www.moma.org/collection/works/127947, consulté le 09/07/2024].
13. Jacob Proctor, « George Maciunas's Politics of Aesthetics », *Fluxus and the Essential Questions of Life*, Hanovre, The Hood Museum of Art, Dartmouth College ; Chicago, in association with the University of Chicago Press, 2011, p. 28.
14. Ken Friedman, Owen Smith et Lauren Sawchyn (dir.), *The Fluxus Performance Workbook*, Performance Research e-Publications, 2002, p. 86 [https://www.thing.net/~grist/ld/fluxusworkbook.pdf, consulté le 09/07/2024].
15. *Id.*, *Ibid.*, p. 103
16. Extrait d'une conversation entre Joachim Pissarro, Hieromonk Silouan et Alexandre Lenoir dans l'atelier de l'artiste à New York, le 3 juin 2024 (la phrase prononcée par Lenoir, catholique pratiquant, rappelle le premier verset de l'Évangile selon saint Jean : « Au commencement était le Verbe [...] Et le Verbe s'est fait chair. »)
17. *Ibid.*
18. *Ibid.*
19. Emma Crichton-Miller, « The true scale of Alighiero Boetti's achievements », *Apollo Magazine*, 12 juin 2017 [https://www.apollo-magazine.com/the-true-scale-of-alighiero-boettis-achievements, consulté le 09/07/2024].
20. Extrait d'une conversation entre Joachim Pissarro et Alexandre Lenoir dans l'atelier de l'artiste à New York, le 23 mai 2024.
21. Observation faite par Hieromonk Silouan dans l'atelier d'Alexandre Lenoir à New York, le 3 juin 2024.
22. Hieromonk Gregorios, *The Divine Liturgy: A Commentary in the Light of the Fathers*, Columbia, Missouri, Newrome Press, 2020, p. 136-137.

1. Quoted from a conversation between Joachim Pissarro, Alexandre Lenoir, and Hieromonk Silouan in the artist's New York studio, June 3, 2024.
2. Quoted from a conversation between Joachim Pissarro and Alexandre Lenoir in the artist's New York studio, May 23, 2024; also see Wassily Kandinsky's Concerning the Spiritual in Art (New York: Dover Publications, 1977), p. 53, which claims, "The work of art is born of the artist in a mysterious and secret way."
3. Jörg Zutter, ed., Pierre Bonnard: Observing Nature (Canberra: National Gallery of Australia; Seattle: University of Washington Press, 2003), p. 37.
4. Dita Amory, ed., Pierre Bonnard: The Late Still Lifes and Interiors (New York: Metropolitan Museum of Art; New Haven: Yale University Press, 2009), p. 26; also note, Peter Doig had an influence on the artist as well, especially on Lenoir's early work.
5. Adrian Searle, Kitty Scott, and Catherine Grenier, Peter Doig (London; New York: Phaidon, 2007), p. 142.
6. "Julia Michiewicz in Conversation with Alexandre Lenoir," Émergent Magazine, September 2021 (online).
7. Quoted from a conversation between Joachim Pissarro and Alexandre Lenoir in the artist's New York studio, May 23, 2024.
8. There is only one exception in which Lenoir strayed from his ancestral image archive. In a conversation with the artist, Lenoir noted that he used a still from a film as the framework for one of the canvases on view in the exhibition at Almine Rech.
9. Lenoir works with thin canvas that allows for pigment to bleed onto the studio wall, furthering the artist's investigations with image translation, afterimage, and memory as subject.
10. "Julia Michiewicz in Conversation with Alexandre Lenoir," Émergent Magazine, September 2021 (online).
11. Rudolf Stingel's exhibition at Paula Cooper Gallery in New York in 2022 left a considerable impression on Lenoir. The exhibition included five paintings, each focused on the conceptual nature of painting as both medium and subject.
12. Presently held in the Museum of Modern Art in New York, George Maciunas's Fluxus Manifesto (1963) can be read in full on the museum's website (https://www.moma.org/collection/works/127947).
13. Jacob Proctor, "George Maciunas's Politics of Aesthetics," Fluxus and the Essential Questions of Life (Hanover, NH: Hood Museum of Art, Dartmouth College; Chicago: in association with the University of Chicago Press, 2011), p. 28.
14. Ken Friedman, Owen Smith, and Lauren Sawchyn, eds., The Fluxus Performance Workbook (Performance Research e-Publications, 2002) p. 86 (online).
15. Ibid., p. 103.
16. Quoted from a conversation between Joachim Pissarro, Alexandre Lenoir, and Hieromonk Silouan in the artist's New York studio, June 3, 2024 (a devout Catholic, Lenoir's statement recalls the first chapter of St. John's Gospel, "In the beginning was the verb and the verb was made flesh").
17. Ibid.
18. Ibid.
19. Emma Crichton-Miller, "The True Scale of Alighiero Boetti's Achievements," Apollo Magazine, June 12, 2017 (online).
20. Quoted from a conversation between Joachim Pissarro and Alexandre Lenoir in the artist's New York studio, May 23, 2024.
21. This was an observation made by Hieromonk Silouan in Lenoir's studio, June 3, 2024.
22. Hieromonk Gregorios, The Divine Liturgy: A Commentary in the Light of the Fathers, (Columbia, Missouri, Newrome Press, 2020), pp. 136–137.

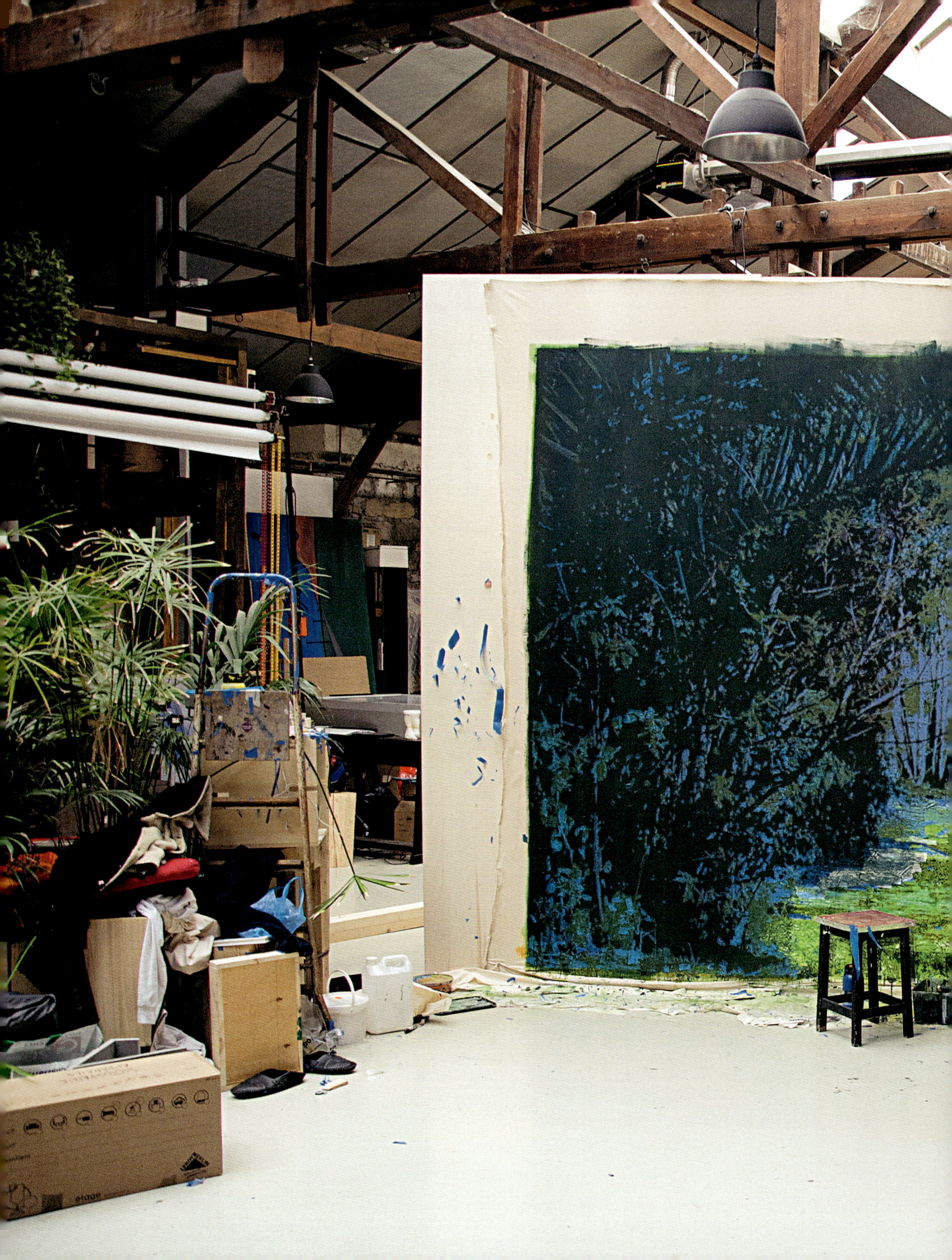

Œuvres - Works

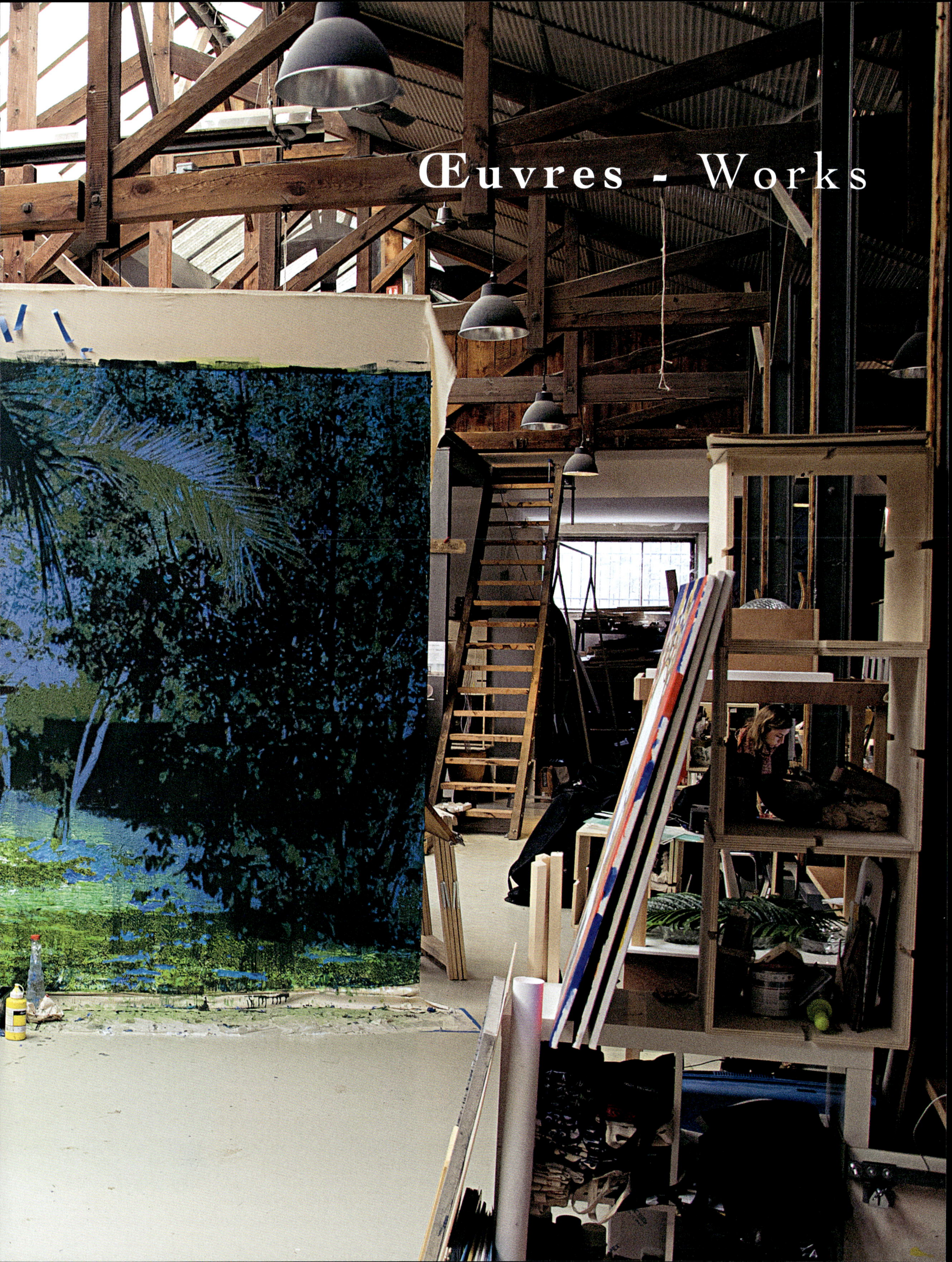

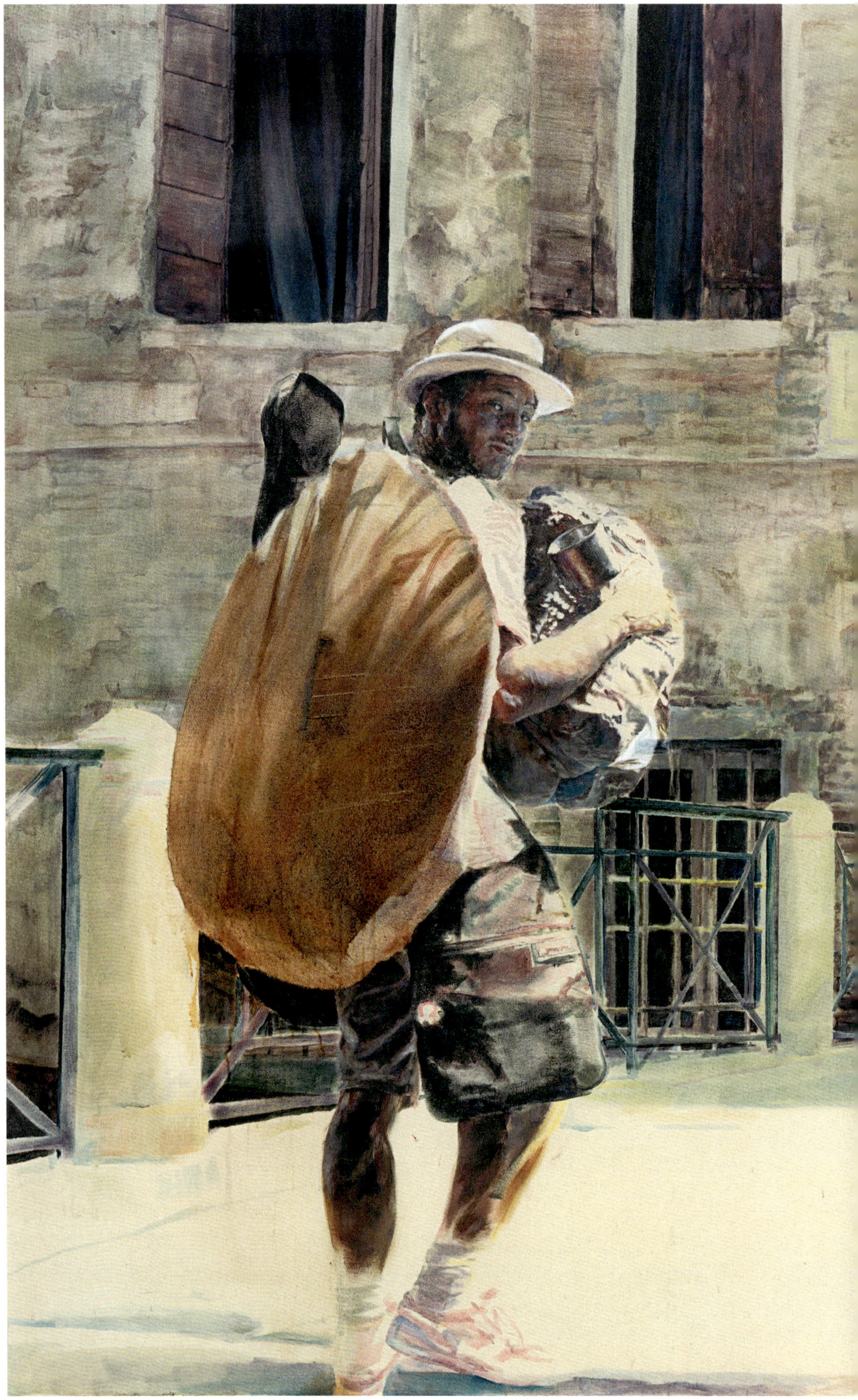

Page précédente / Previous page
Vue de l'atelier Le Lavoir / View of Le Lavoir studio,
Ivry-sur-Seine, France, 2016

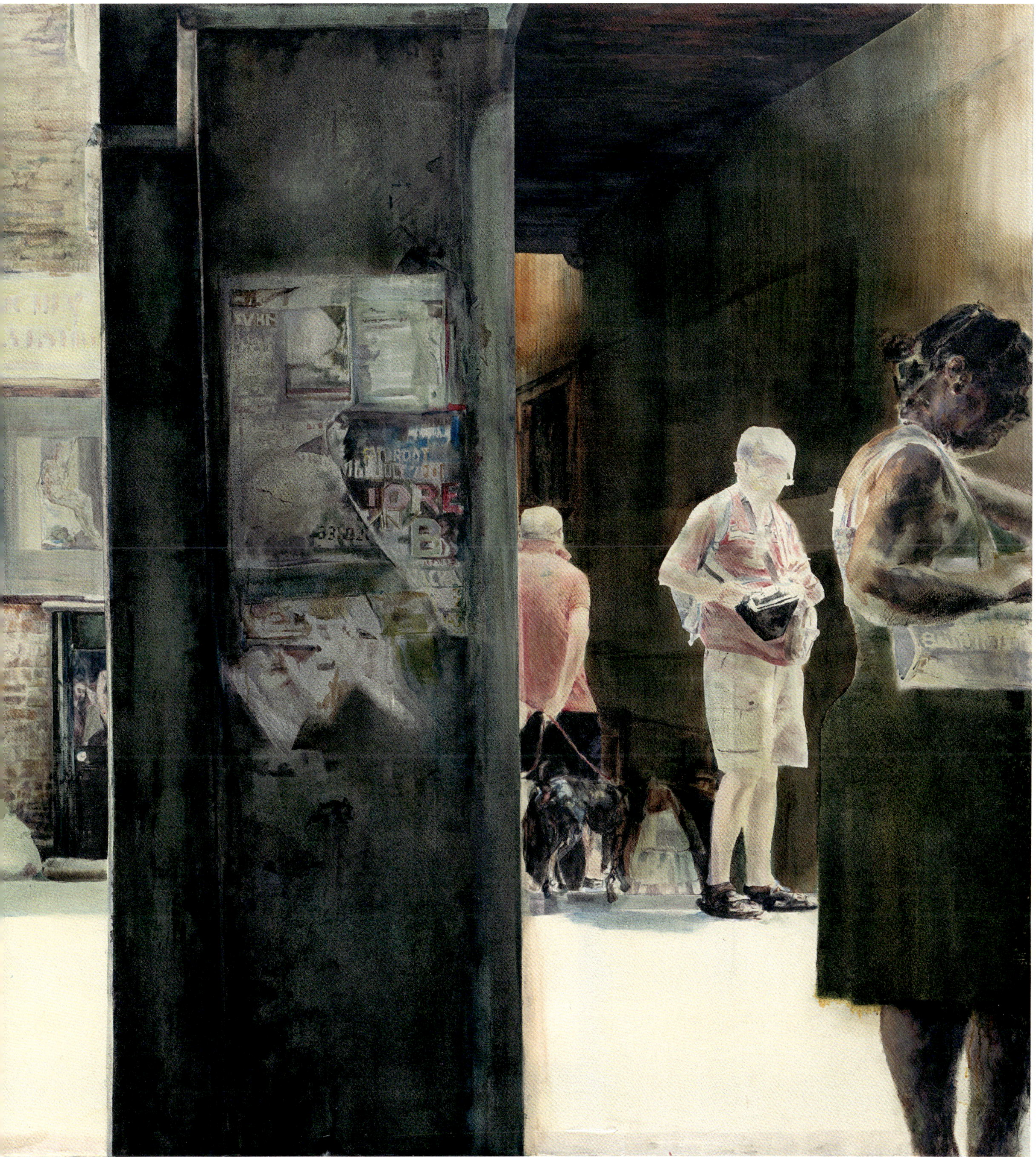

Venise, 2012
183 × 300 cm
72 1/16 × 118 1/8 in

Les Cévennes, 2014
307 × 195 cm / 120 1/7 × 76 3/4 in
Collection Mrs. Lauren Baker et / and Mr. Edward Baker II

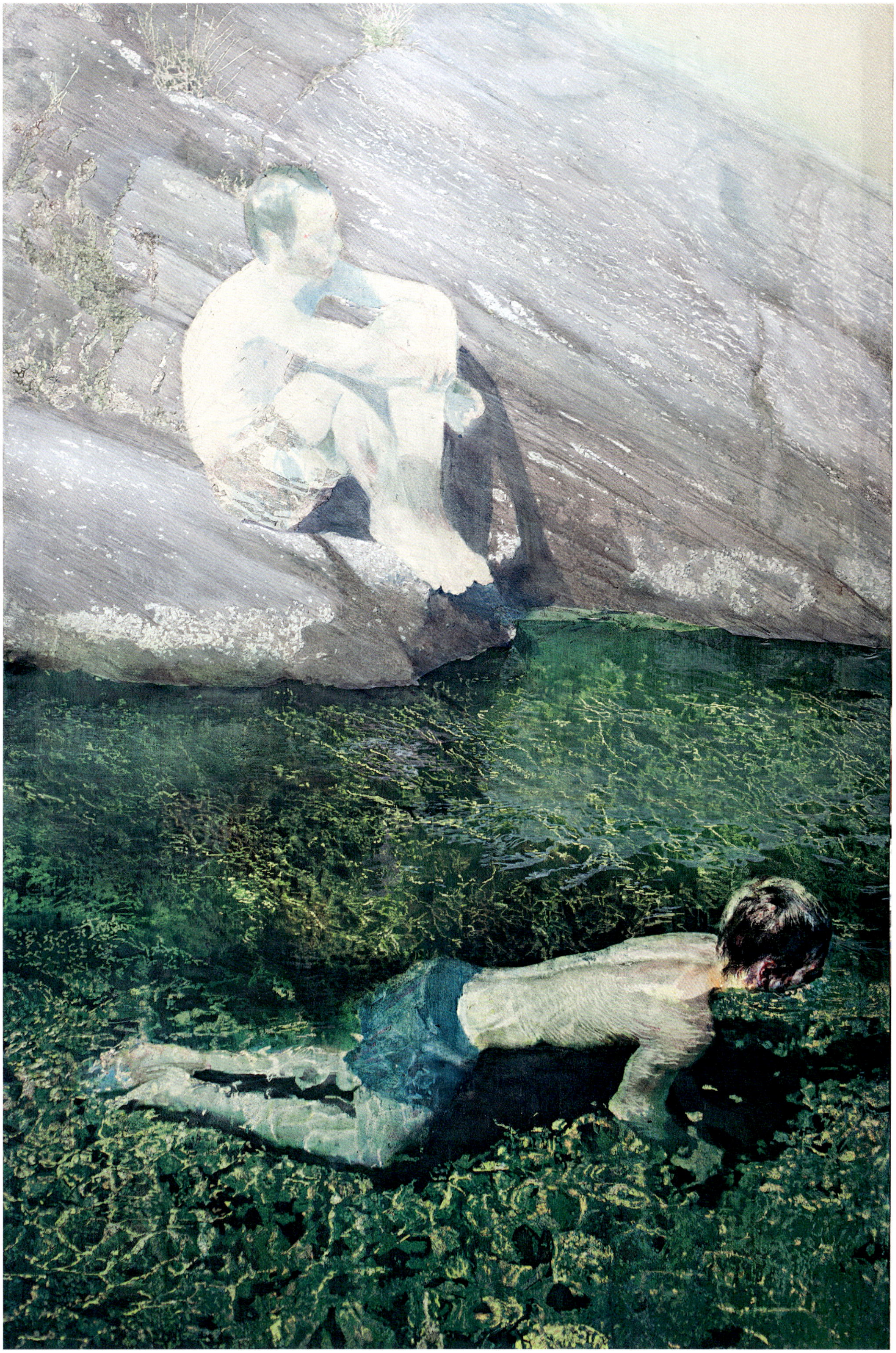

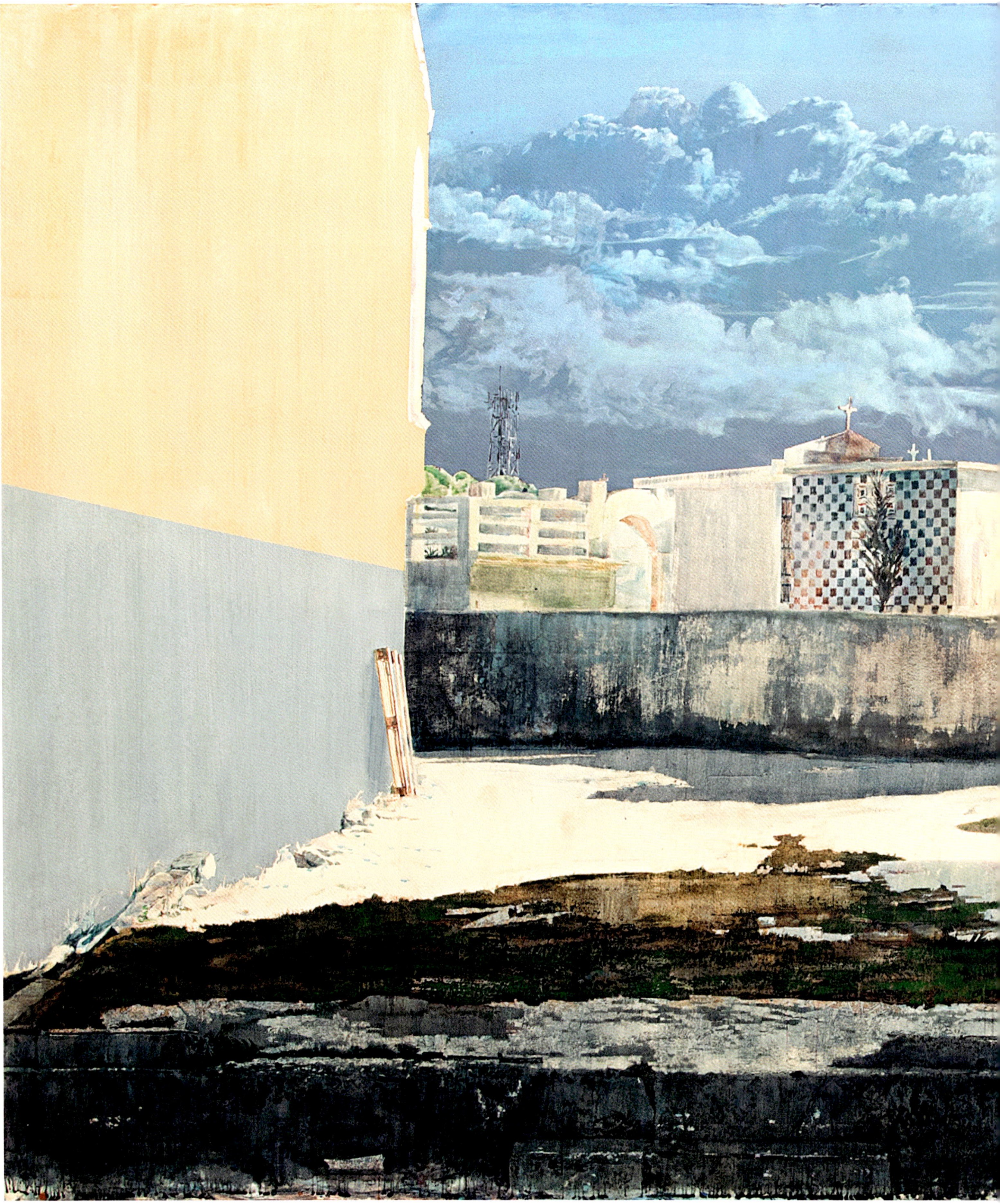

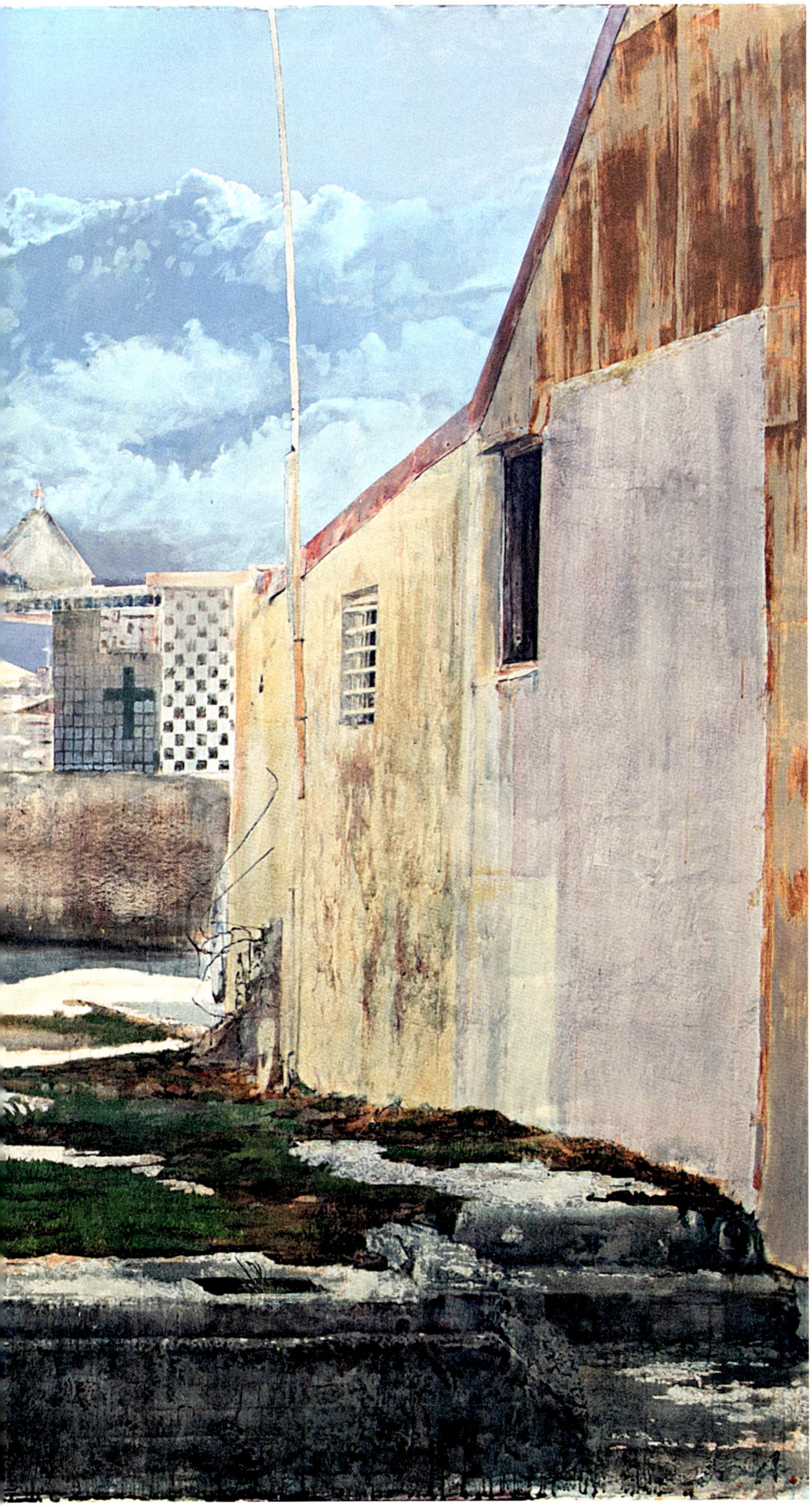

Le Cimetière du Moule, 2014
266 × 400 cm
104 ¾ × 157 ½ in

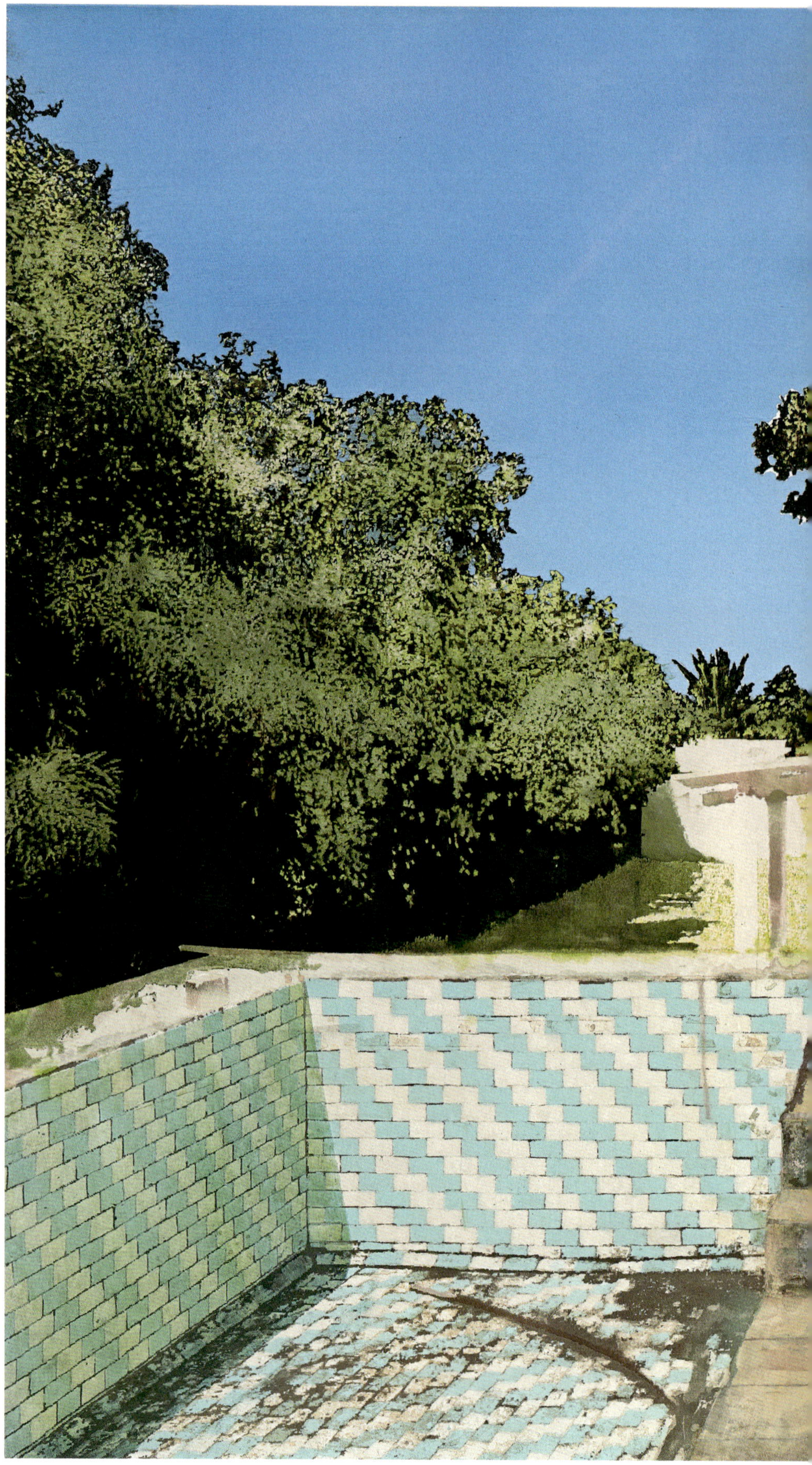

Palmeraie, 2015
204 × 312 cm
80 $^{5}/_{16}$ × 122 $^{13}/_{16}$ in

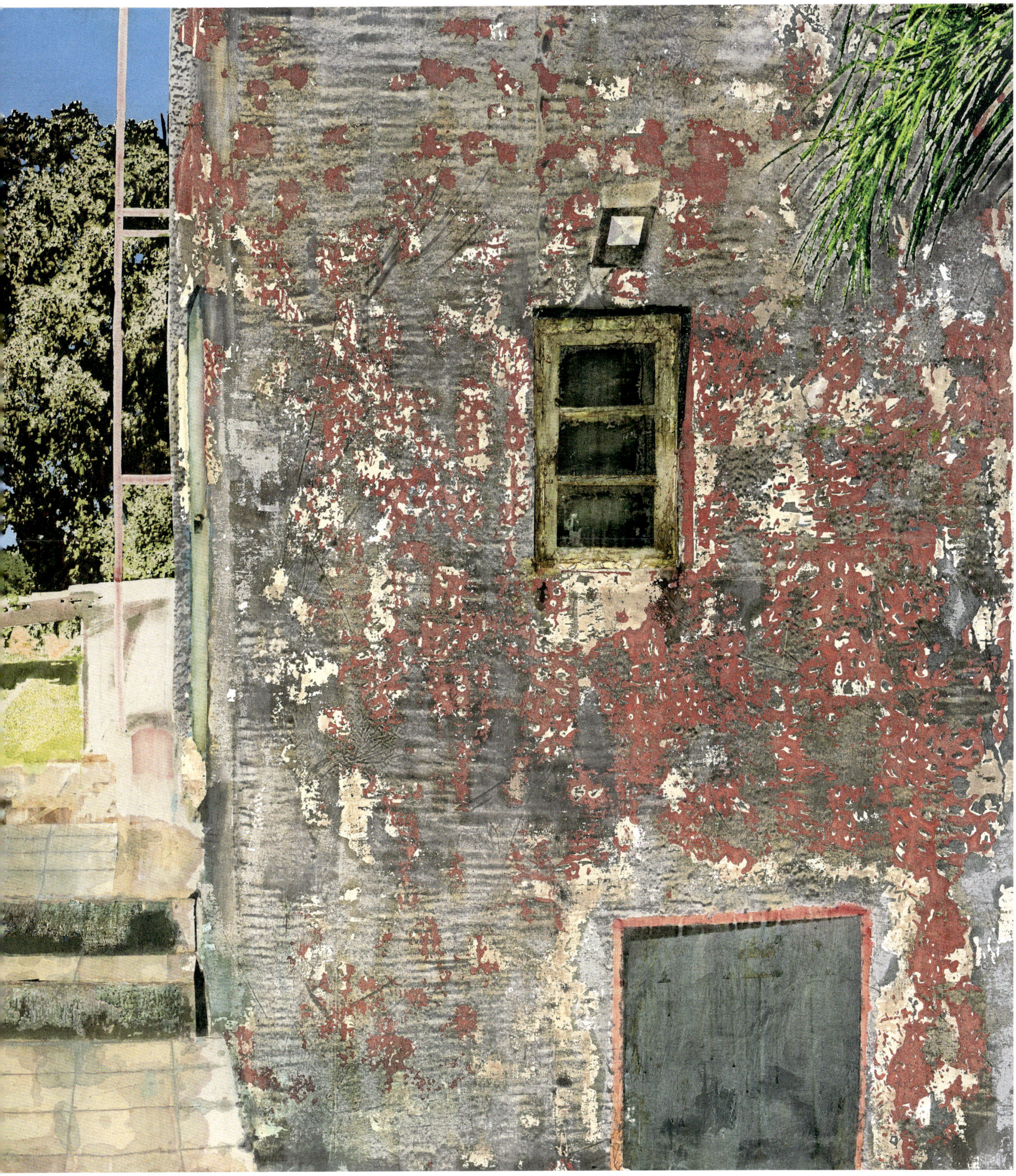

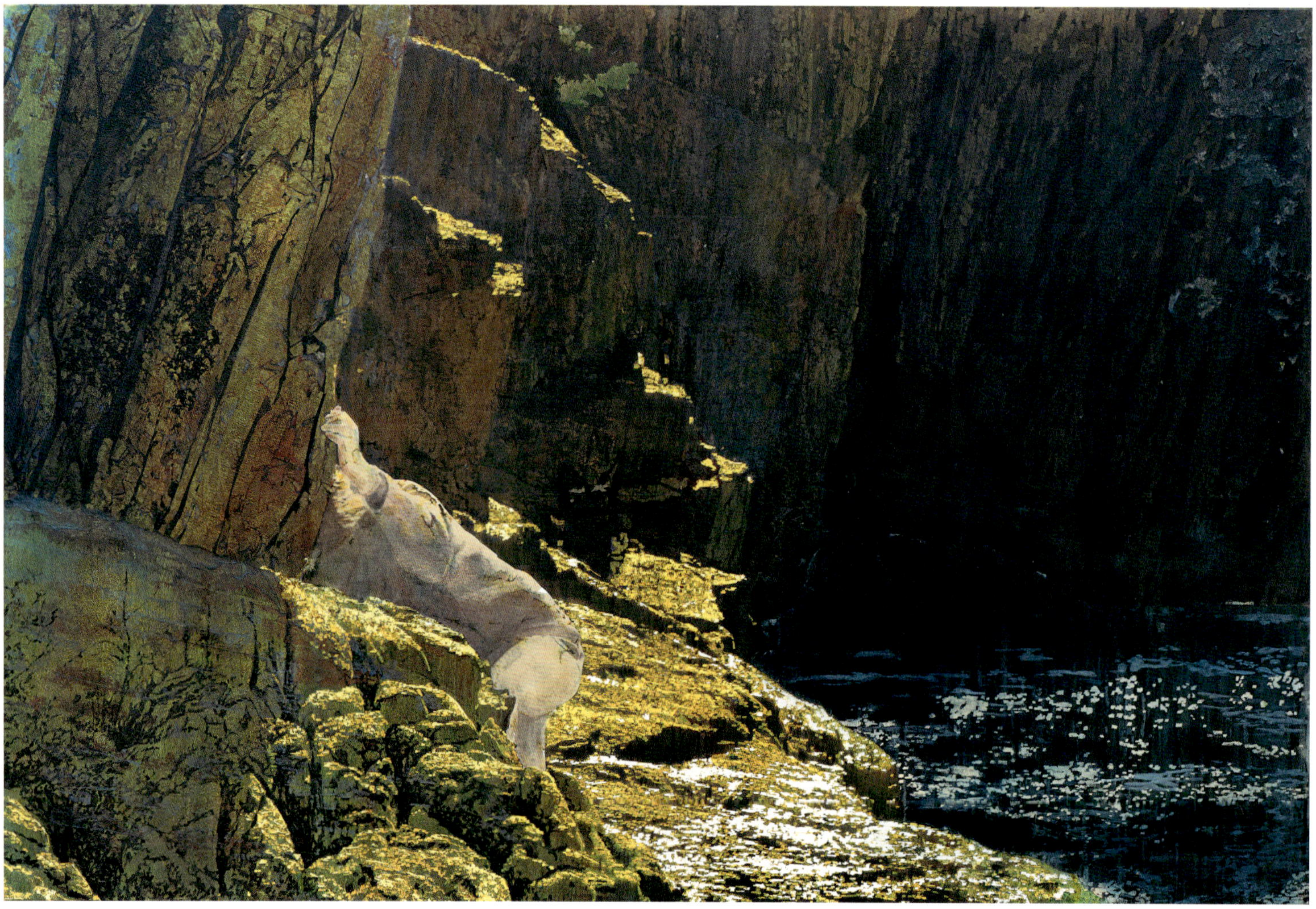

Kerfany, 2016
90 × 140 cm / 35 $^{7}/_{16}$ × 55 $^{1}/_{8}$ in
Collection privée / Private collection

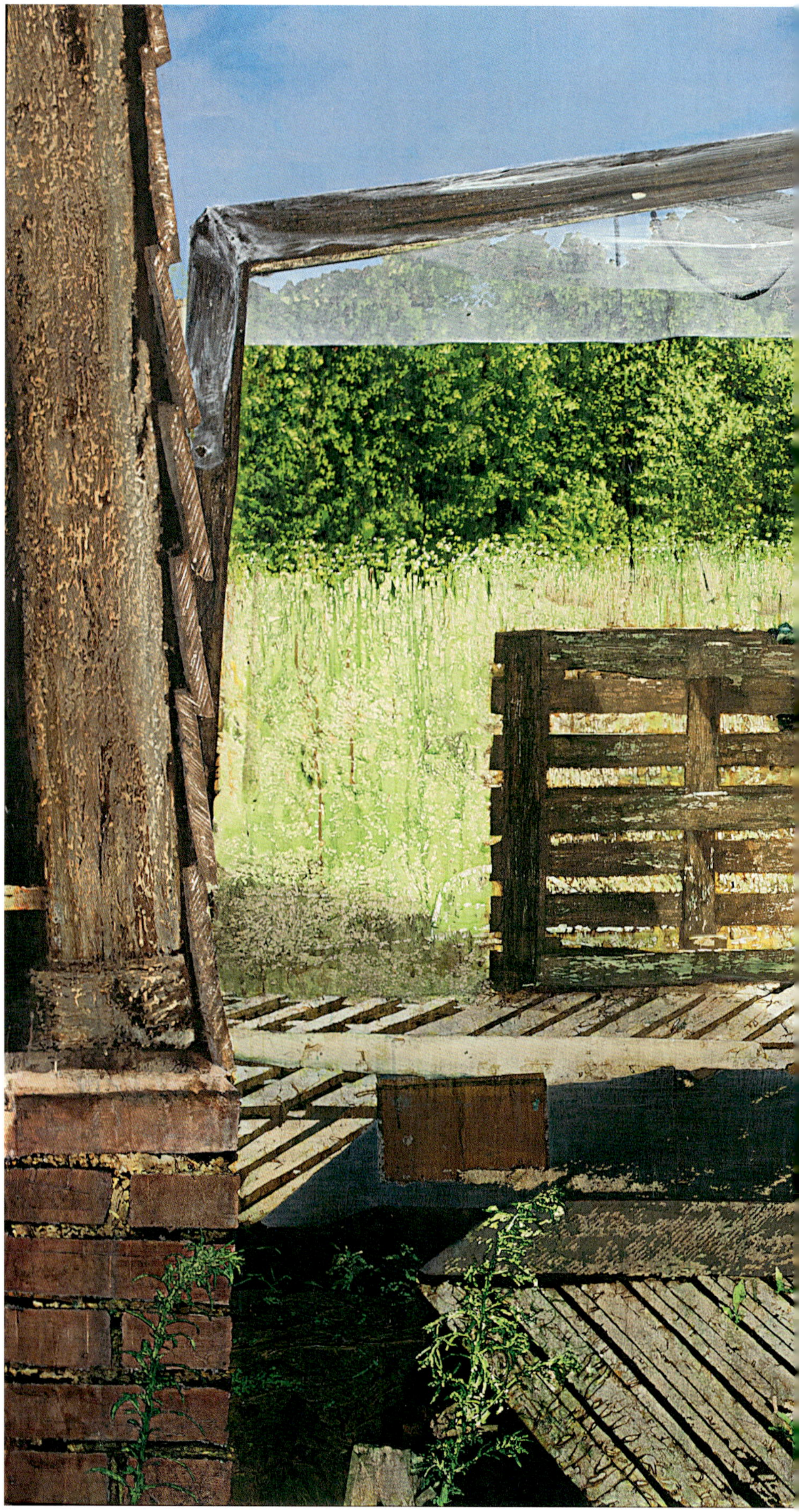

Landes, 2016
200 × 300 cm / 78 $^{3}/_{4}$ × 118 $^{1}/_{8}$ in
Collection privée / Private collection

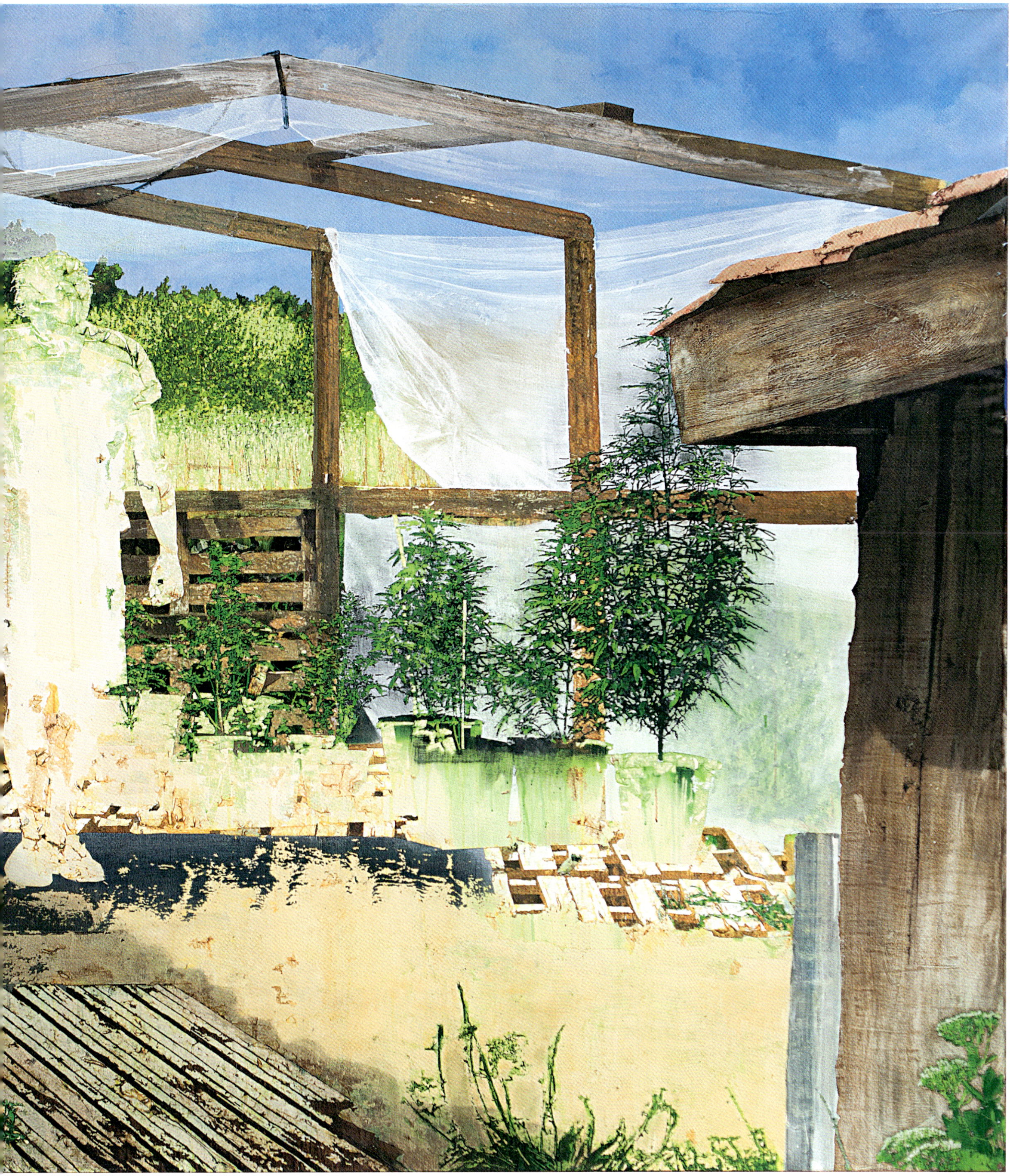

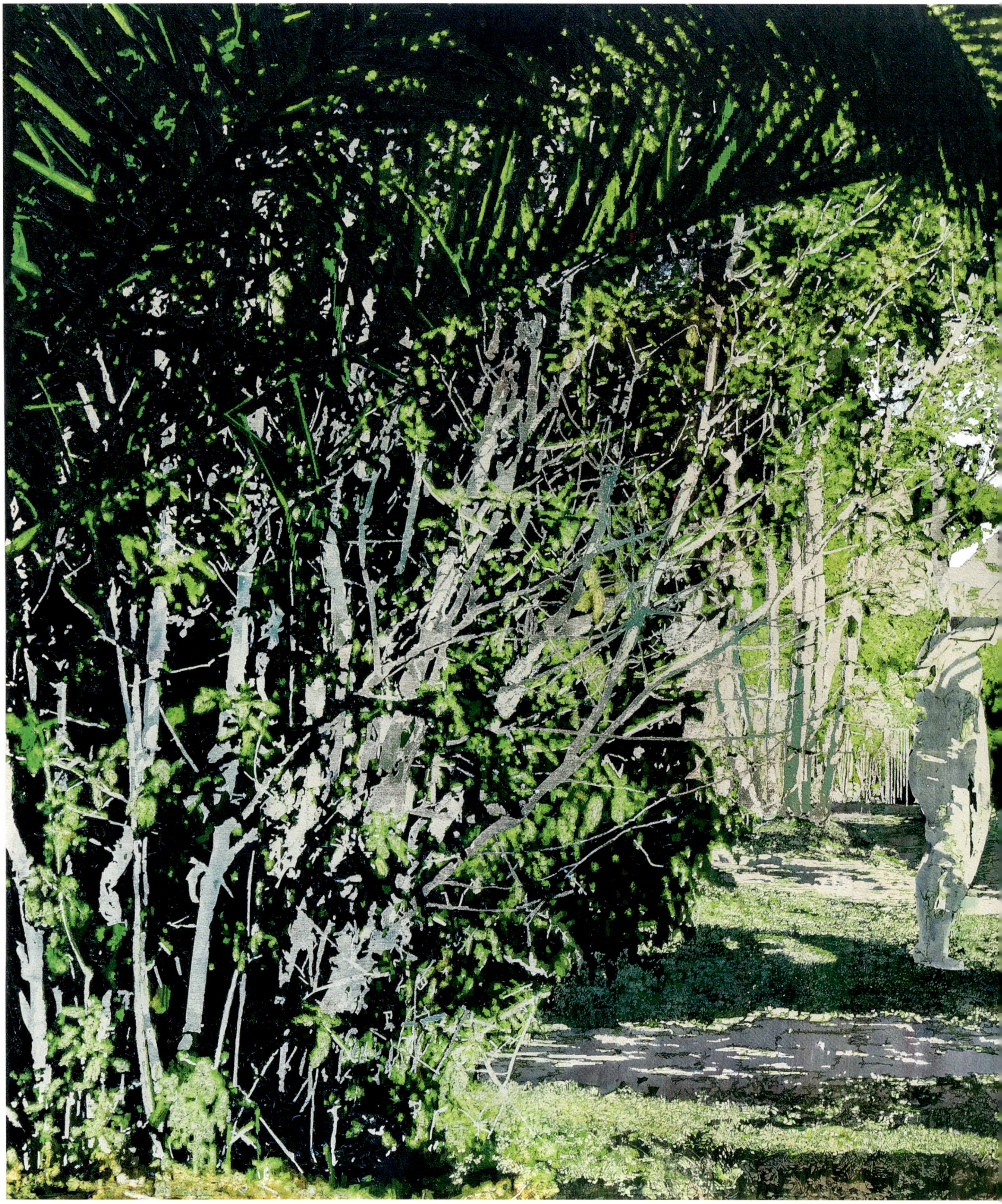

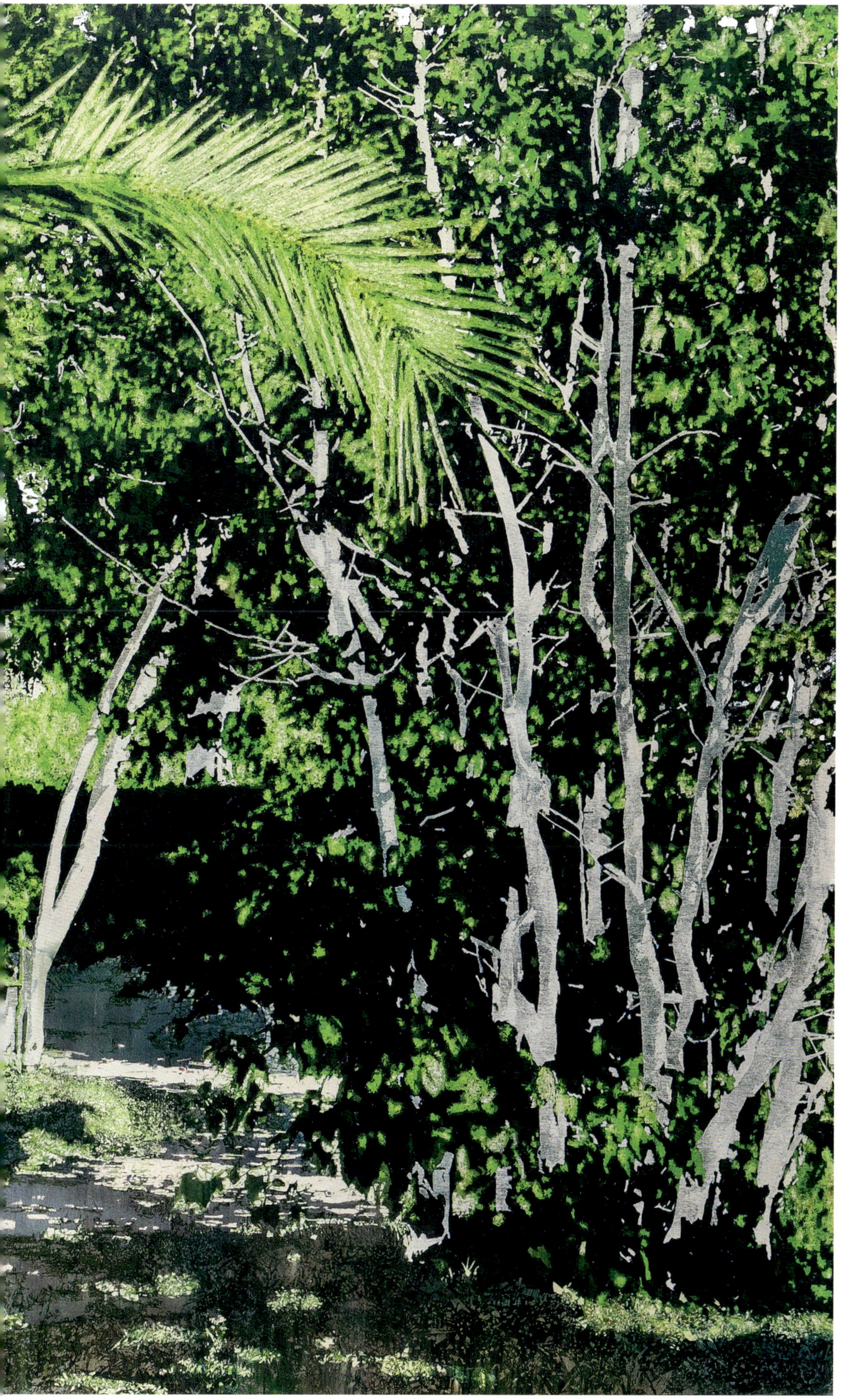

Colisée I, 2016
265 × 410 cm / 104 $^{5}/_{16}$ × 161 $^{7}/_{16}$ in
Collection privée / Private collection

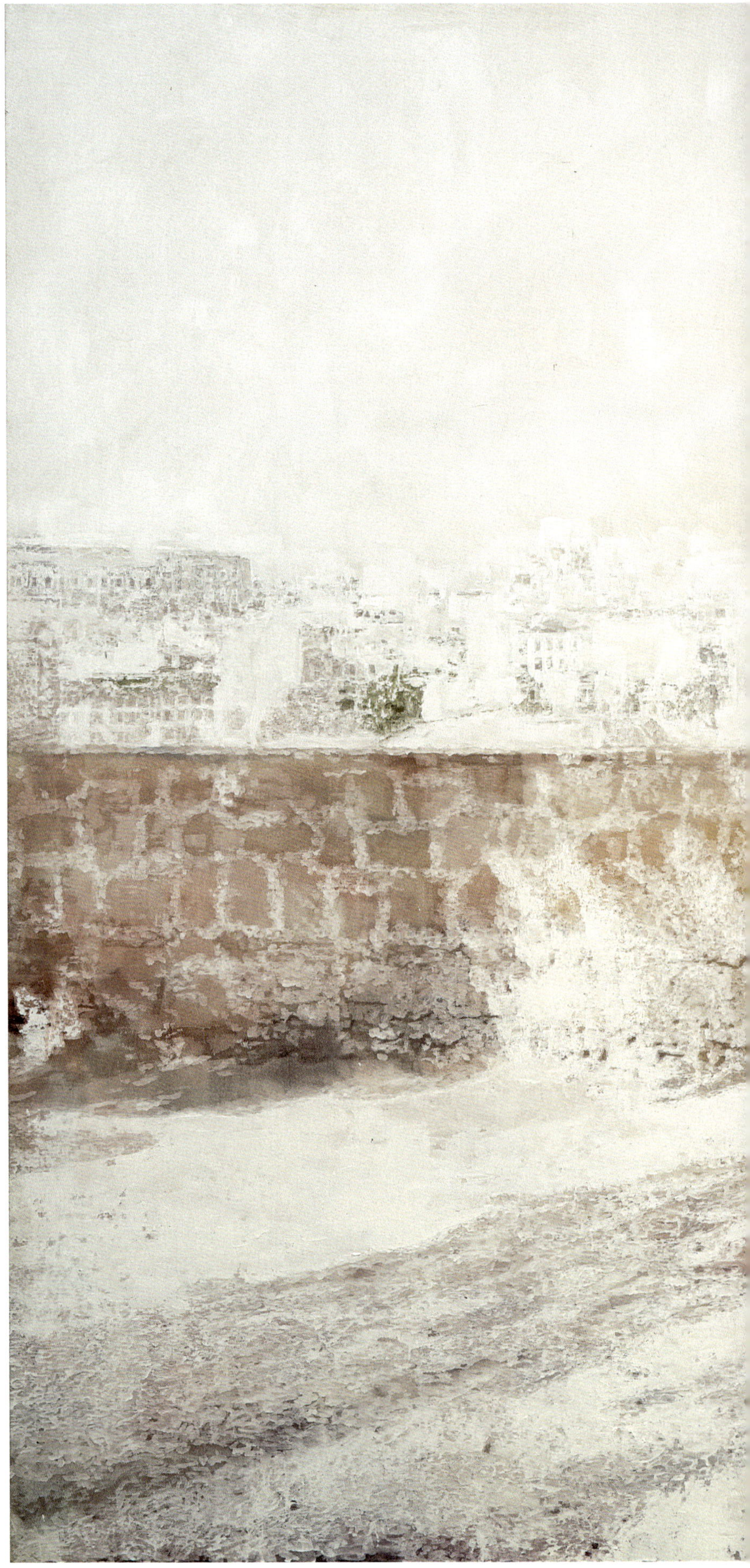

Colisée II, 2017
265 × 410 cm
104 $^{5}/_{16}$ × 161 $^{7}/_{16}$ in

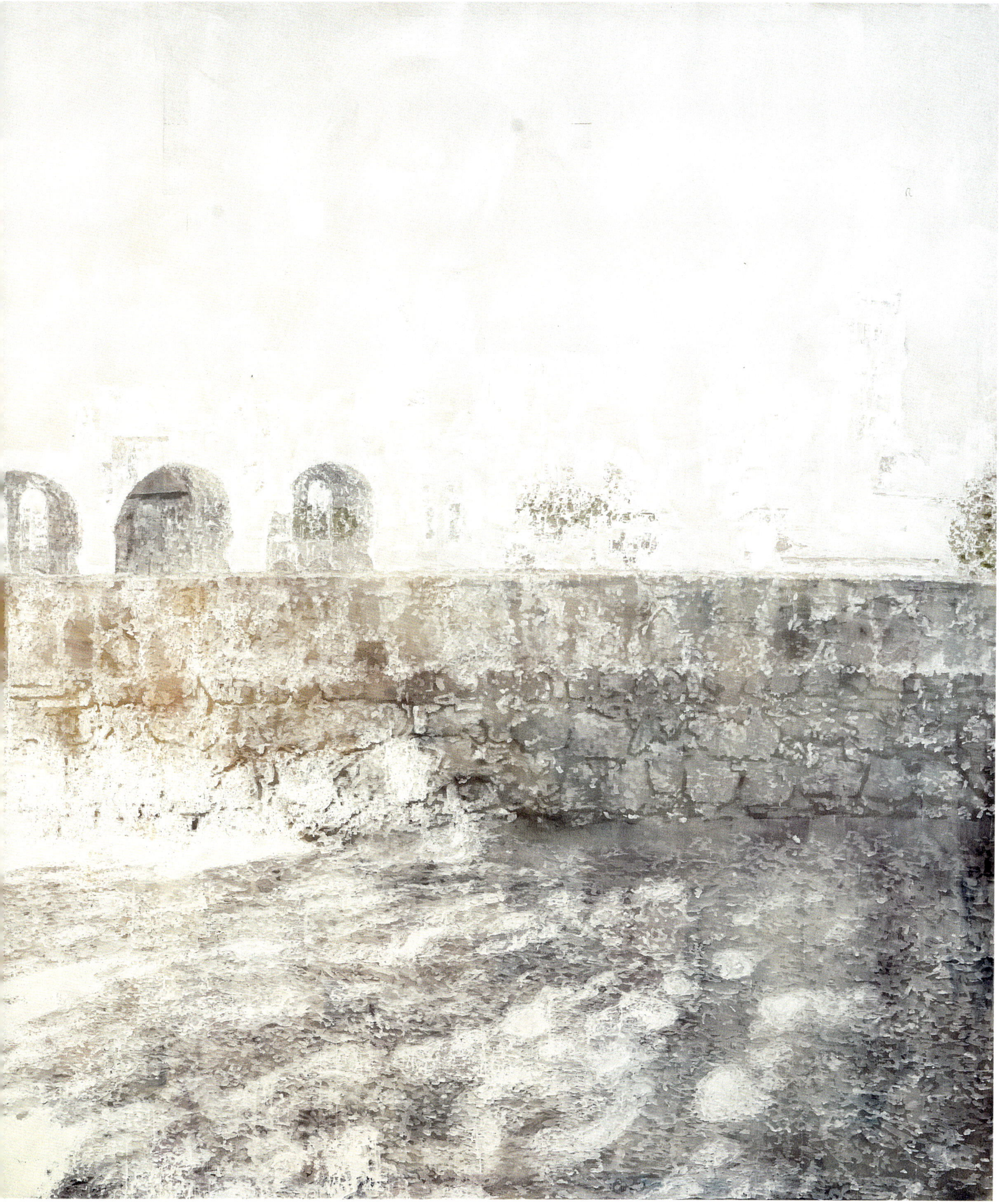

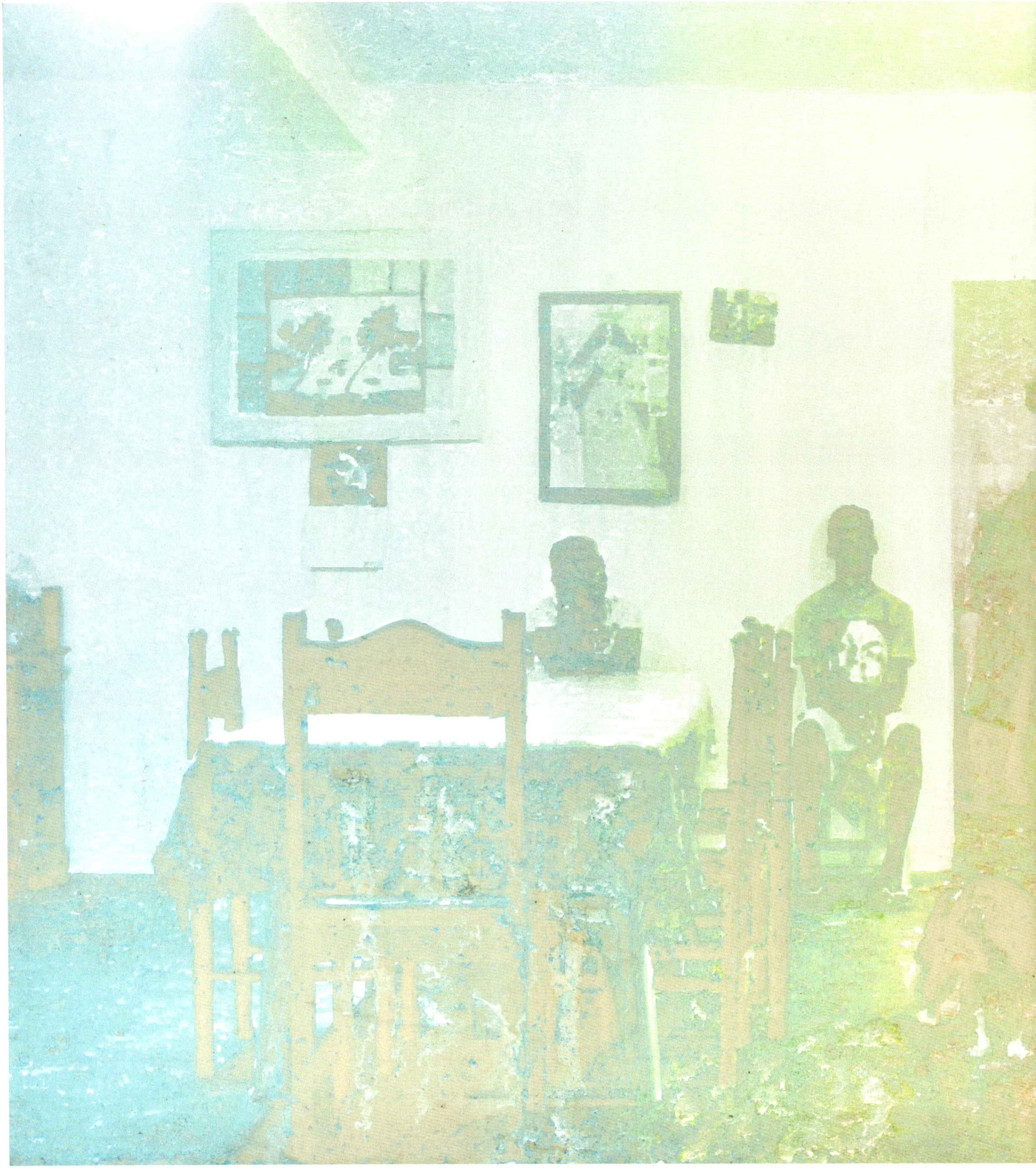

Trois-Rivières, 2017
236 × 351 cm / 92 15/16 × 138 3/16 in
Collection privée / Private collection

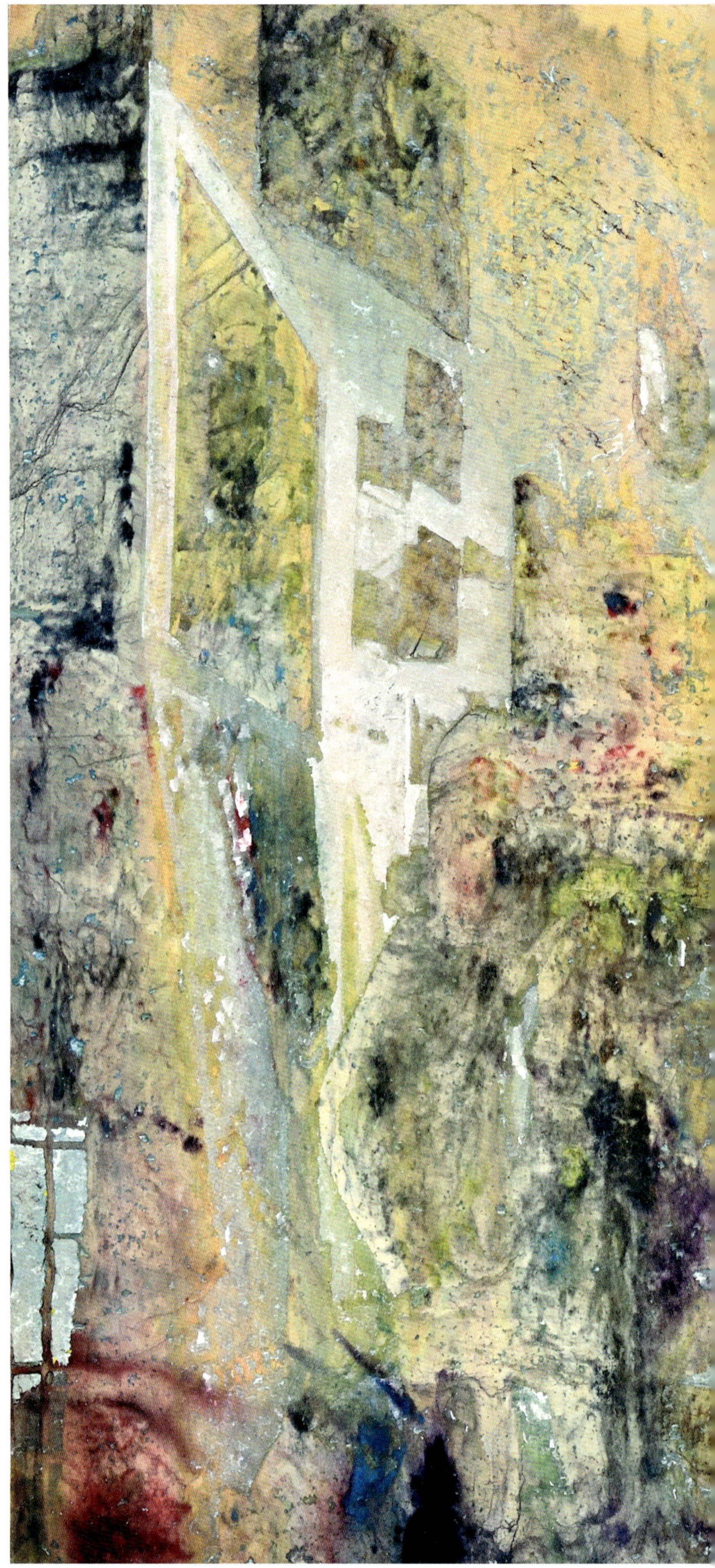

Turin, 2018
206 × 309 cm / 81 ⅛ × 121 ⅝ in
Collection privée / Private collection

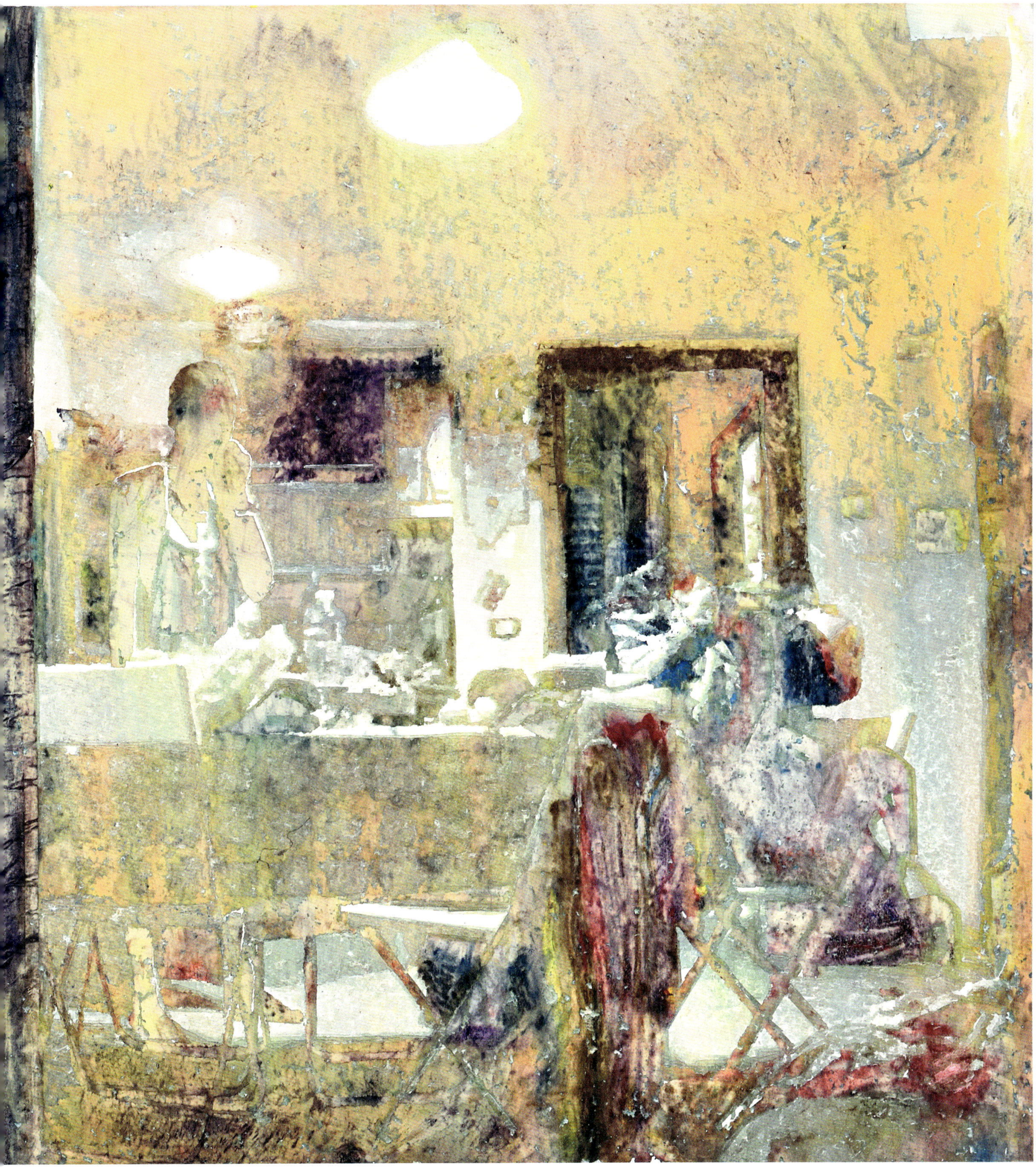

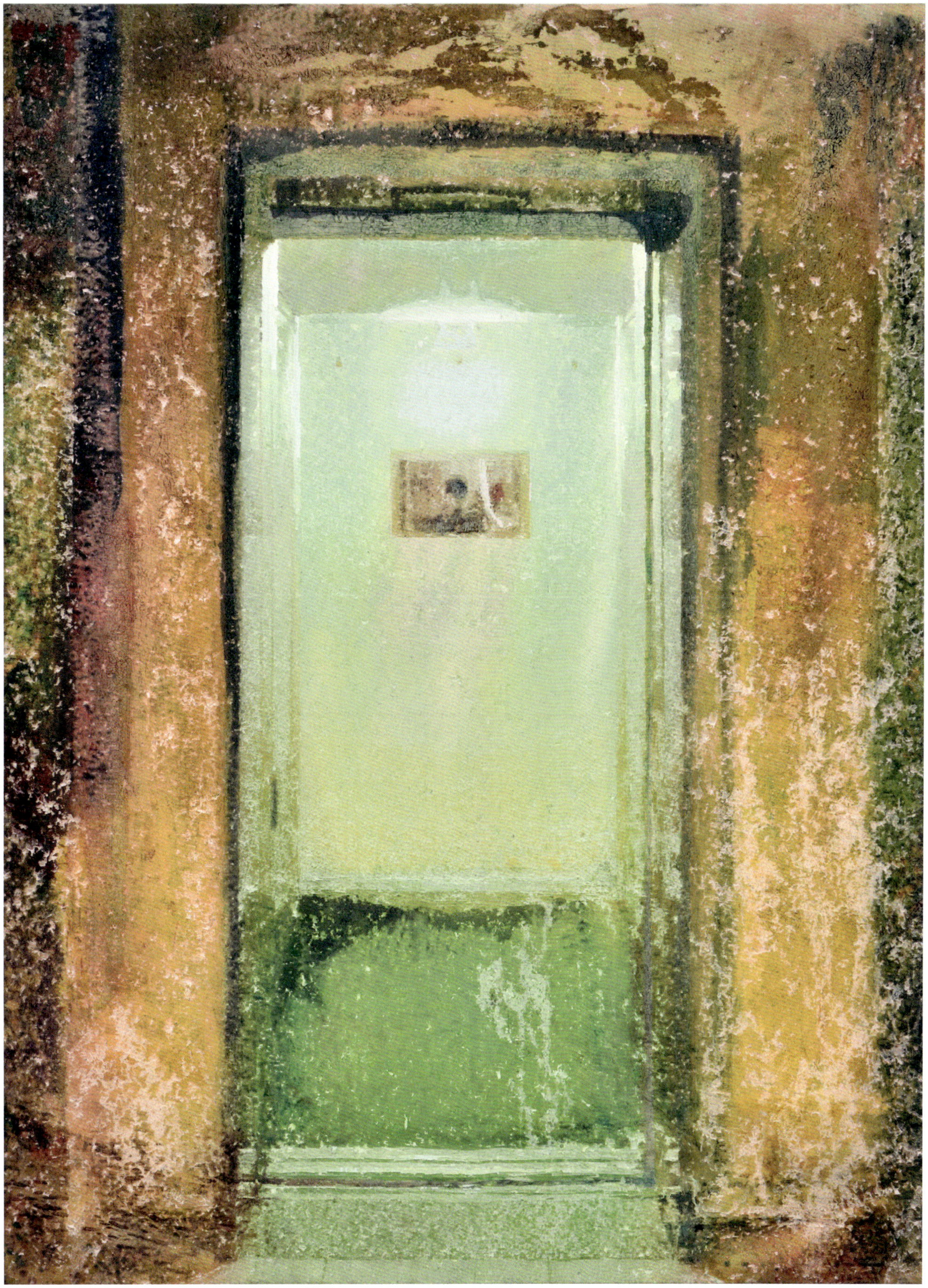

La Porte, 2018
259 × 193 cm / 101 $^{15}/_{16}$ × 76 in
Collection privée / Private collection

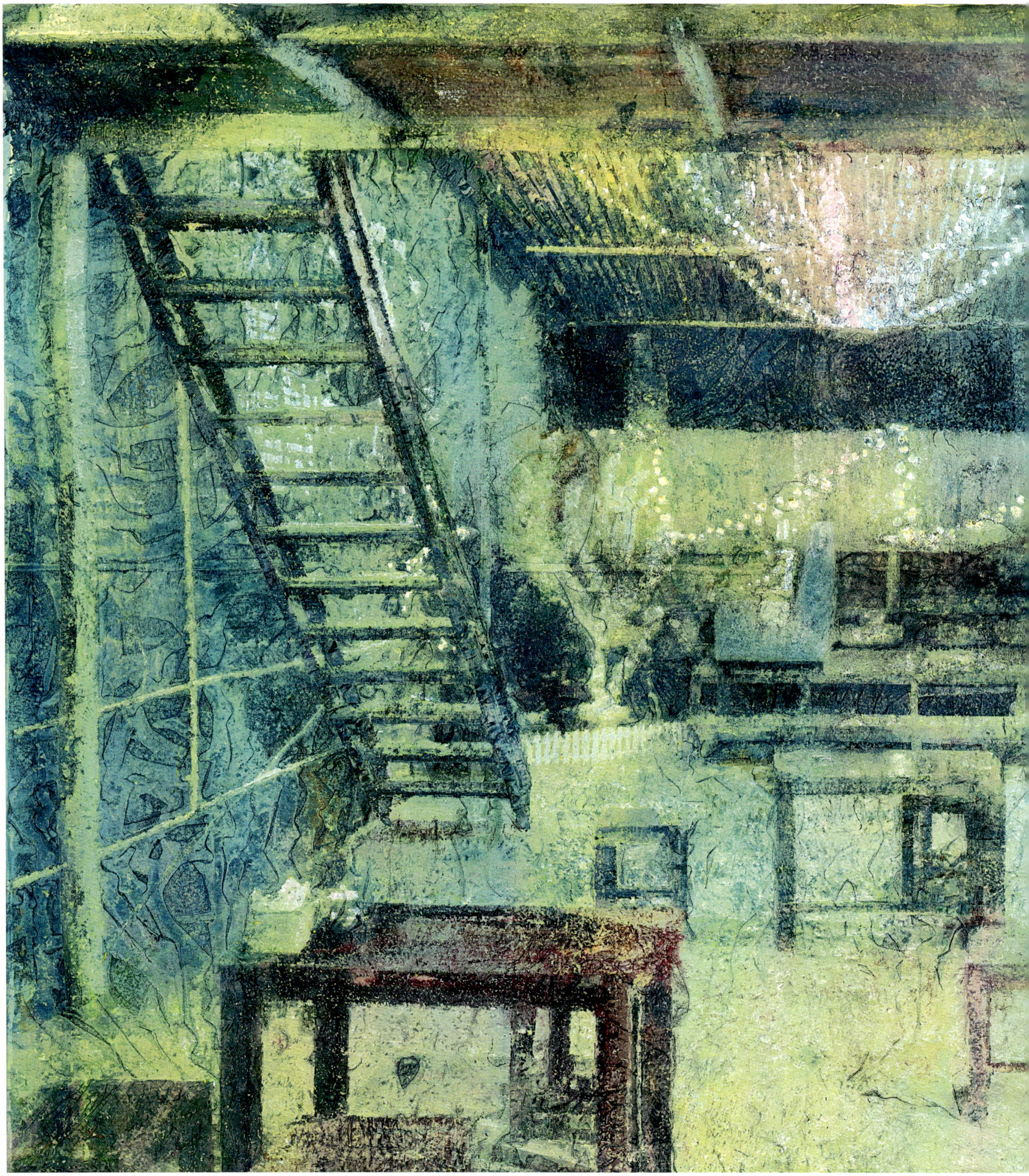

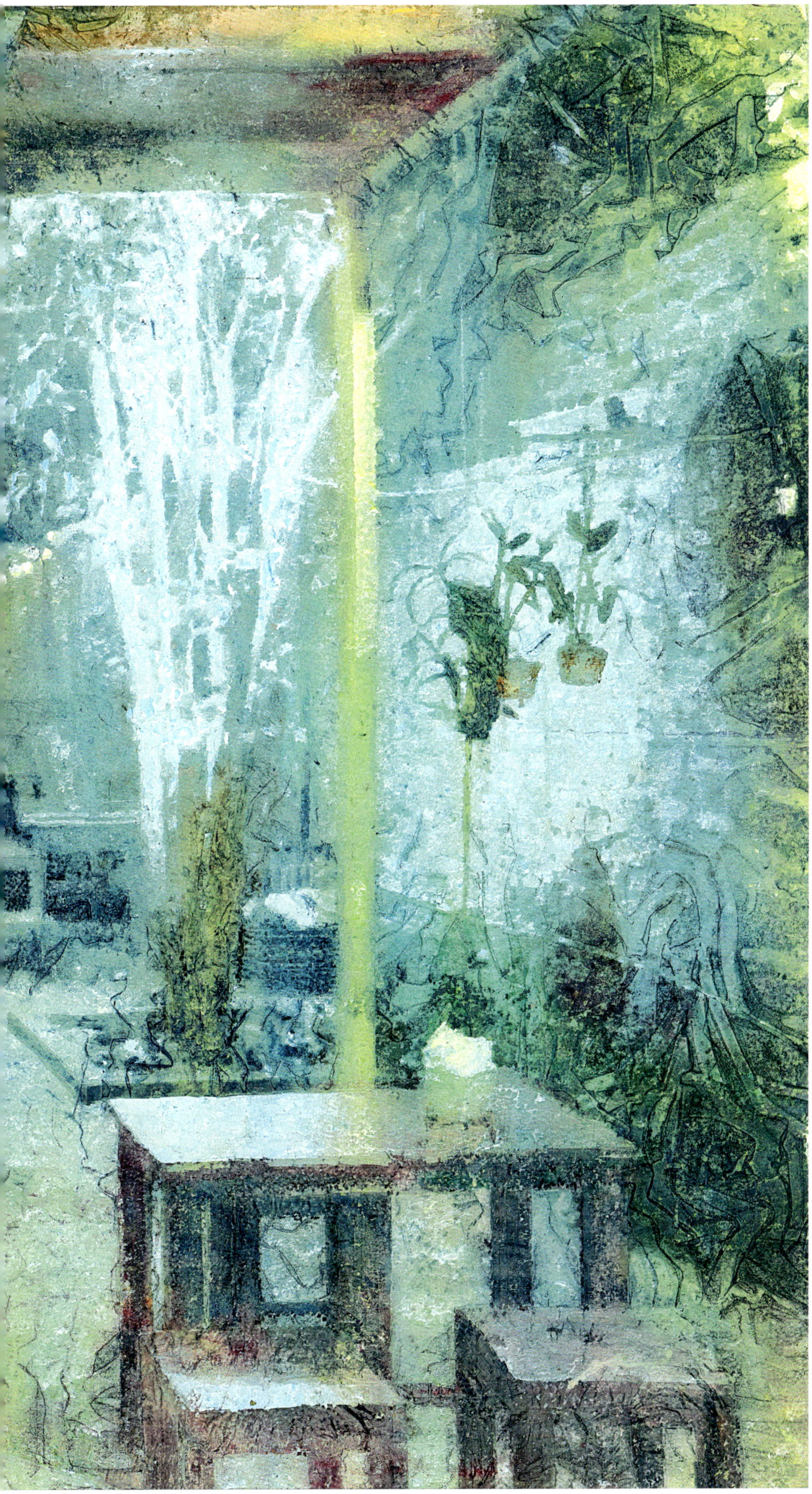

Vietnam, 2018
254 × 389 cm / 100 × 153 $^{1}/_{8}$ in
Collection privée / Private collection

Gosier, 2018
153 × 233 cm / 60 ¼ × 91 ¾ in
Collection privée / Private collection

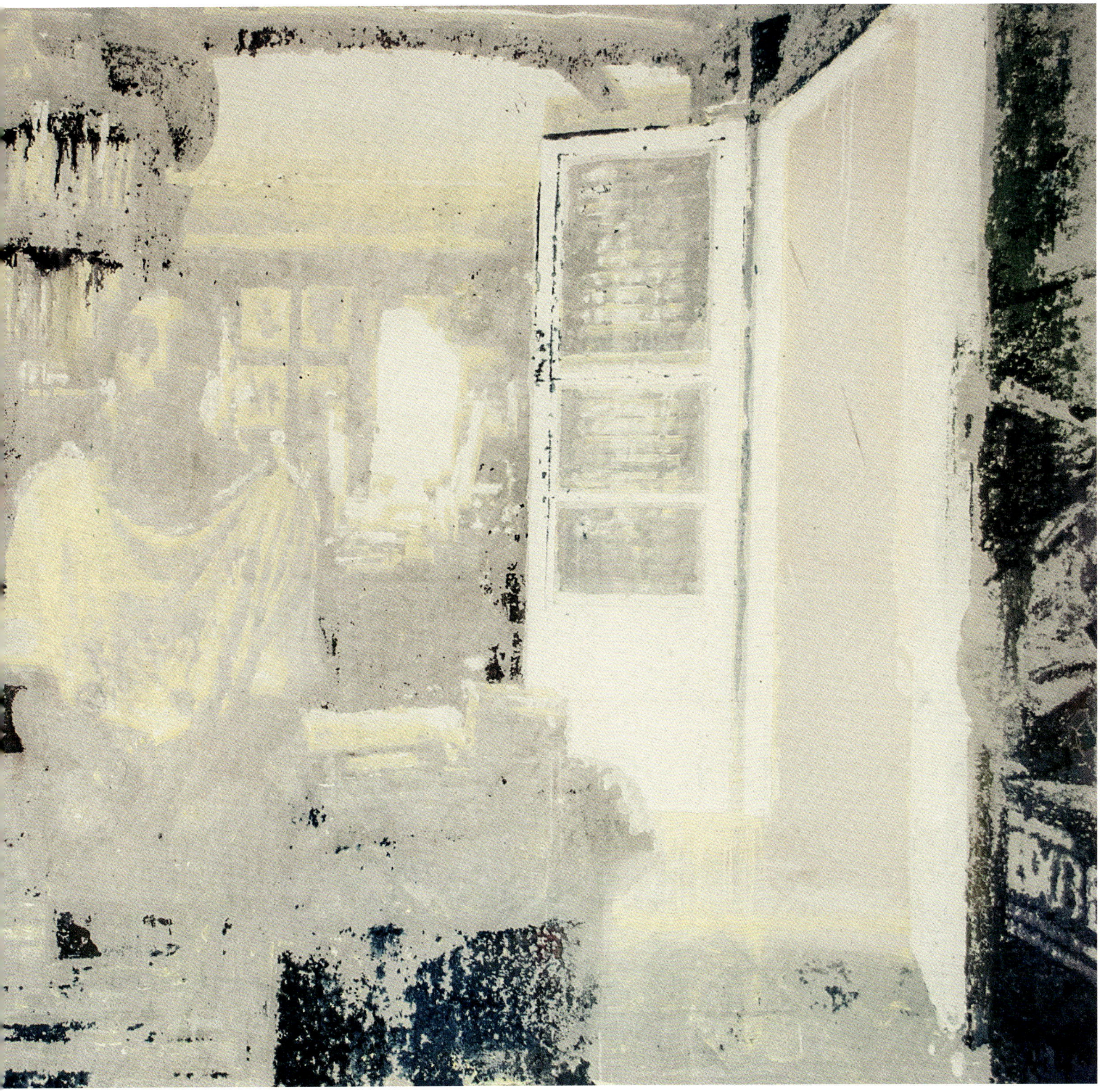

Casablanca, 2018
228 × 128 cm / 89 $^{3}/_{4}$ × 50 $^{3}/_{8}$ in
Collection privée / Private collection

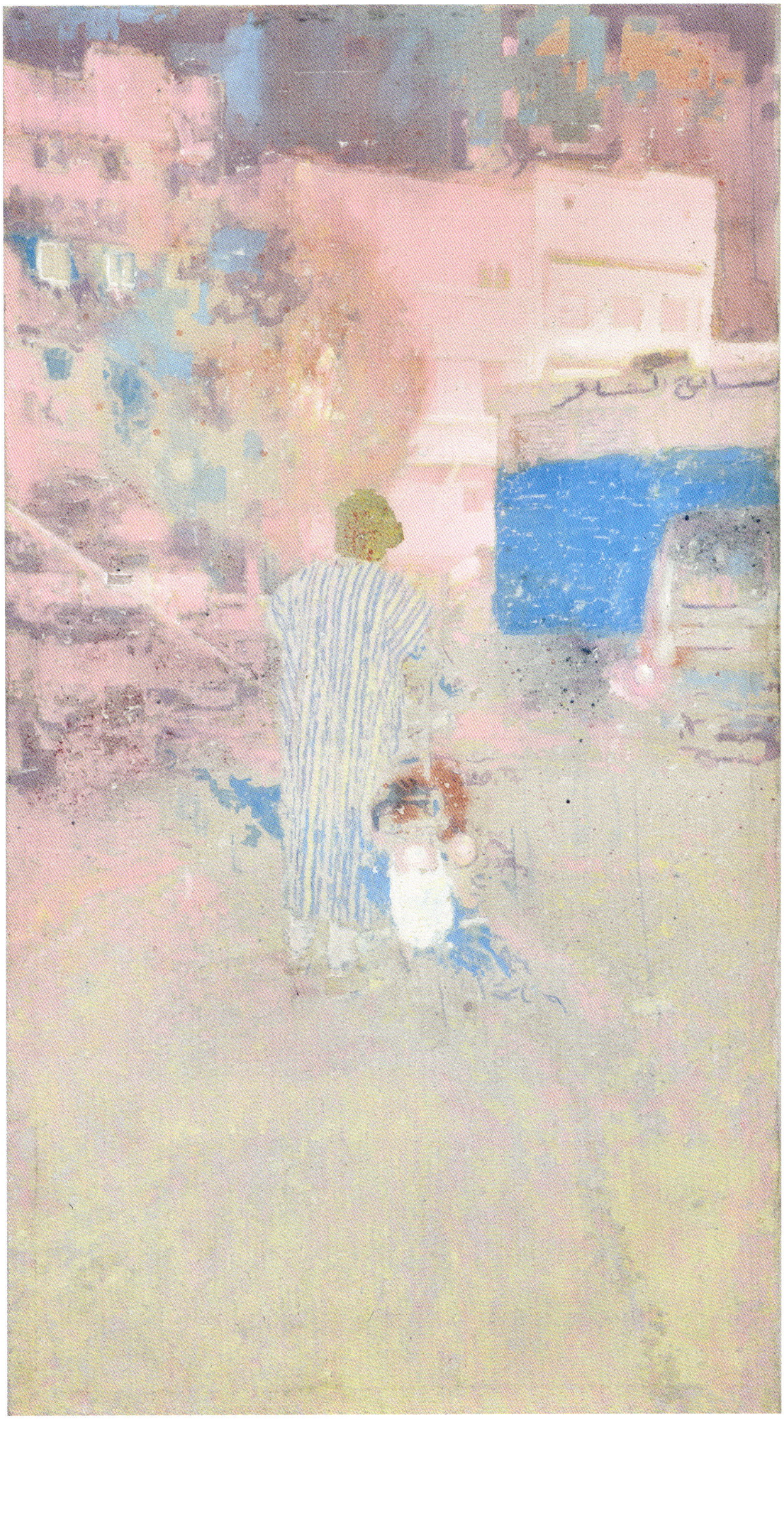

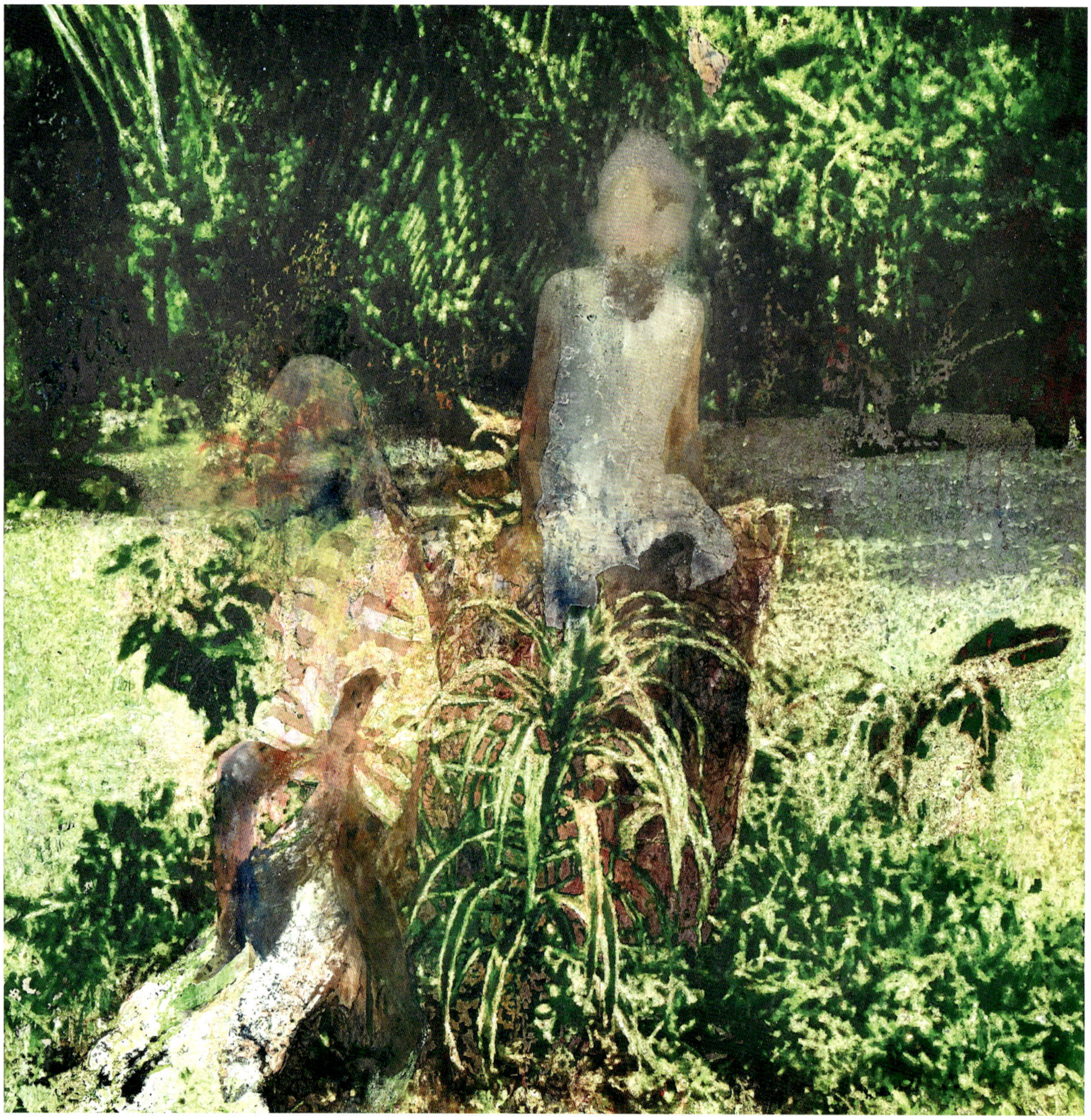

Tanto, 2019
157 × 157 cm / 61 $^{13}/_{16}$ × 61 $^{13}/_{16}$ in
Collection privée / Private collection

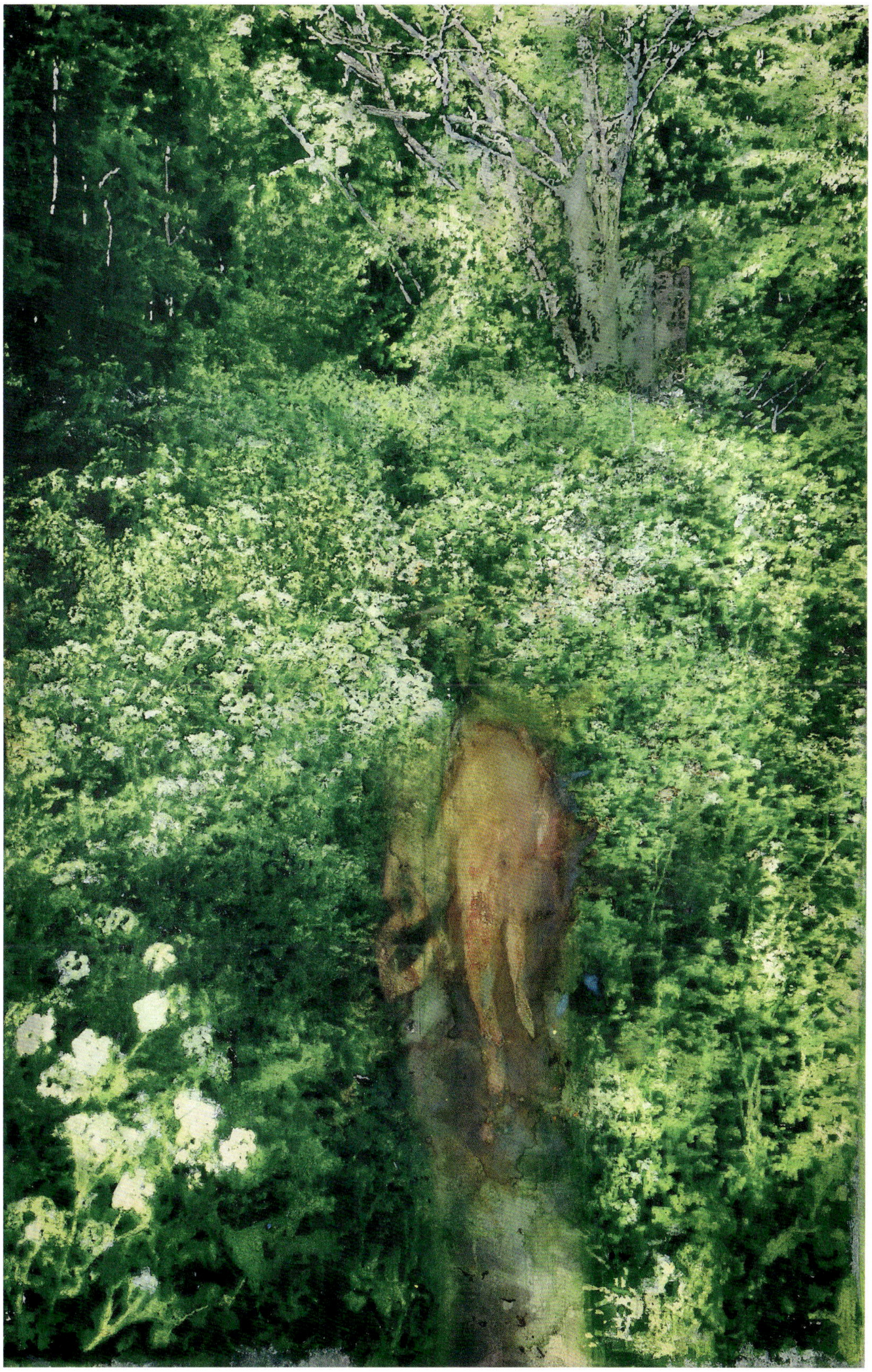

La Source, 2019
204 × 142 cm / 80 5/16 × 55 7/8 in
Collection privée / Private collection

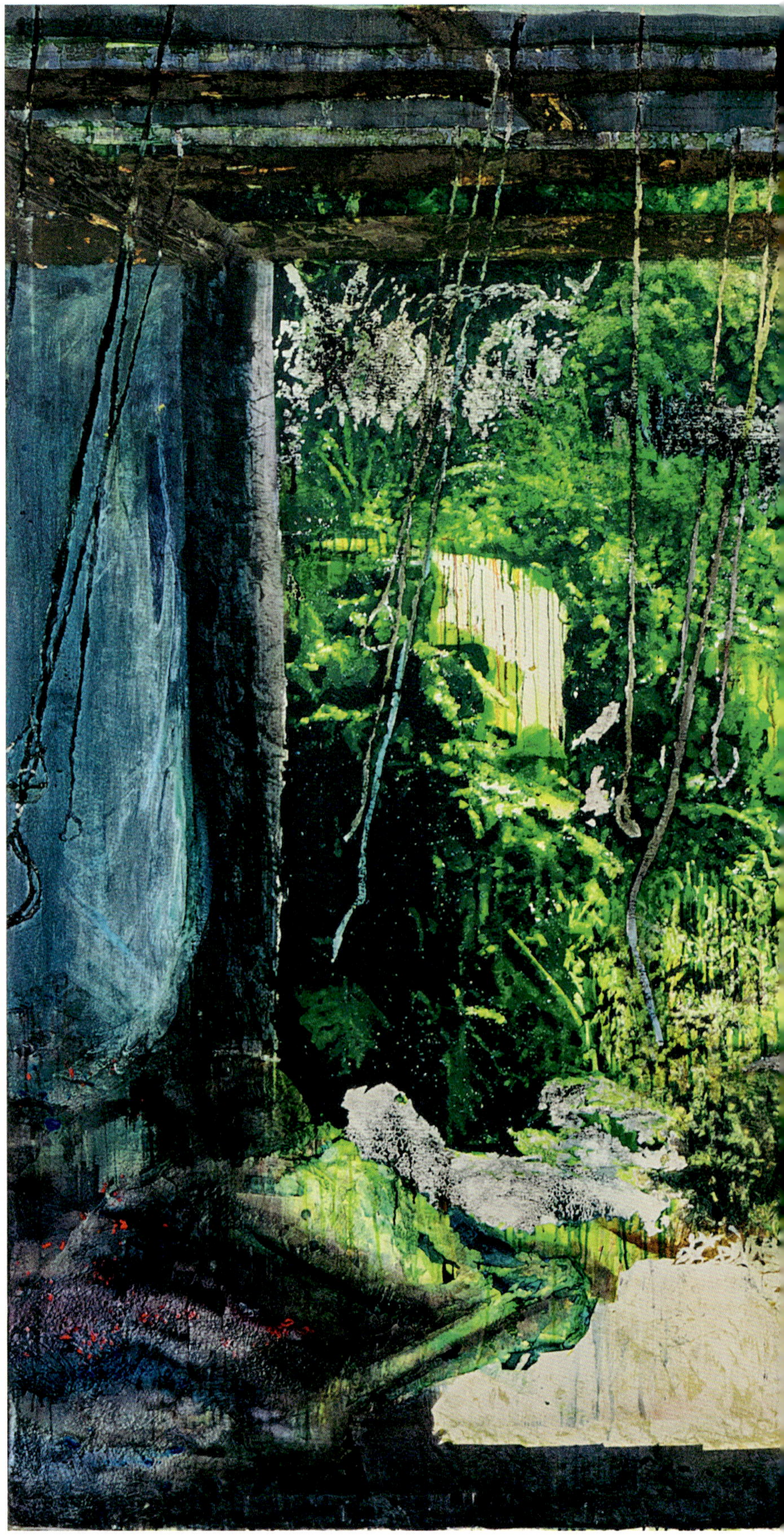

Hangar, 2019
215 × 327 cm / 84 ⅝ × 128 ¾ in
Collection privée / Private collection

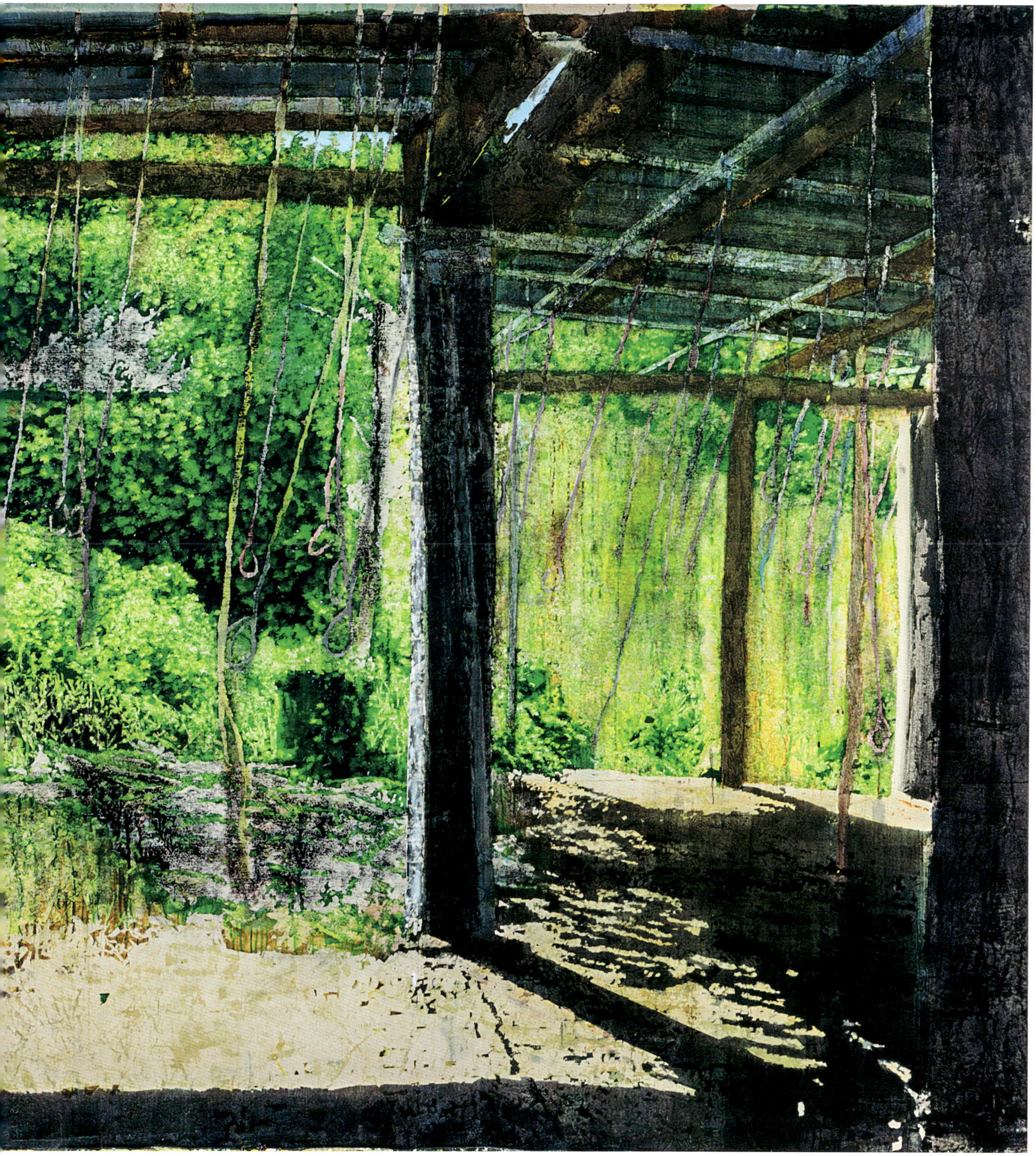

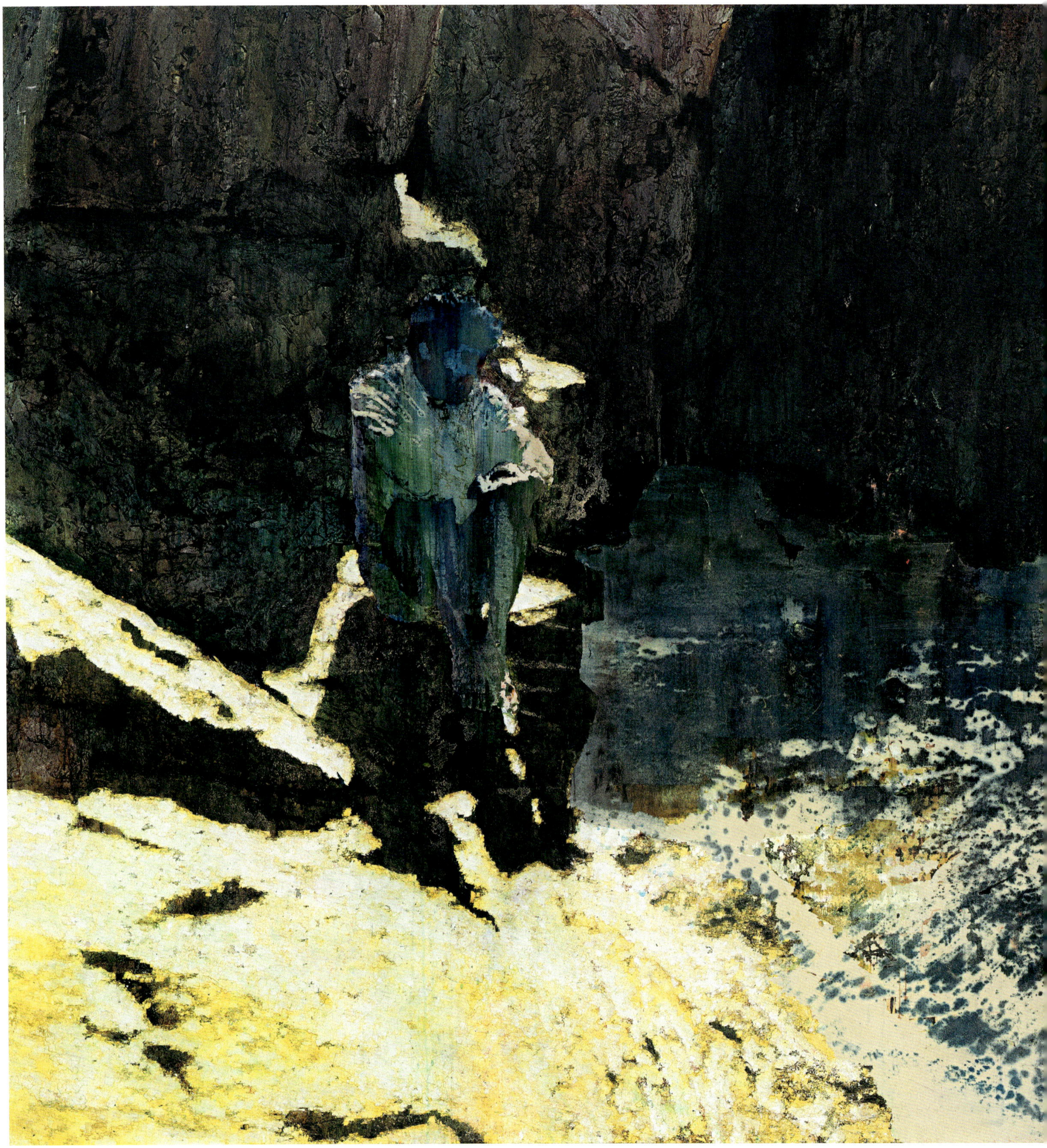

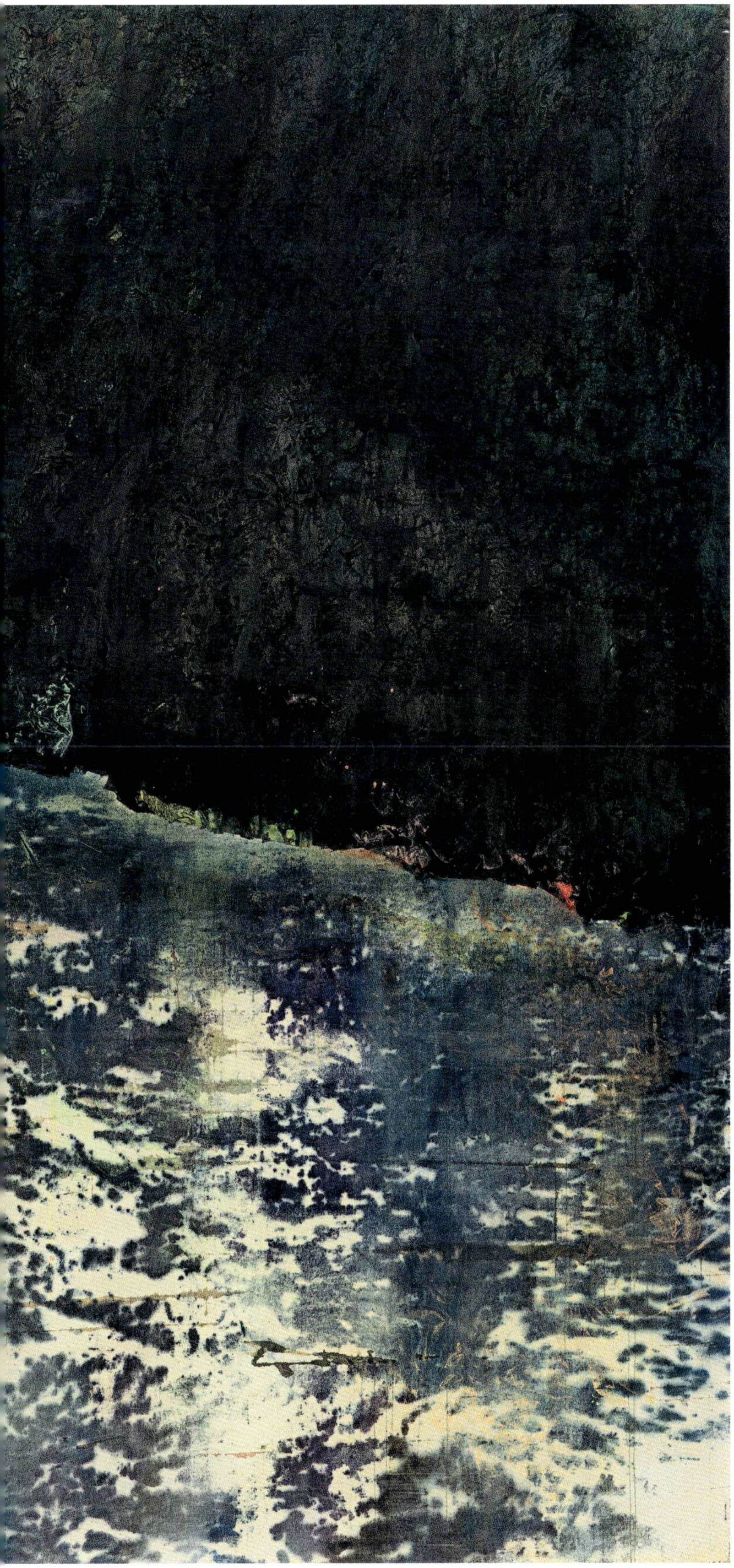

Bretagne, 2020
185 × 275 cm / 72 $^{13}/_{16}$ × 108 $^{1}/_{4}$ in
Collection privée / Private collection

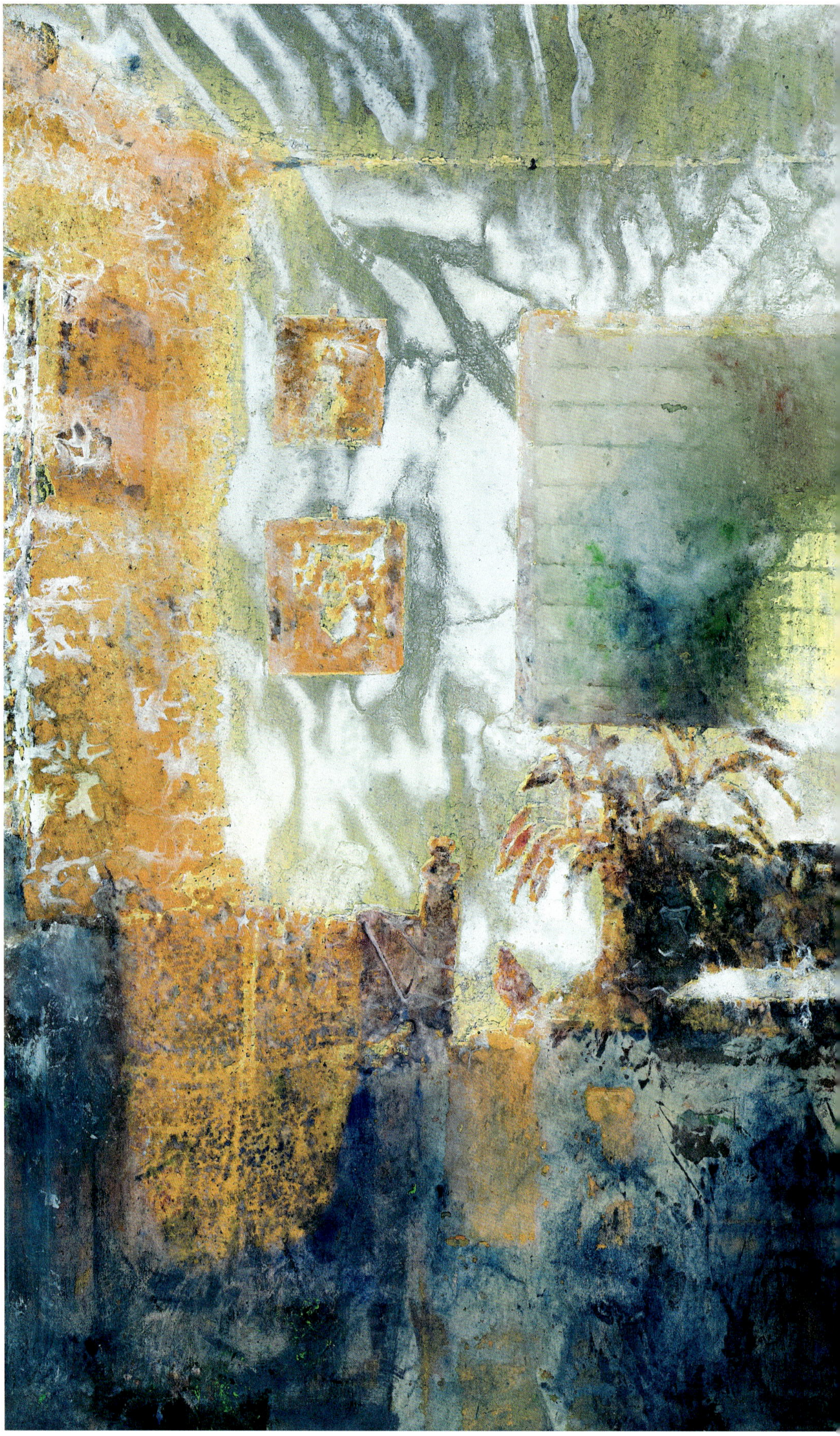

Autel, 2020
191 × 301 cm / 75 $^{3}/_{16}$ × 118 $^{1}/_{2}$ in
Collection privée / Private collection

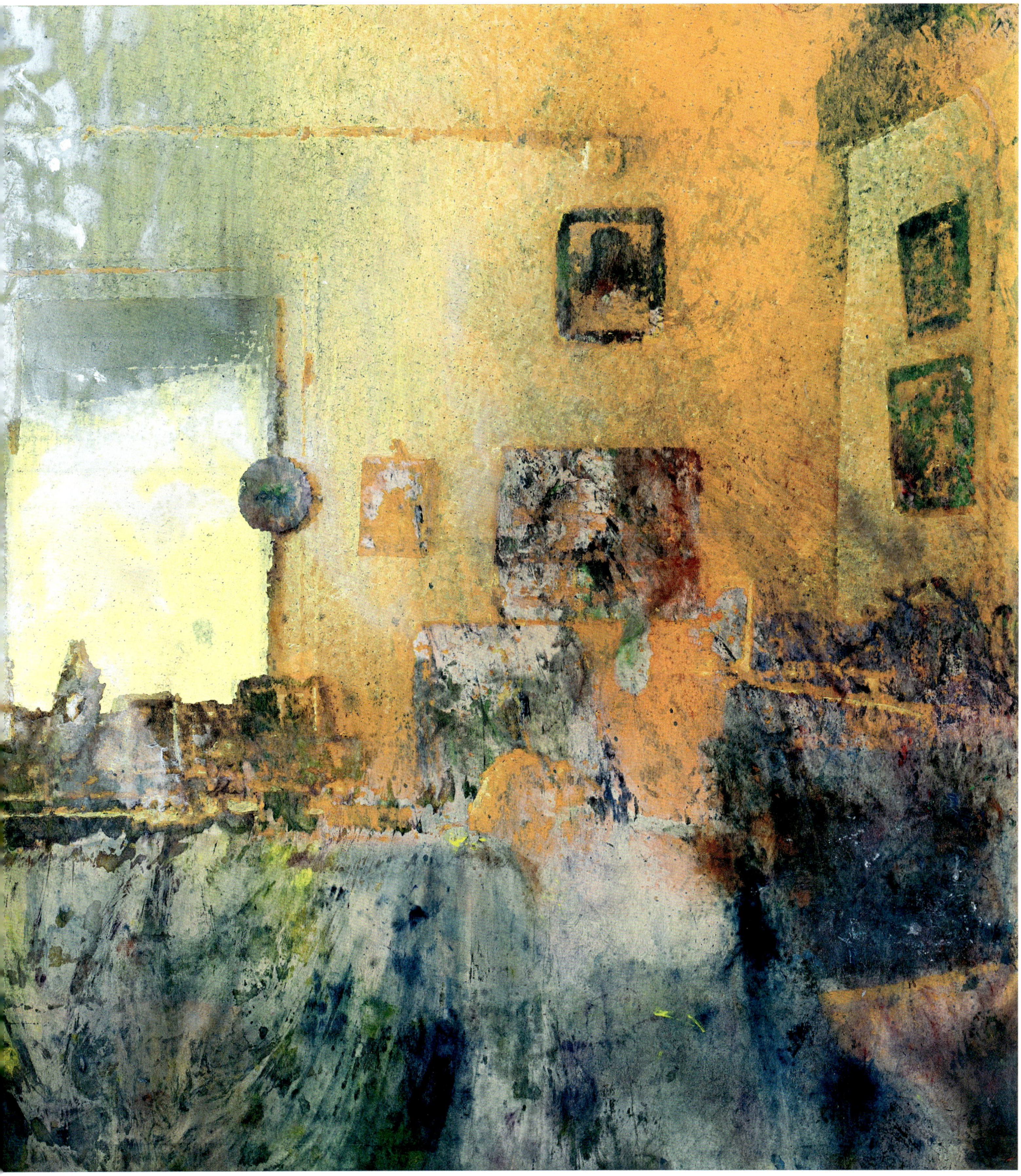

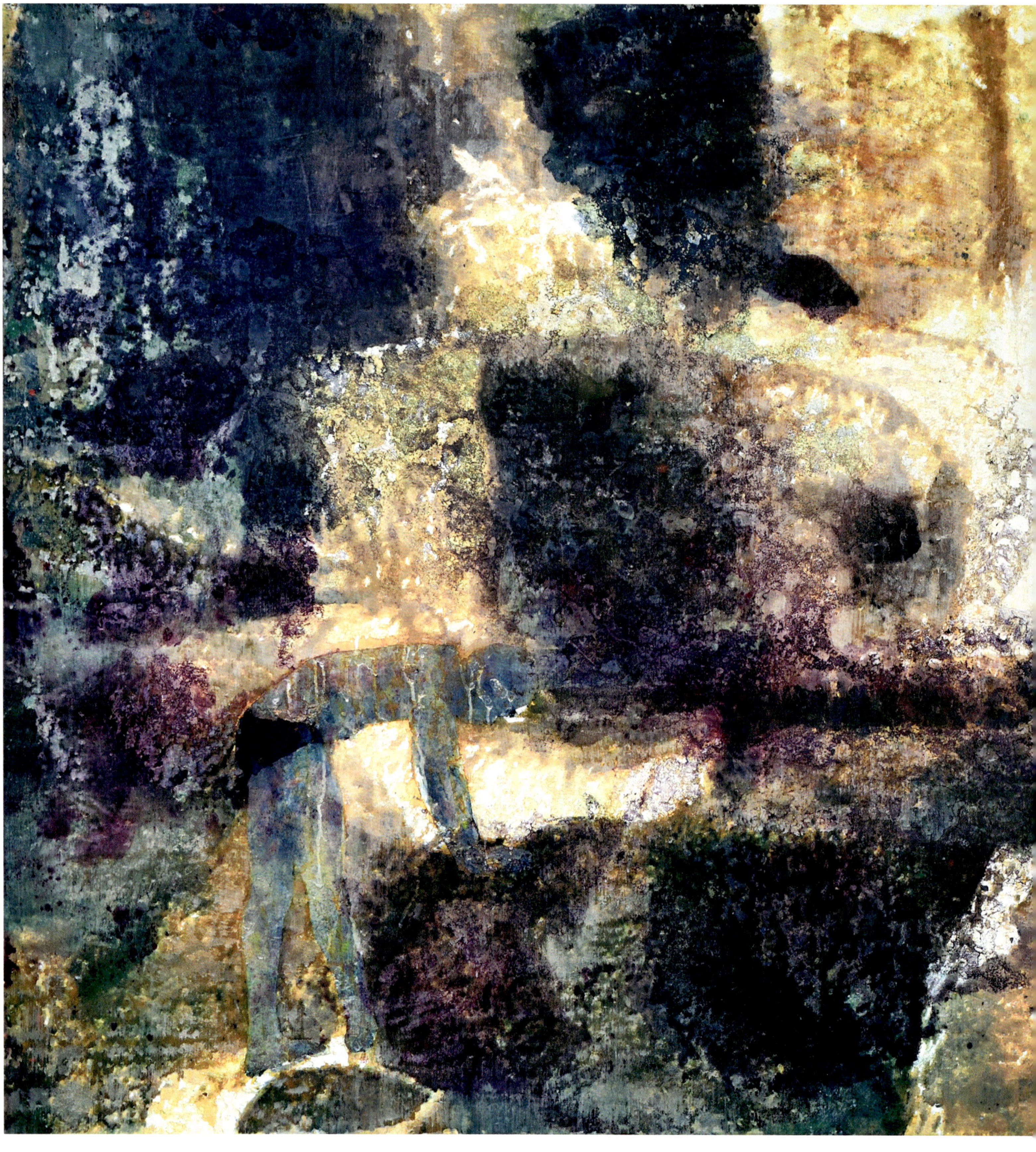

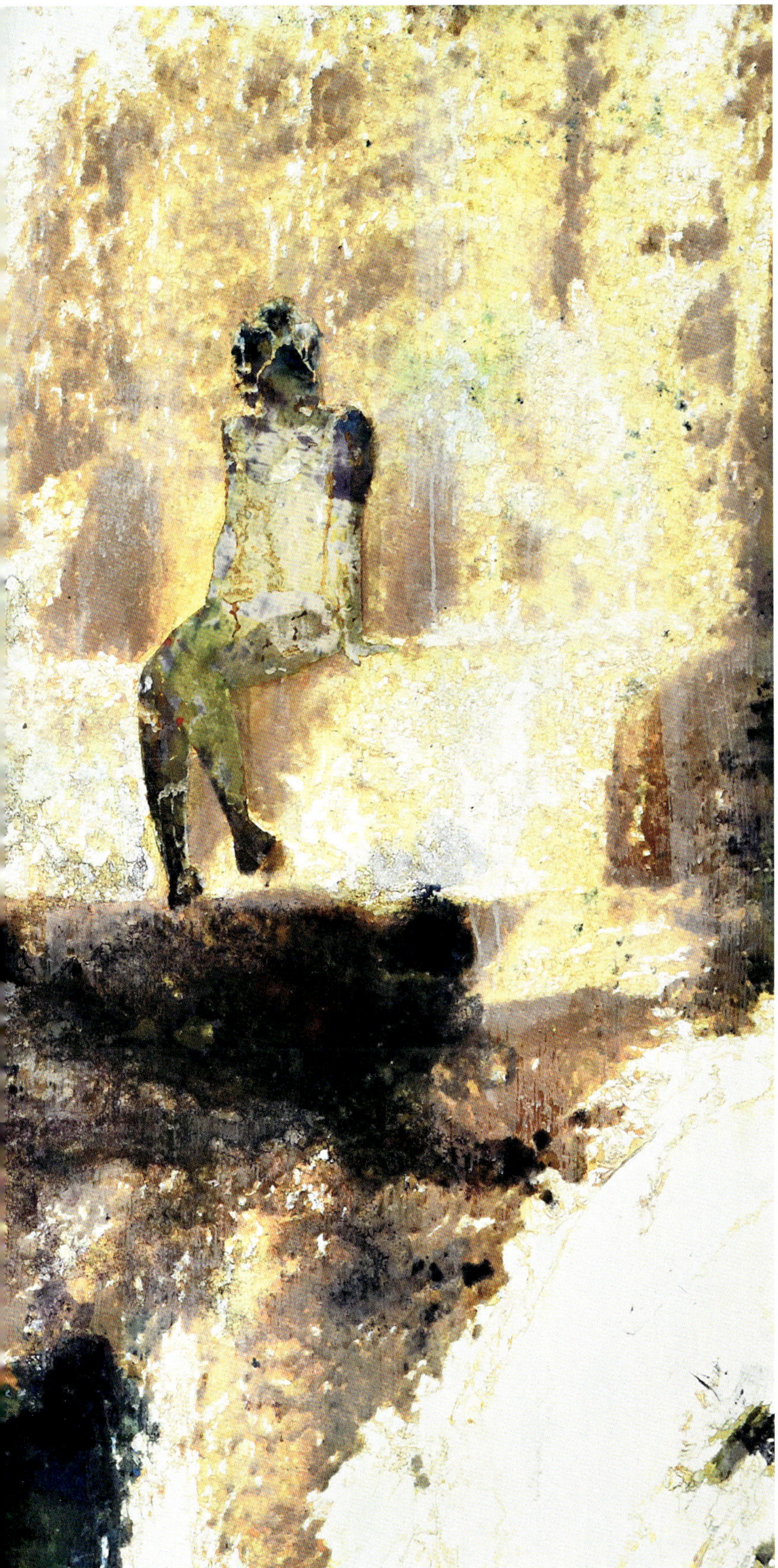

Dominique, 2020
176 × 267 cm / 69 $^{5}/_{16}$ × 105 $^{1}/_{8}$ in
Collection privée / Private collection

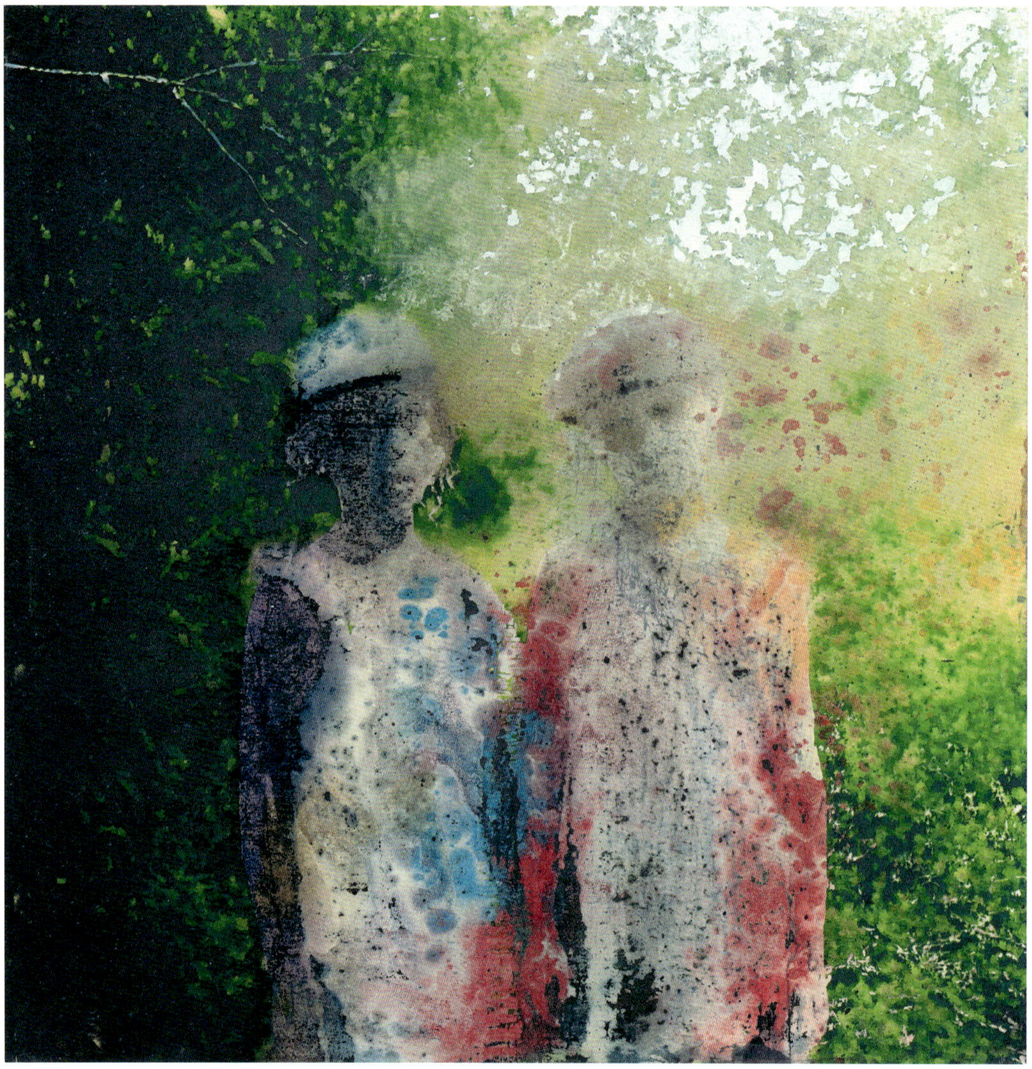

Petites Filles, 2020
125 × 125 cm / 49 $^3/_{16}$ × 49 $^3/_{16}$ in
Collection Pearl Foundation, Chine / China

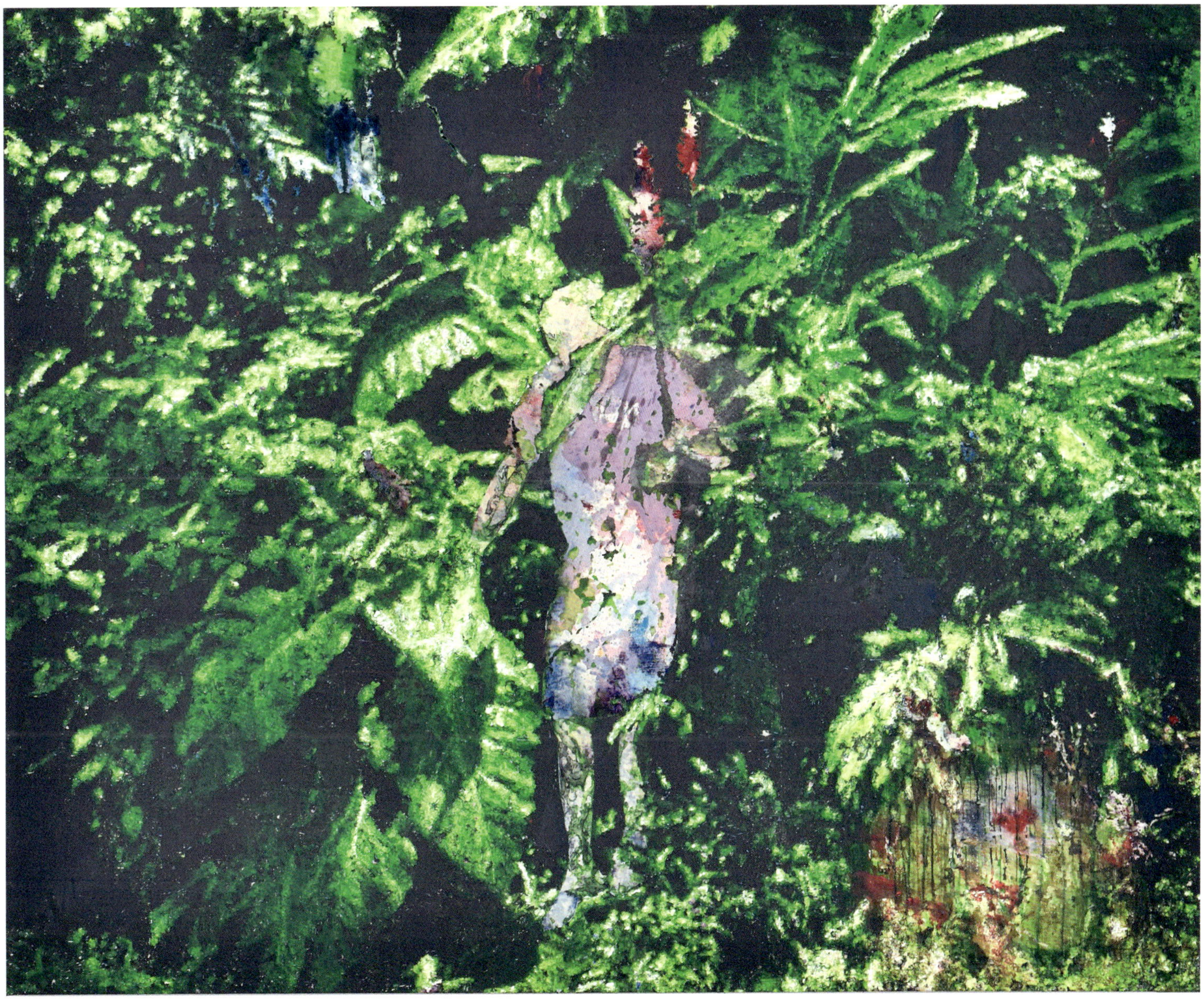

L'Étang, 2020
159 × 202 cm / 62 $^{5}/_{8}$ × 79 $^{1}/_{2}$ in
Collection privée / Private collection

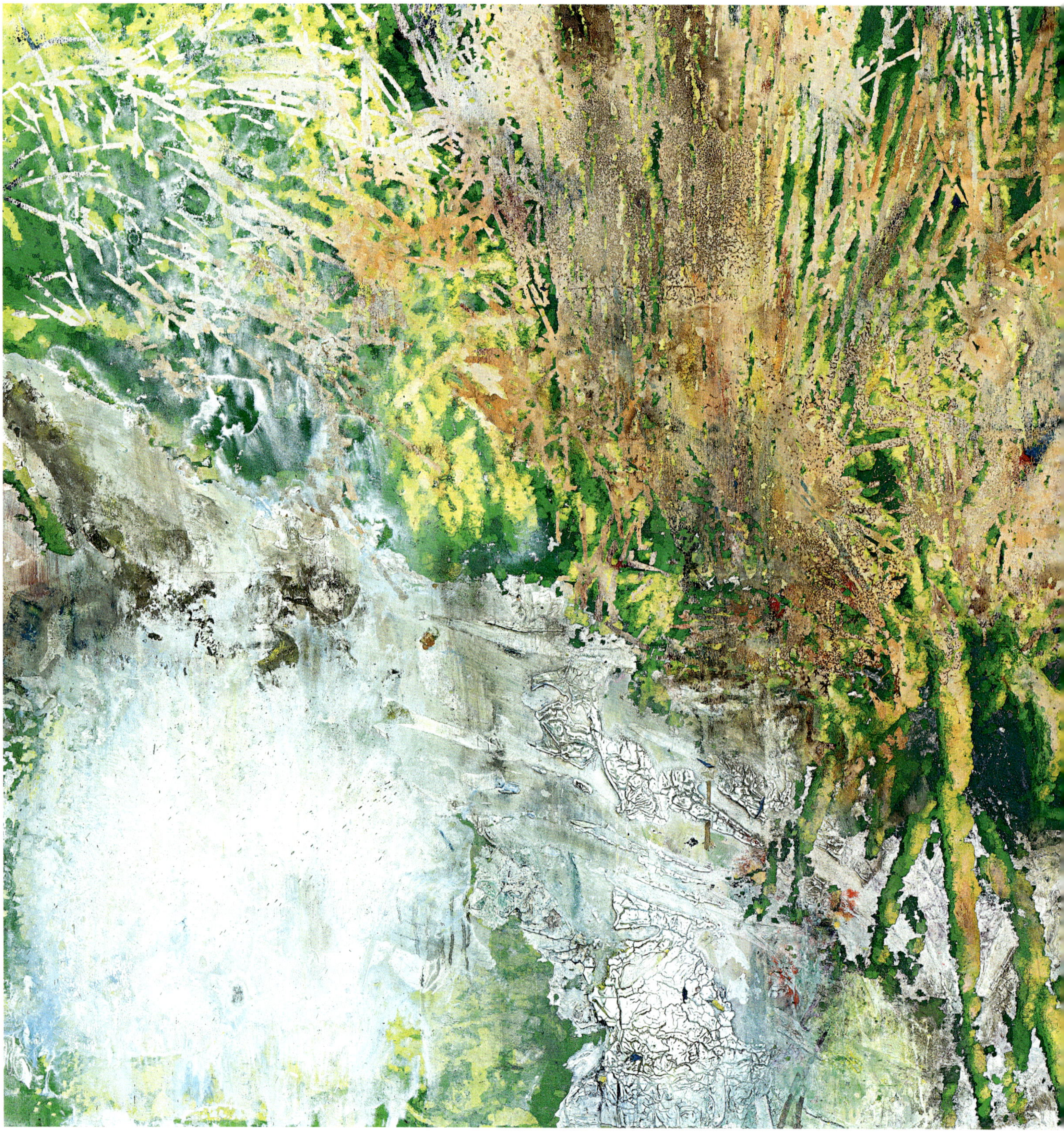

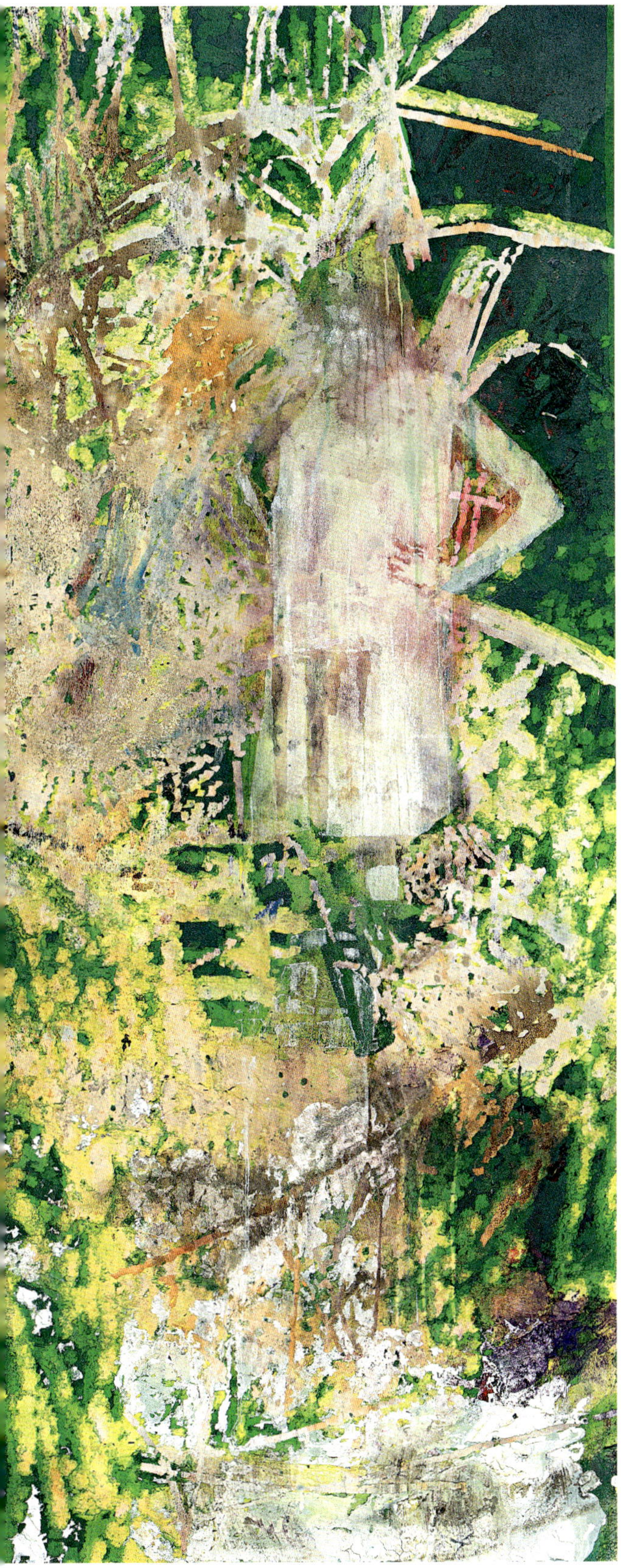

Roseau, 2020
167 × 244 cm / 65 $^{3}/_{4}$ × 96 $^{1}/_{16}$ in
Collection privée / Private collection

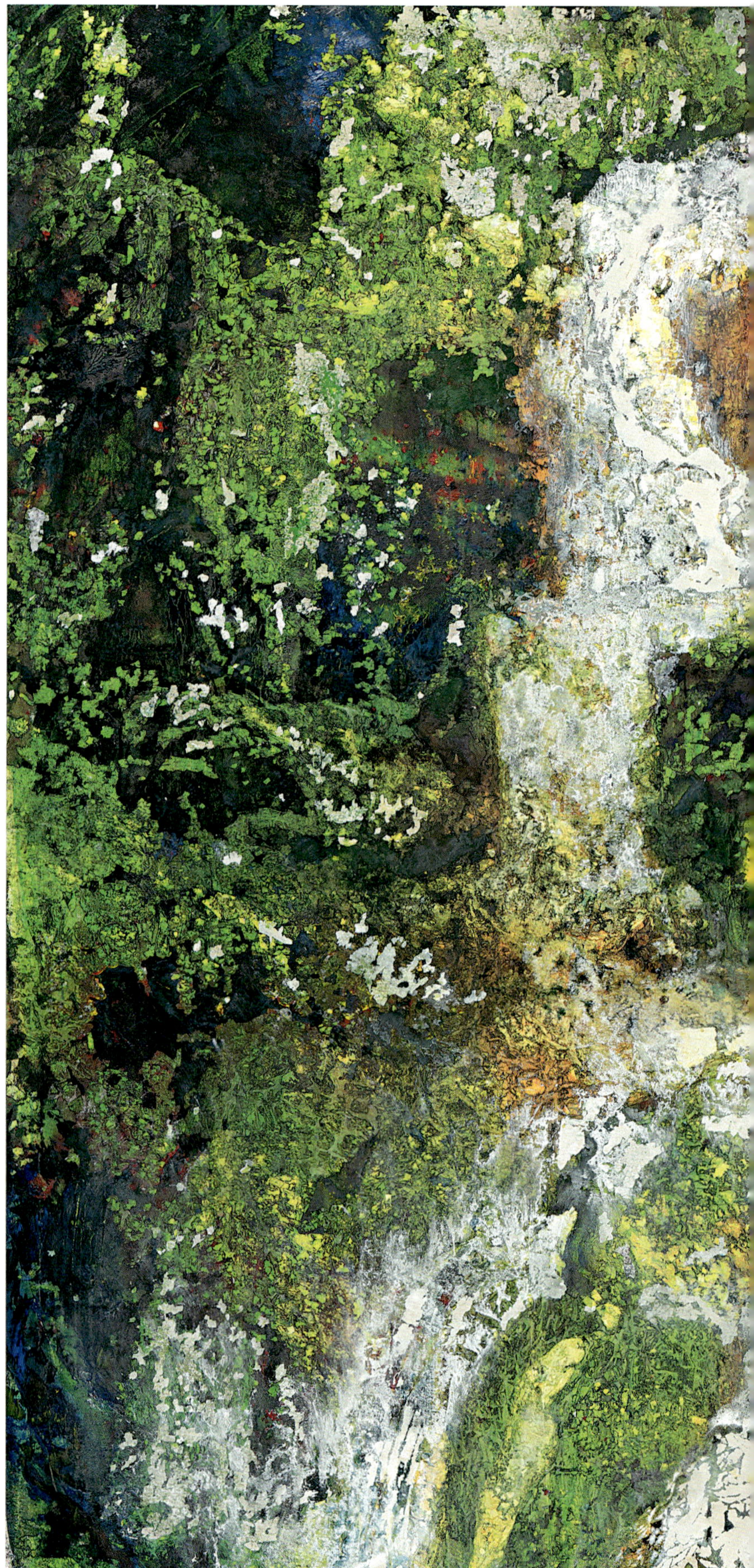

Chutes, 2020
224 × 314 cm / 88 $^{3}/_{16}$ × 123 $^{5}/_{8}$ in
Collection Jesse Williams

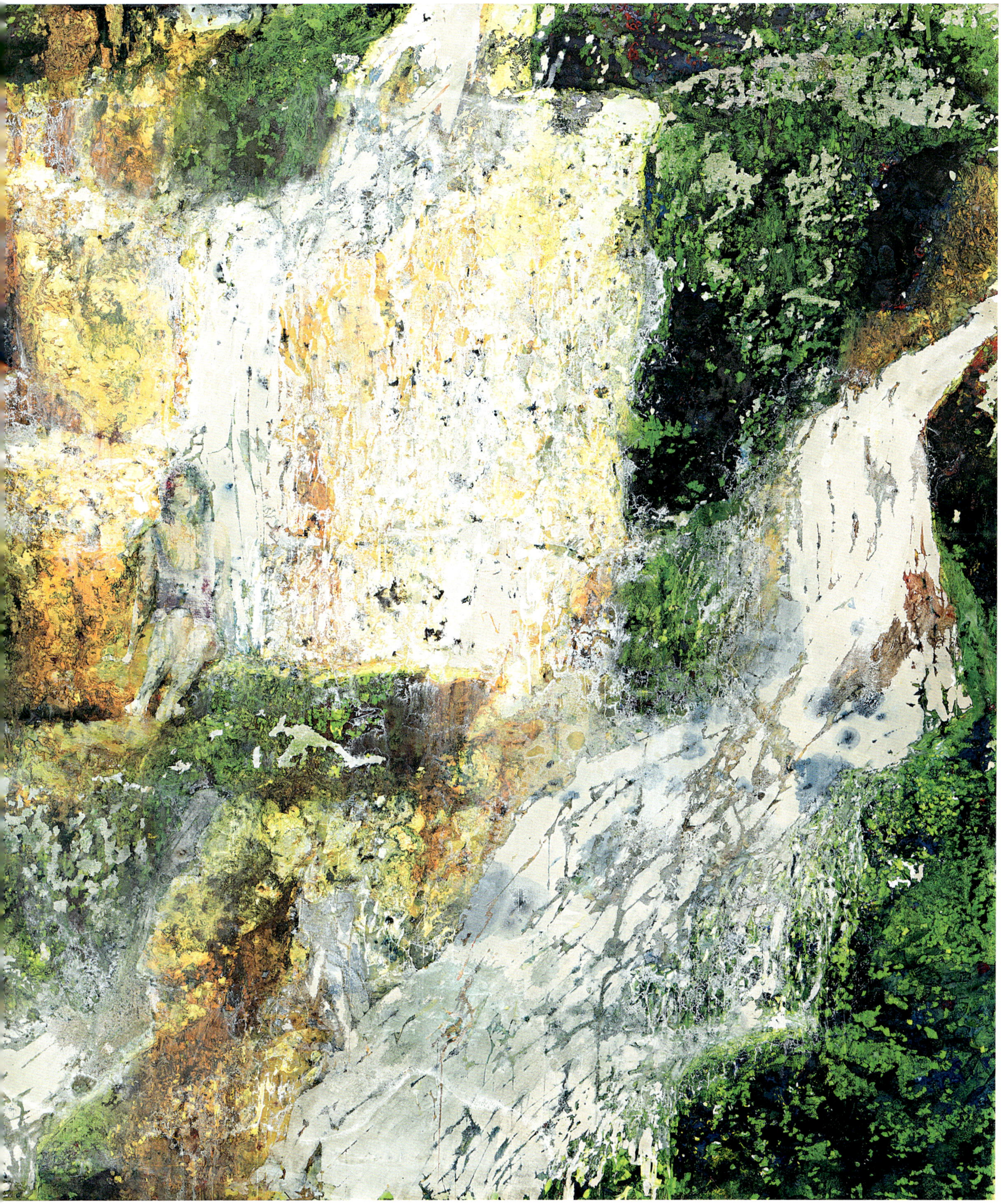

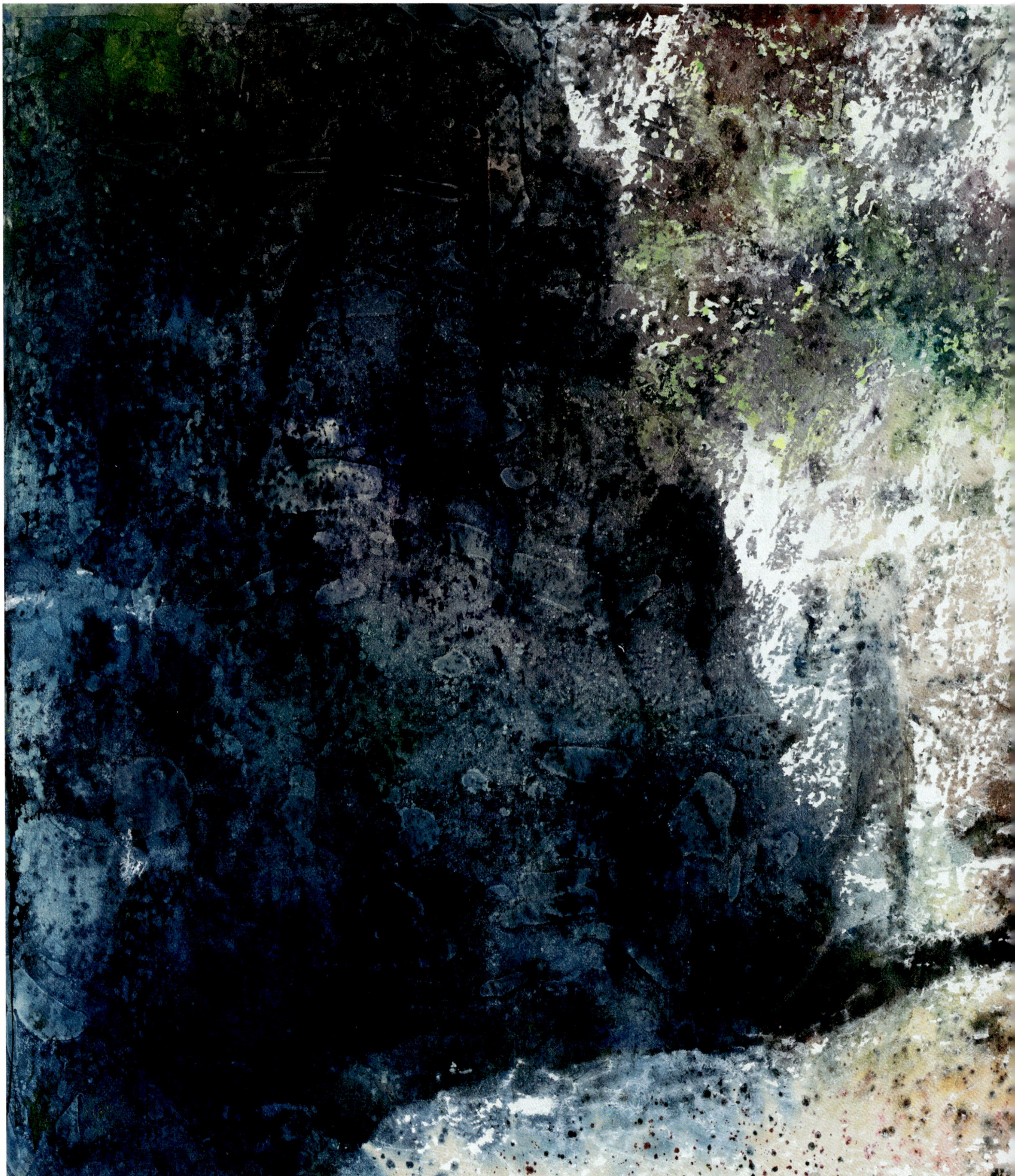

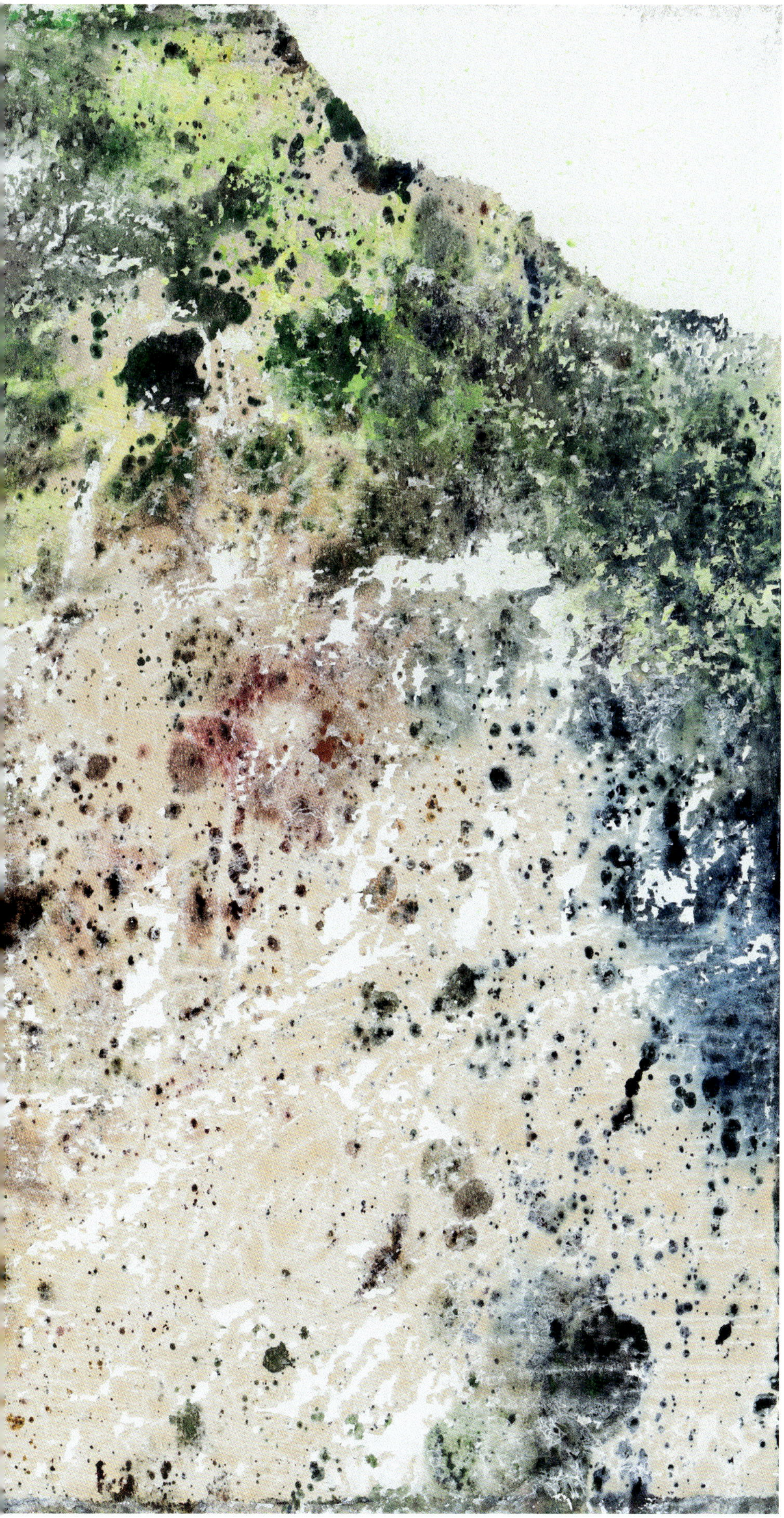

Plage grise, 2020
195 × 286 cm / 76 ¾ × 112 ⅝ in
Collection privée / Private collection

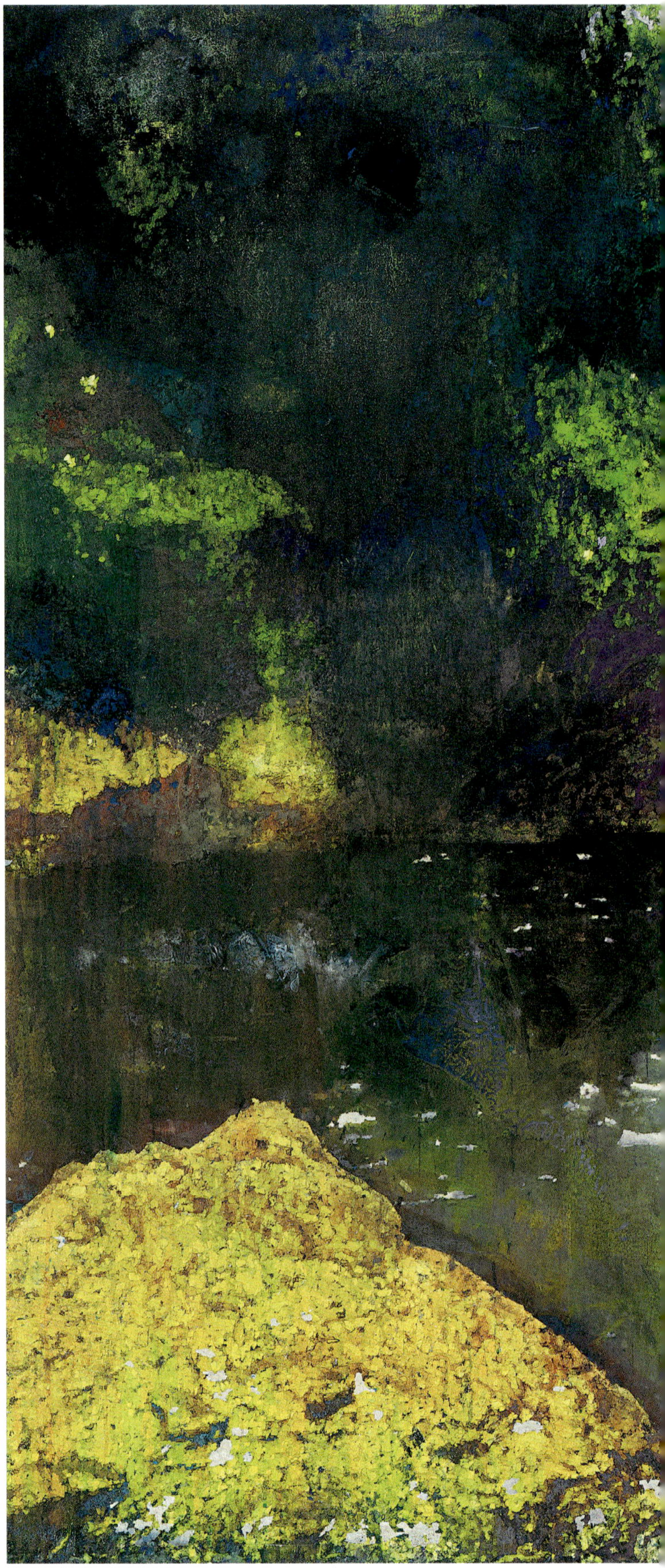

Cascade, 2020
177 × 256 cm / 69 $^{11}/_{16}$ × 100 $^{13}/_{16}$ in
Collection privée / Private collection

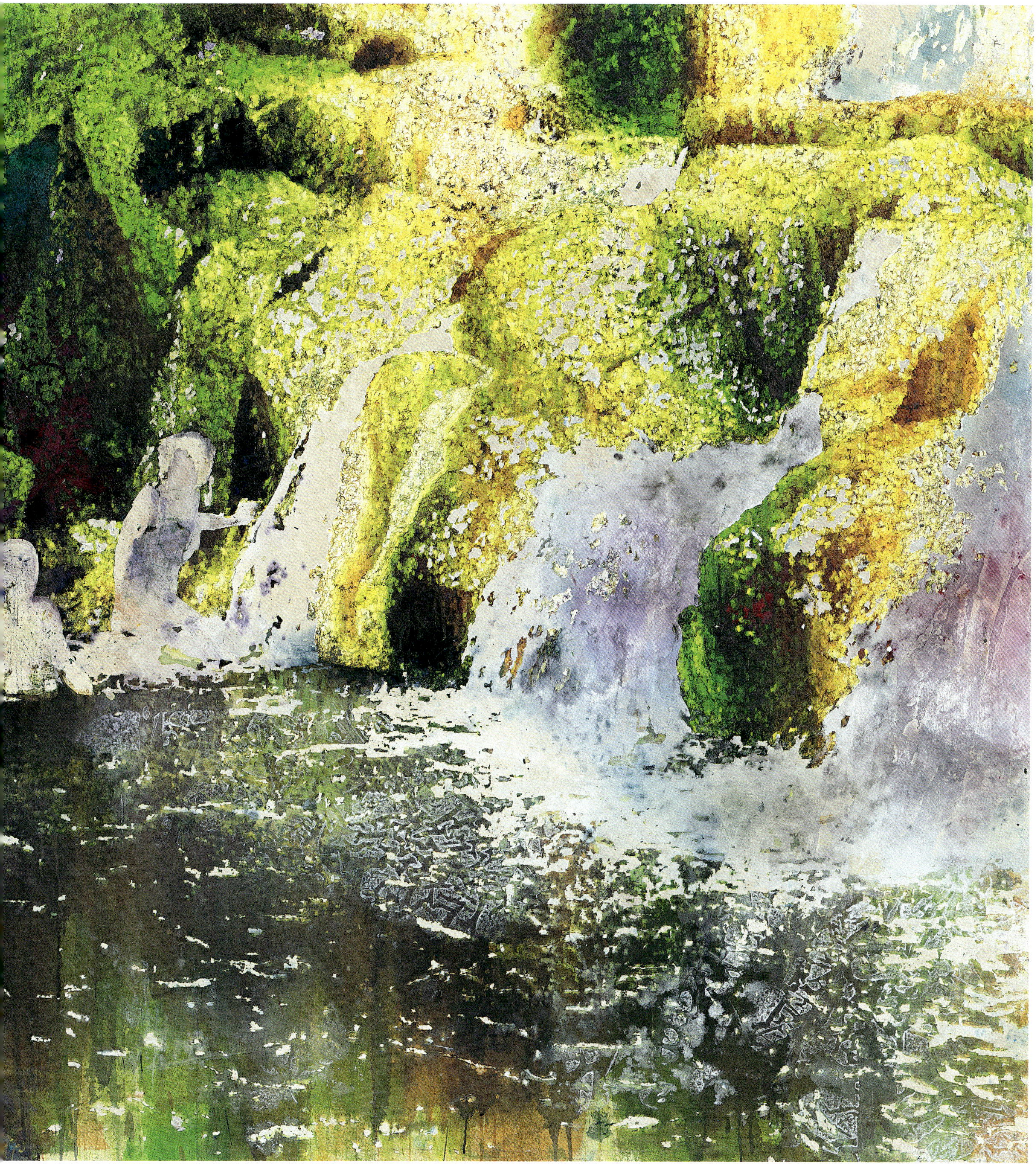

Page suivante / Following page
Exposition / Exhibition « Sur le fil / On the Edge »,
Almine Rech, New York, Bruxelles, Belgique / Brussels, Belgium, 2020

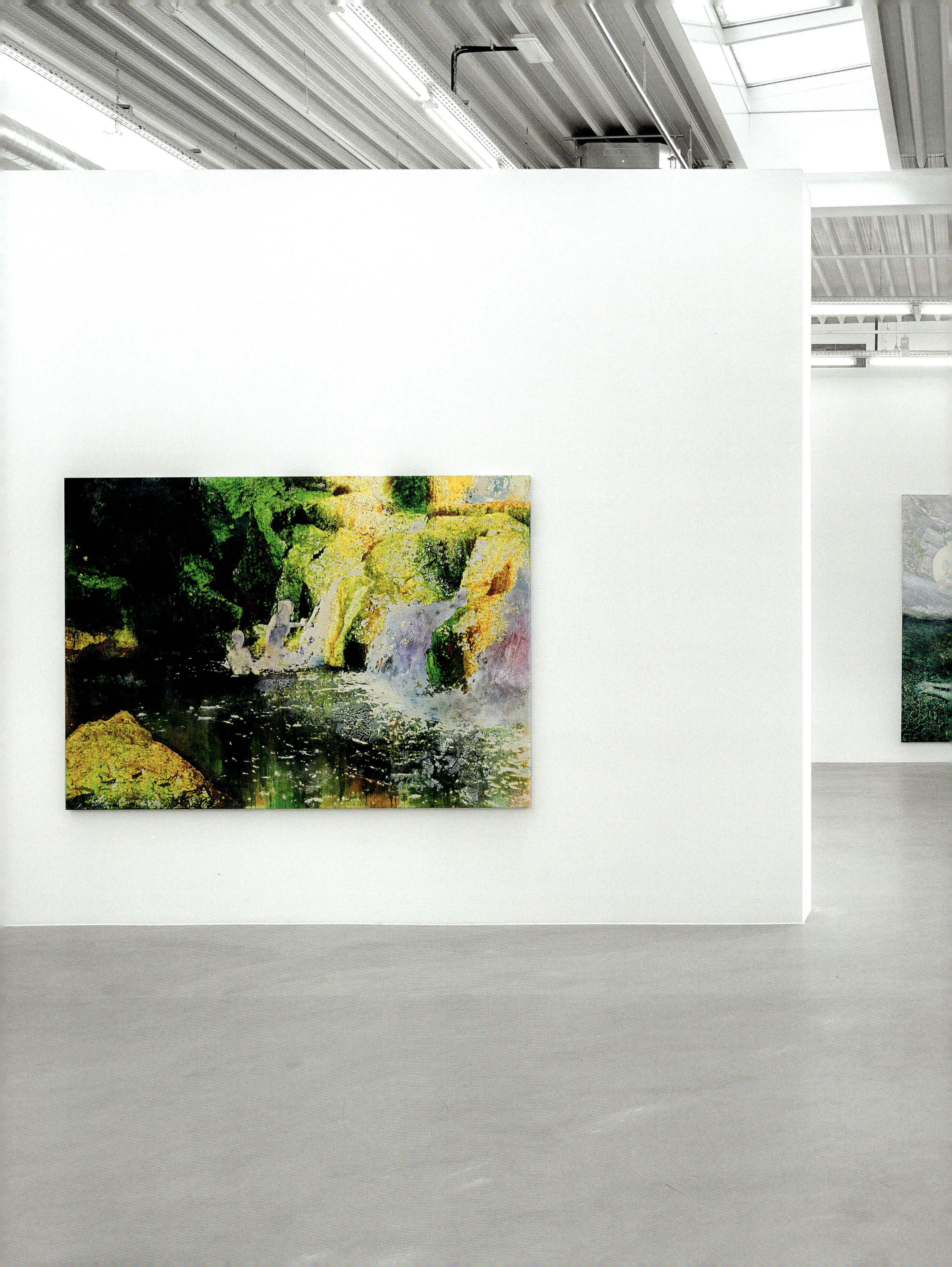

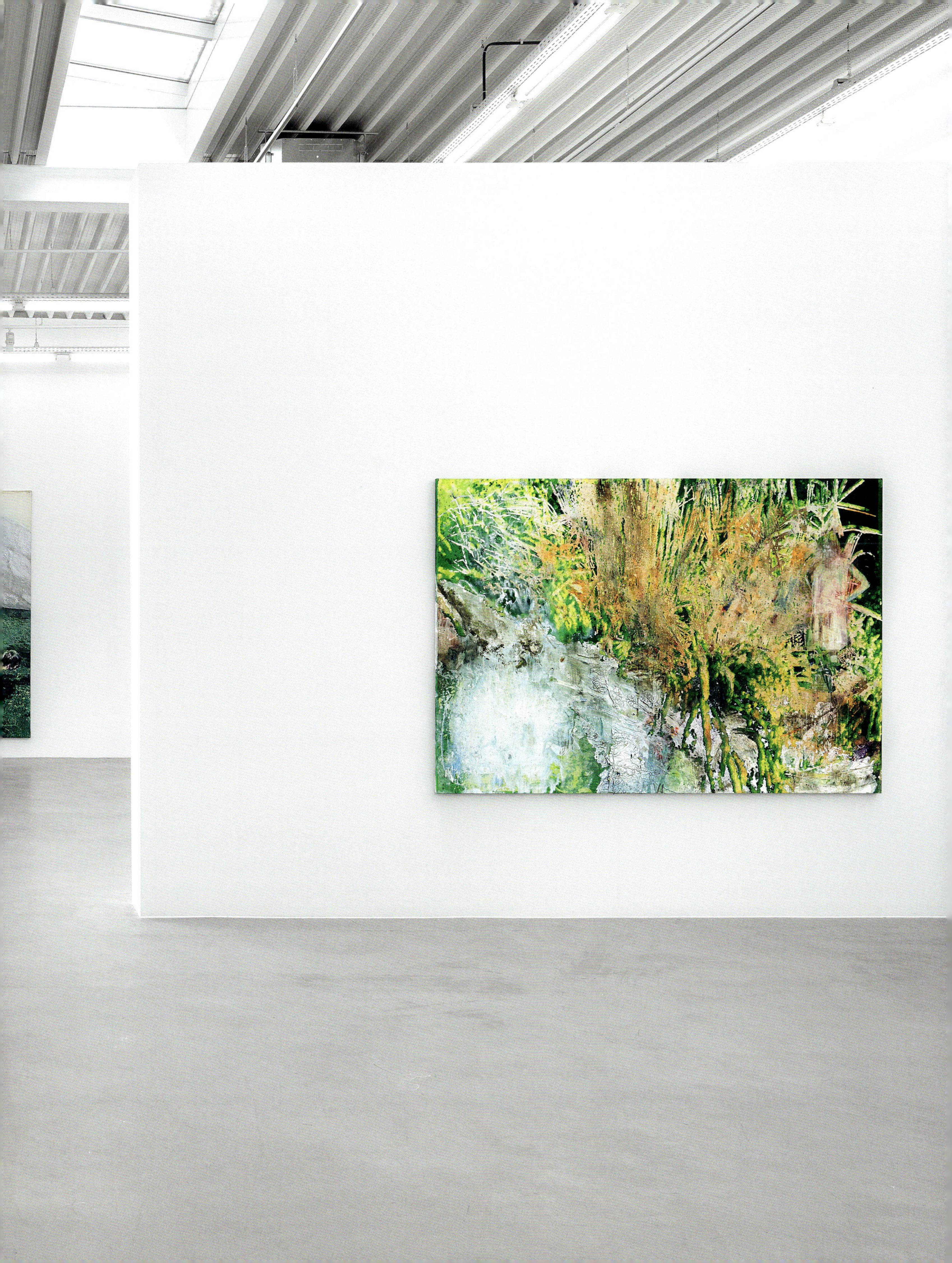

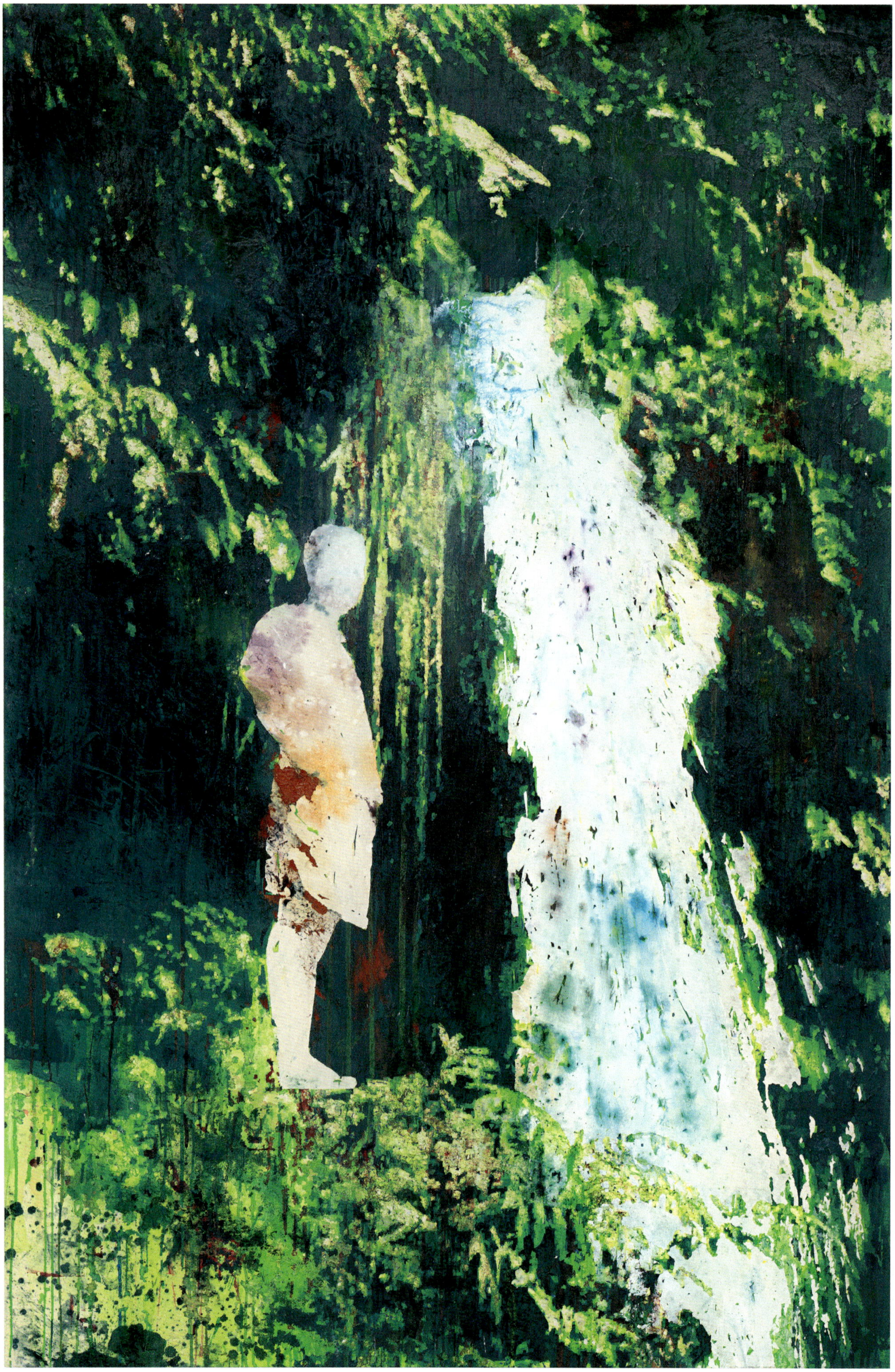

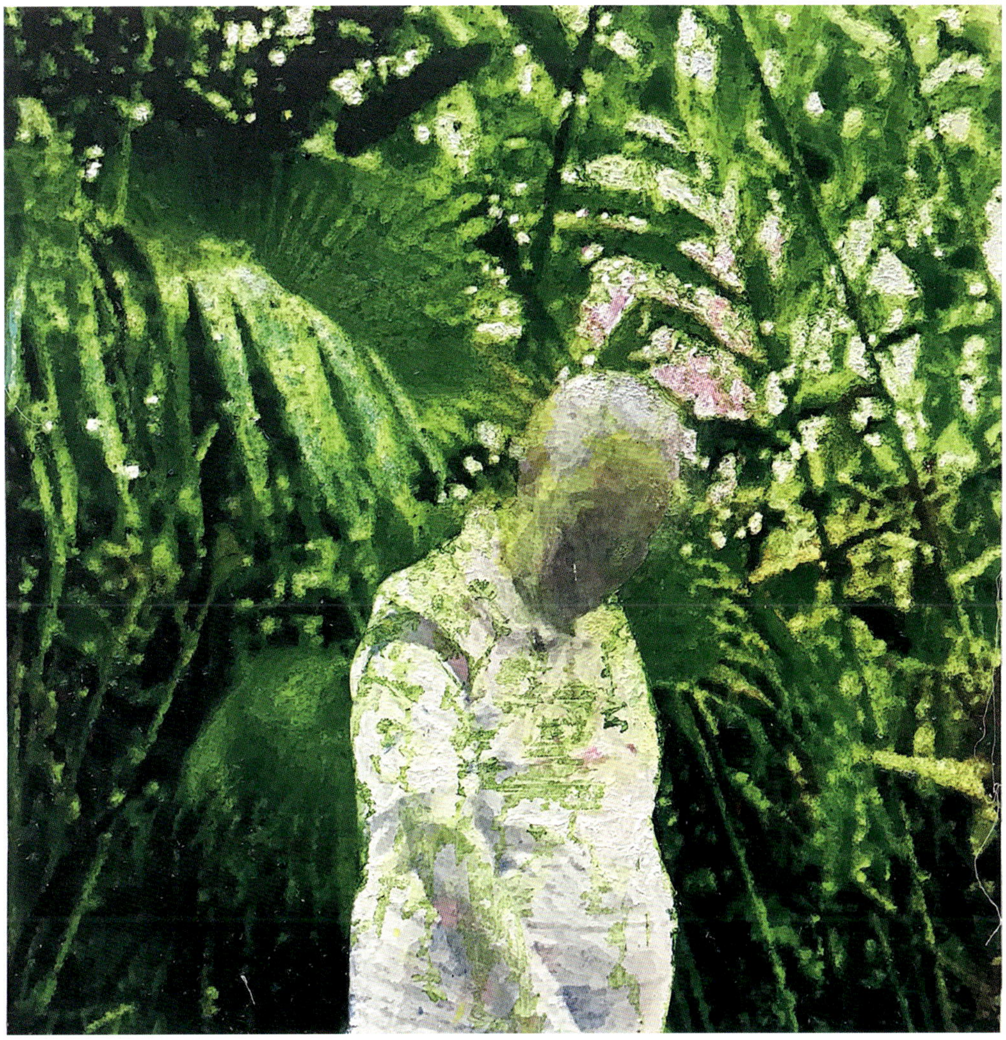

Sur le bord, 2020
255 × 171 cm / 100 3/8 × 67 5/16 in
Collection privée / Private collection

Saint-Claude, 2020
103 × 103 cm / 40 9/16 × 40 9/16 in
Collection privée / Private collection

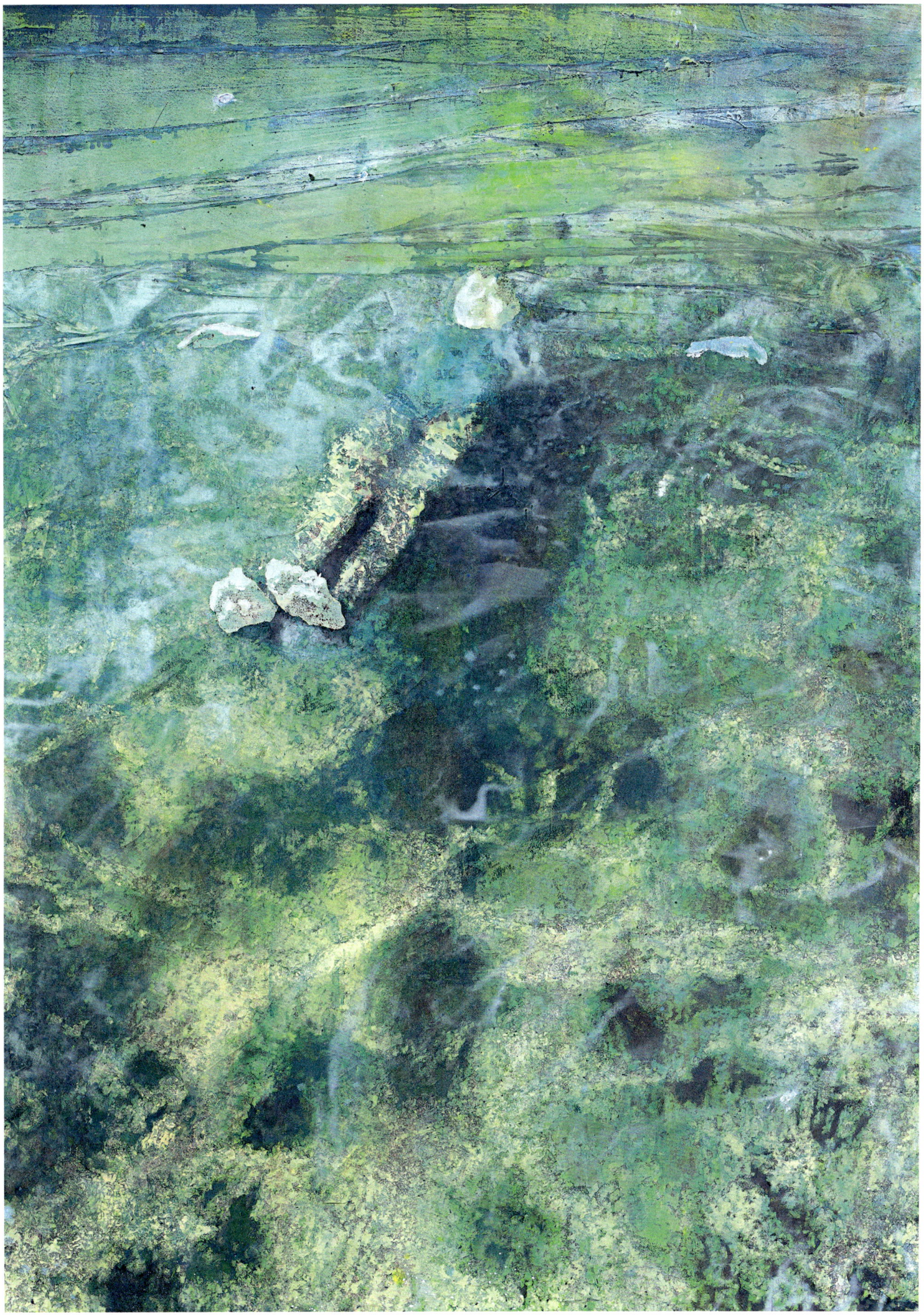

À la surface, 2020
177 × 245 cm / 69 $^{11}/_{16}$ × 96 $^{7}/_{16}$ in
Collection privée / Private collection

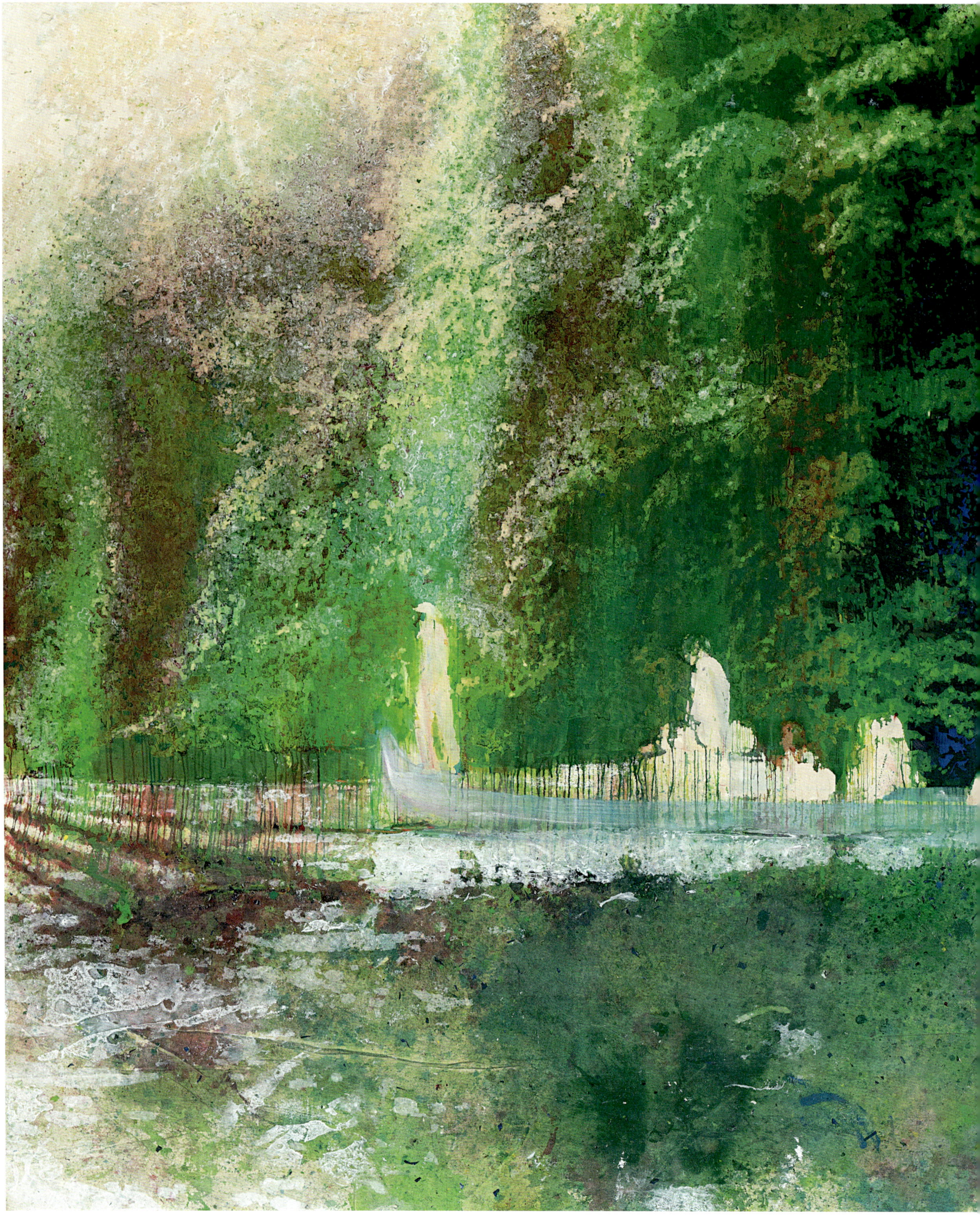

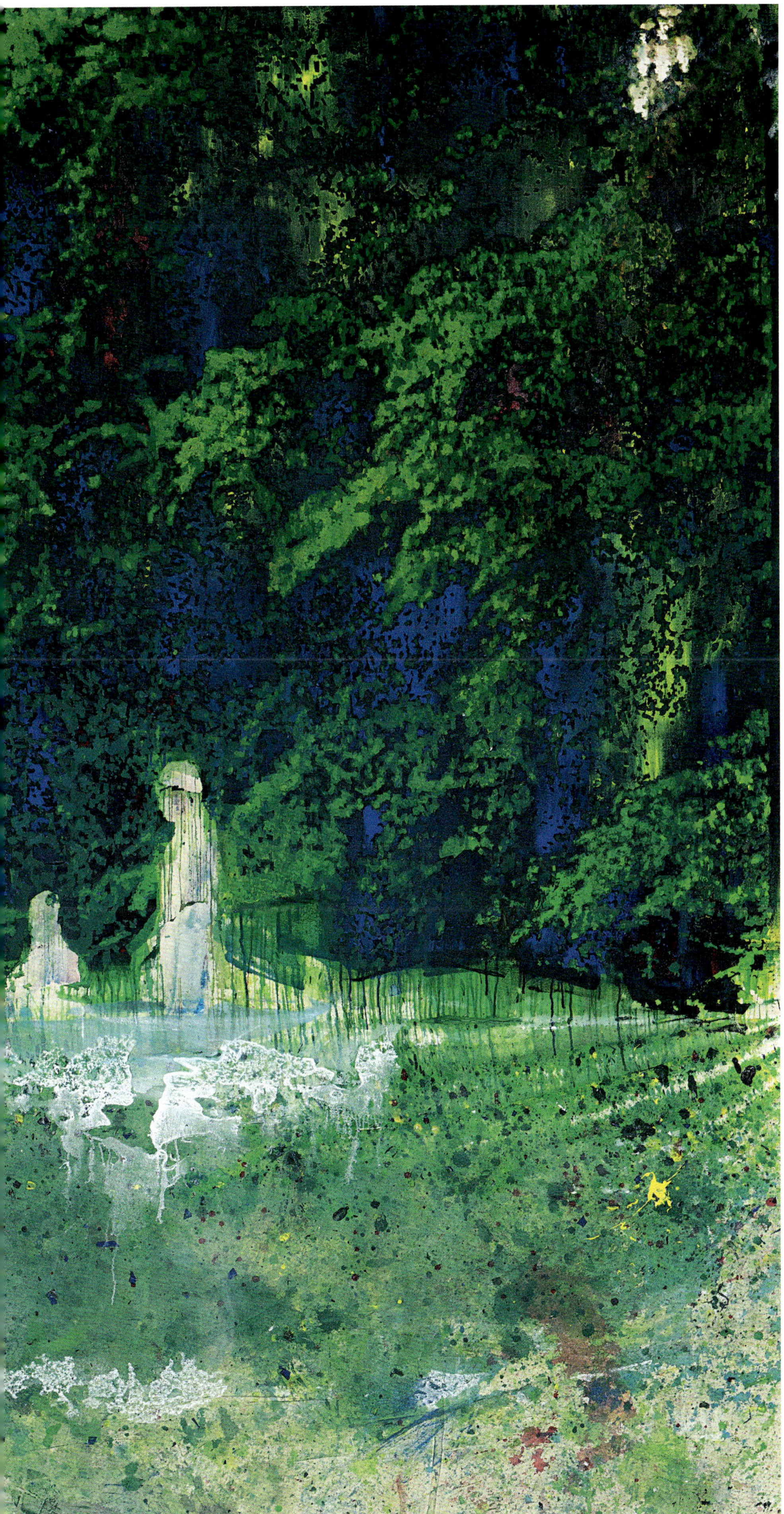

Ce qui nous lie, 2020
287 × 407 cm / 113 × 160 $^{1}/_{4}$ in
Collection privée / Private collection

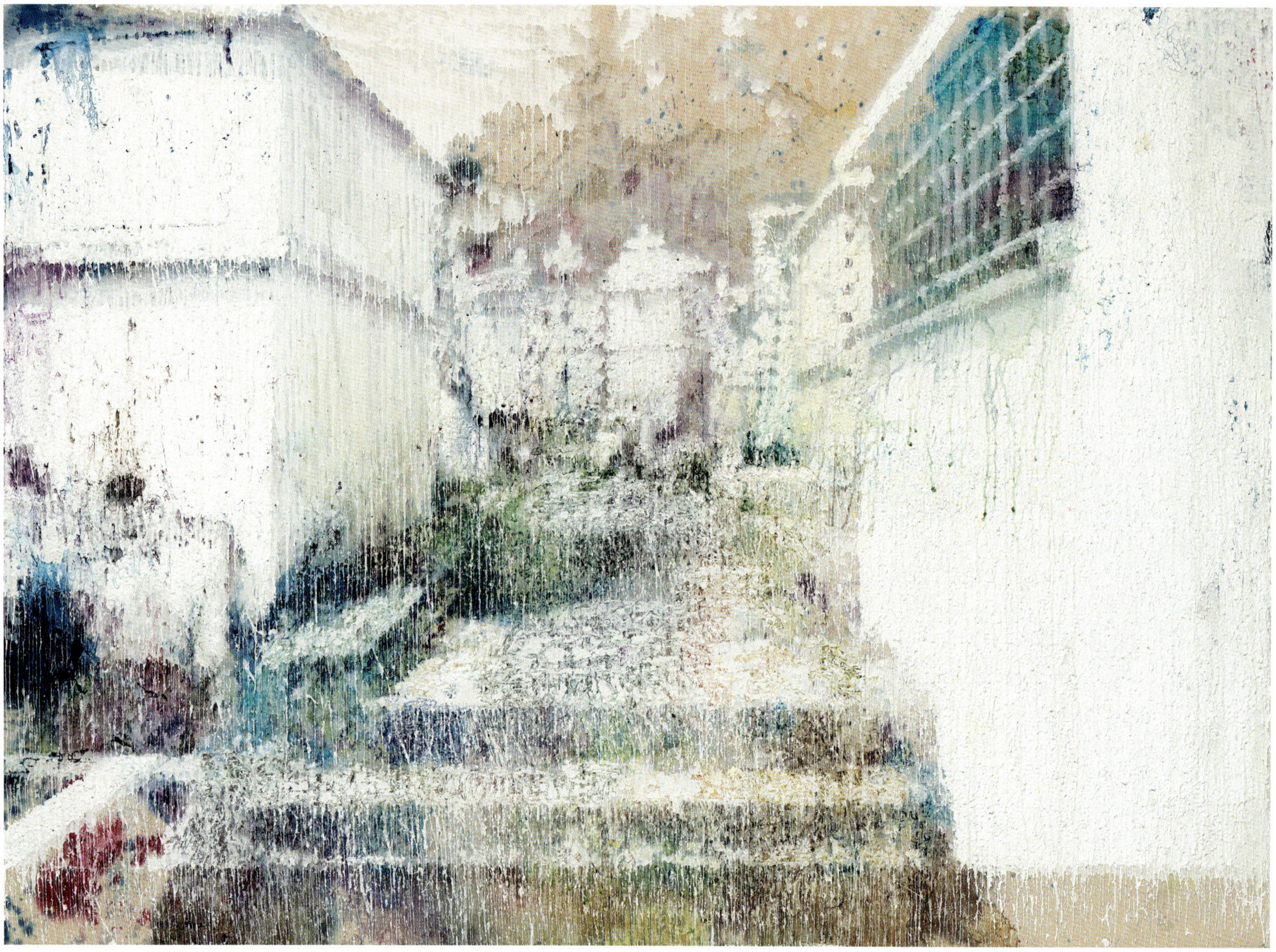

Morne à l'eau, 2020
146 × 177 cm / 57 $^{1}/_{2}$ × 69 $^{11}/_{16}$ in
Collection privée / Private collection

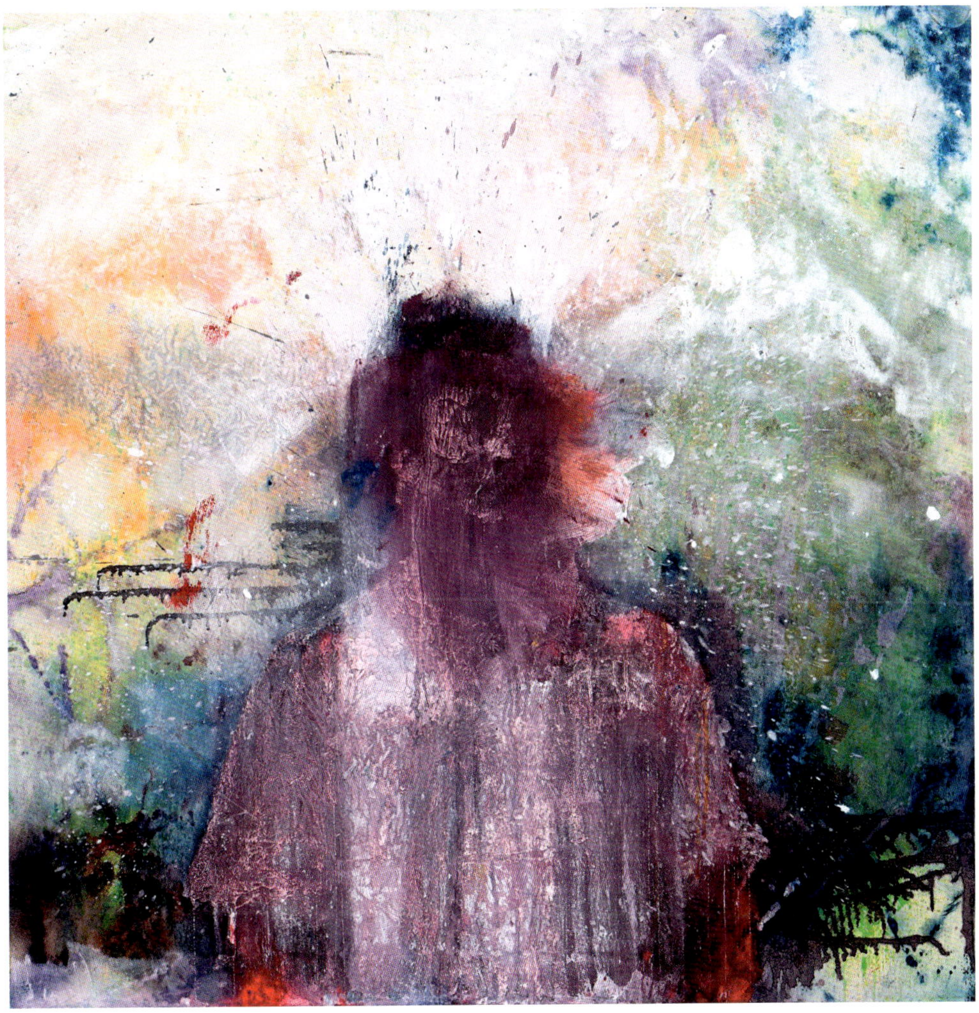

De l'autre côté, 2020
107 × 107 cm / 42 ⅛ × 42 ⅛ in
Collection privée / Private collection

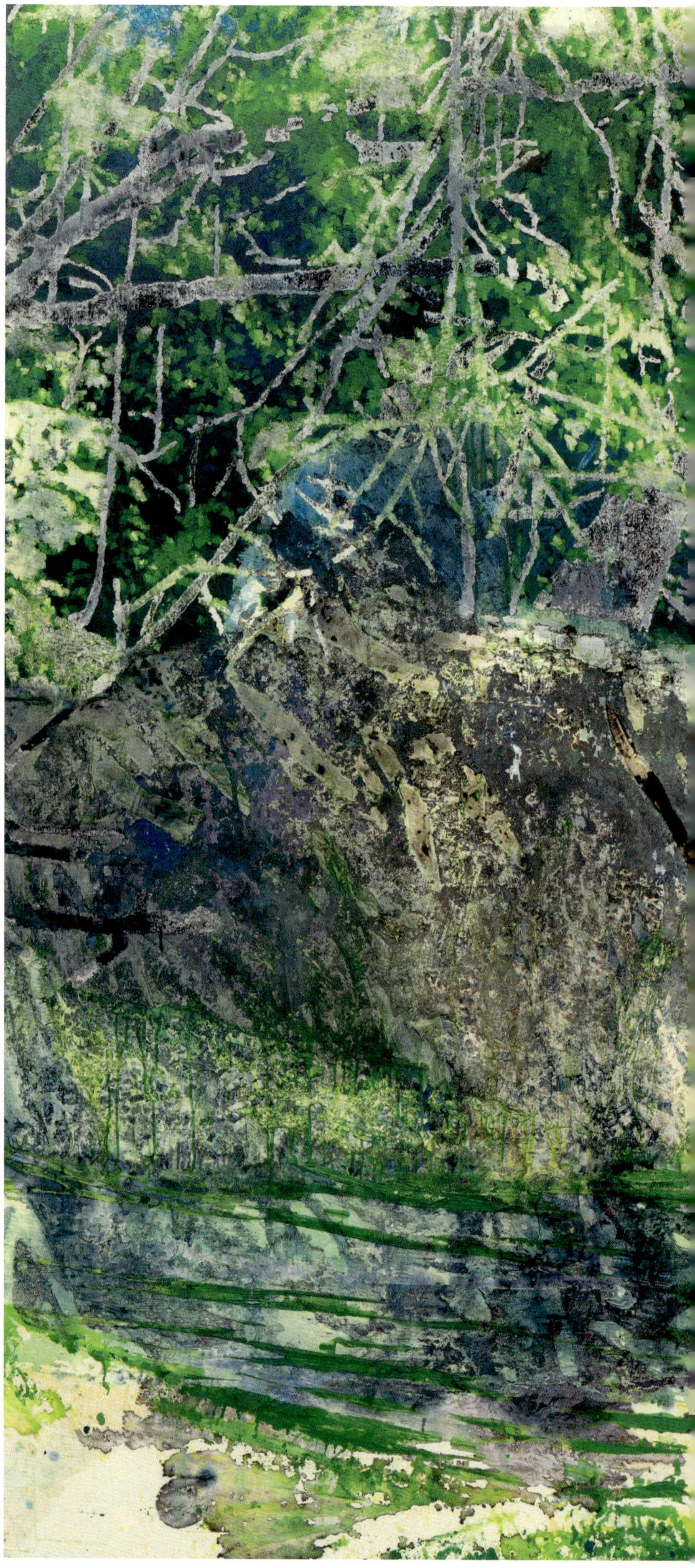

Forêt vierge, 2021
218 × 300 cm
85 $^{13}/_{16}$ × 118 $^{1}/_{8}$ in

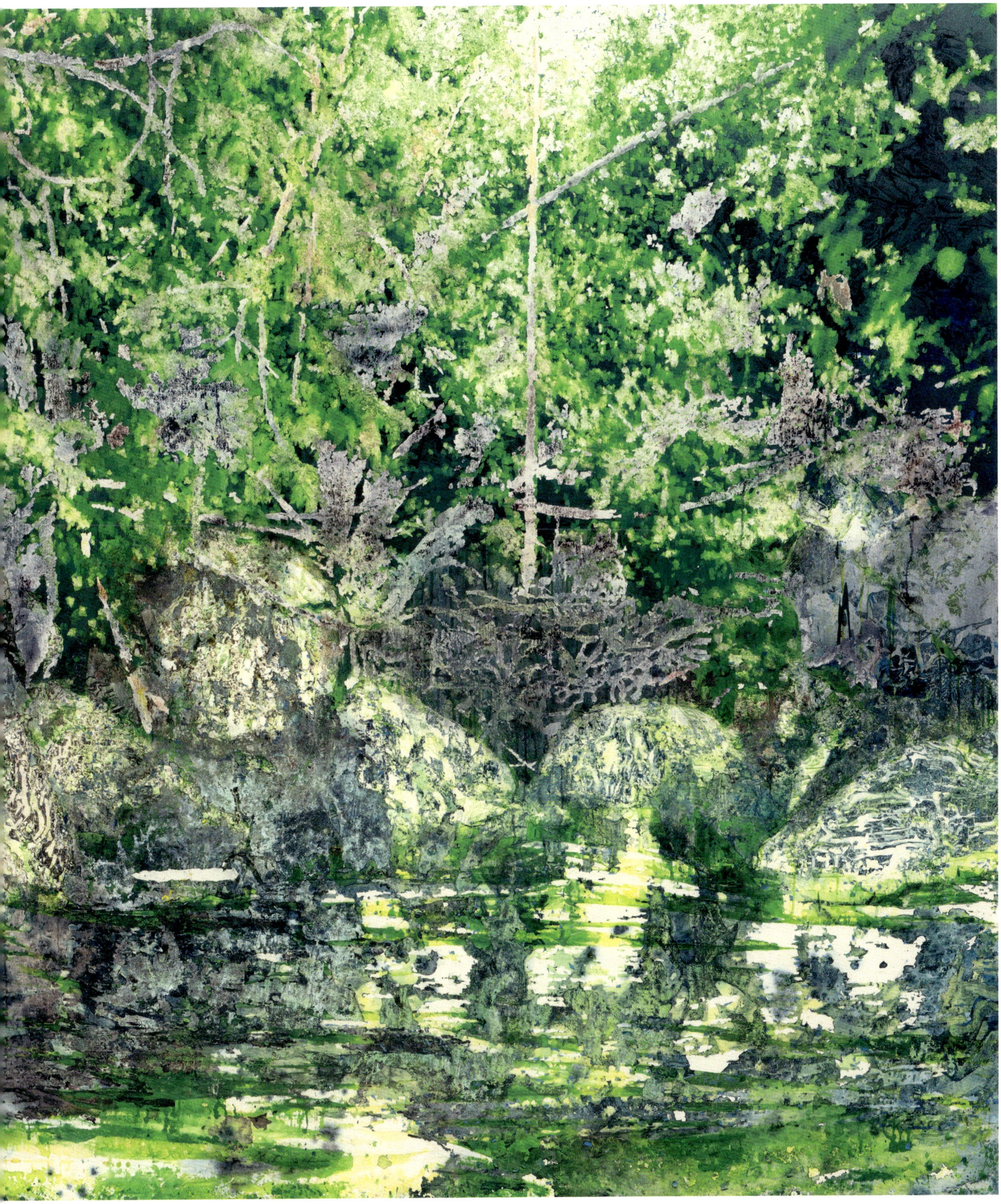

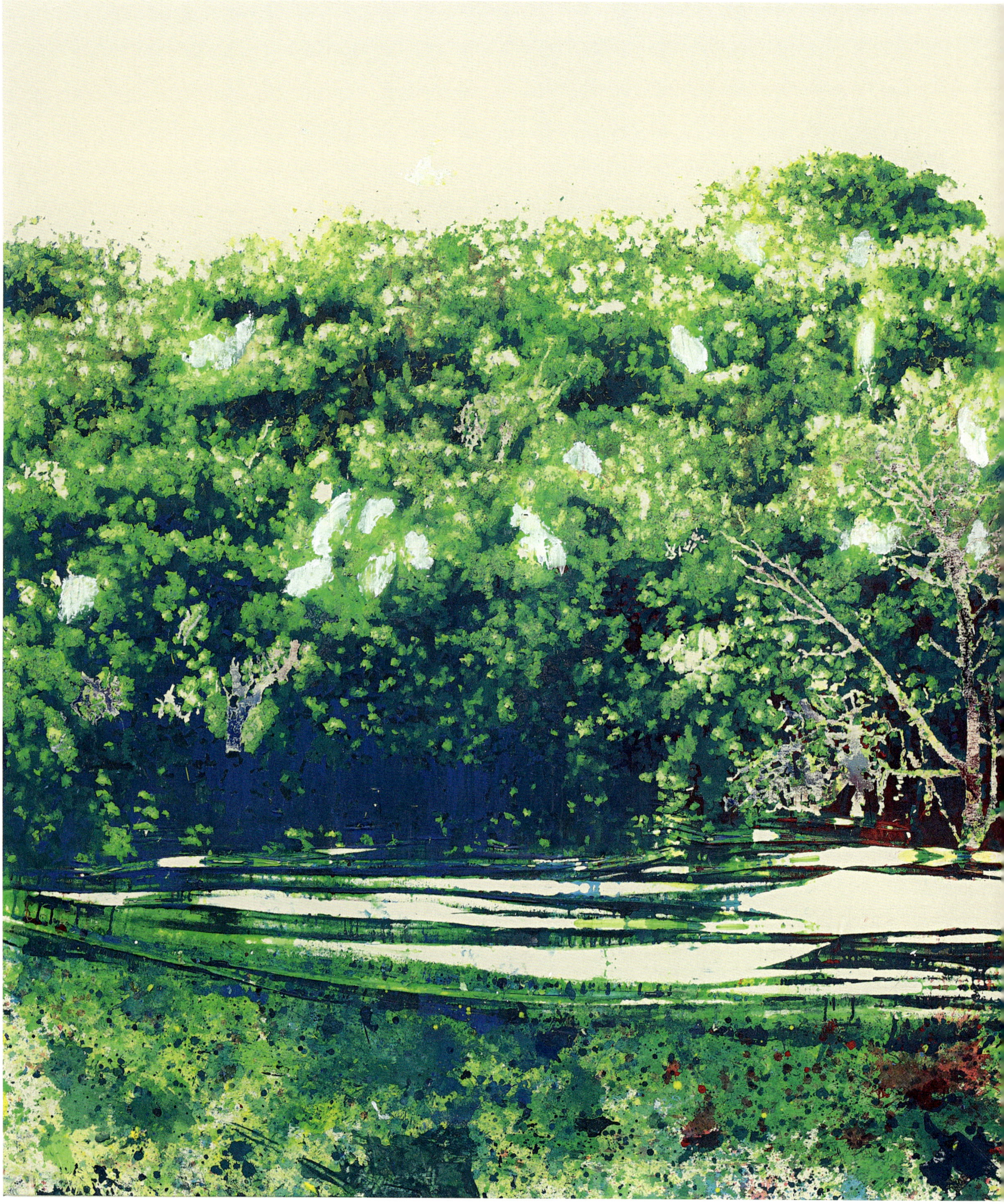

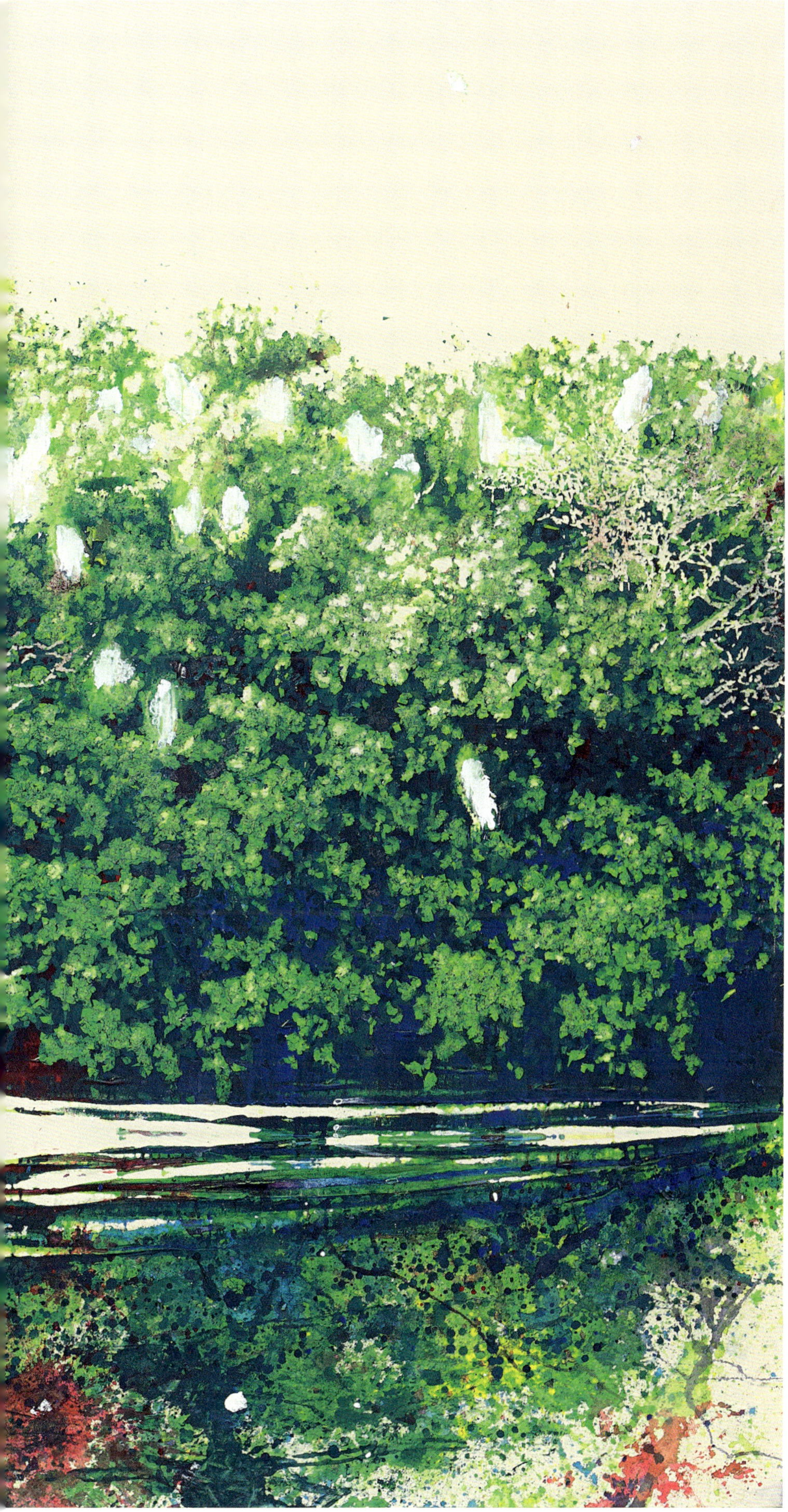

Les Oiseaux, 2021
229 × 336 cm / 90 $^{3}/_{16}$ × 132 $^{5}/_{16}$ in
Collection privée / Private collection

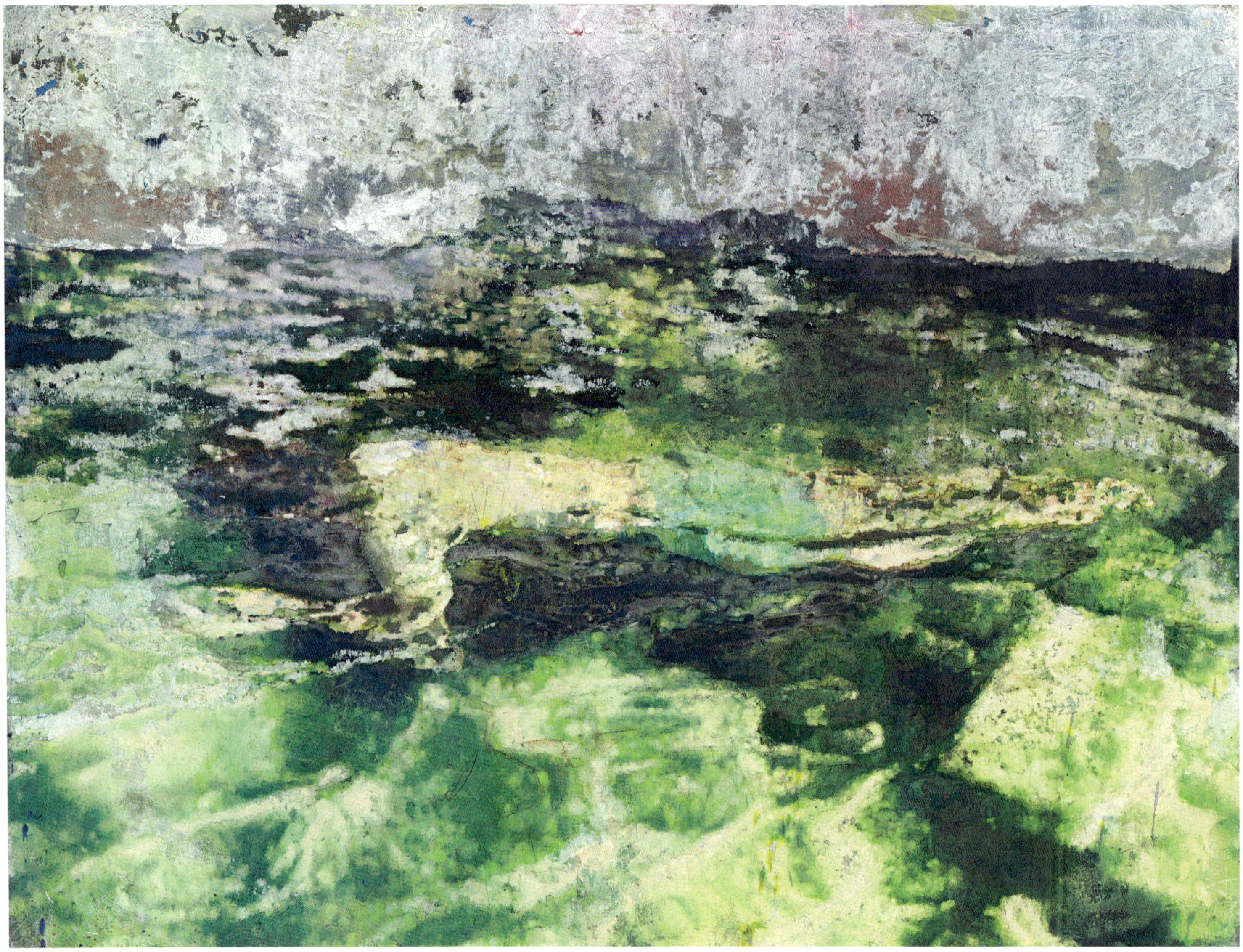

Plage, 2021
143 × 198 cm / 56 $^{5}/_{16}$ × 77 $^{15}/_{16}$ in
Collection privée / Private collection

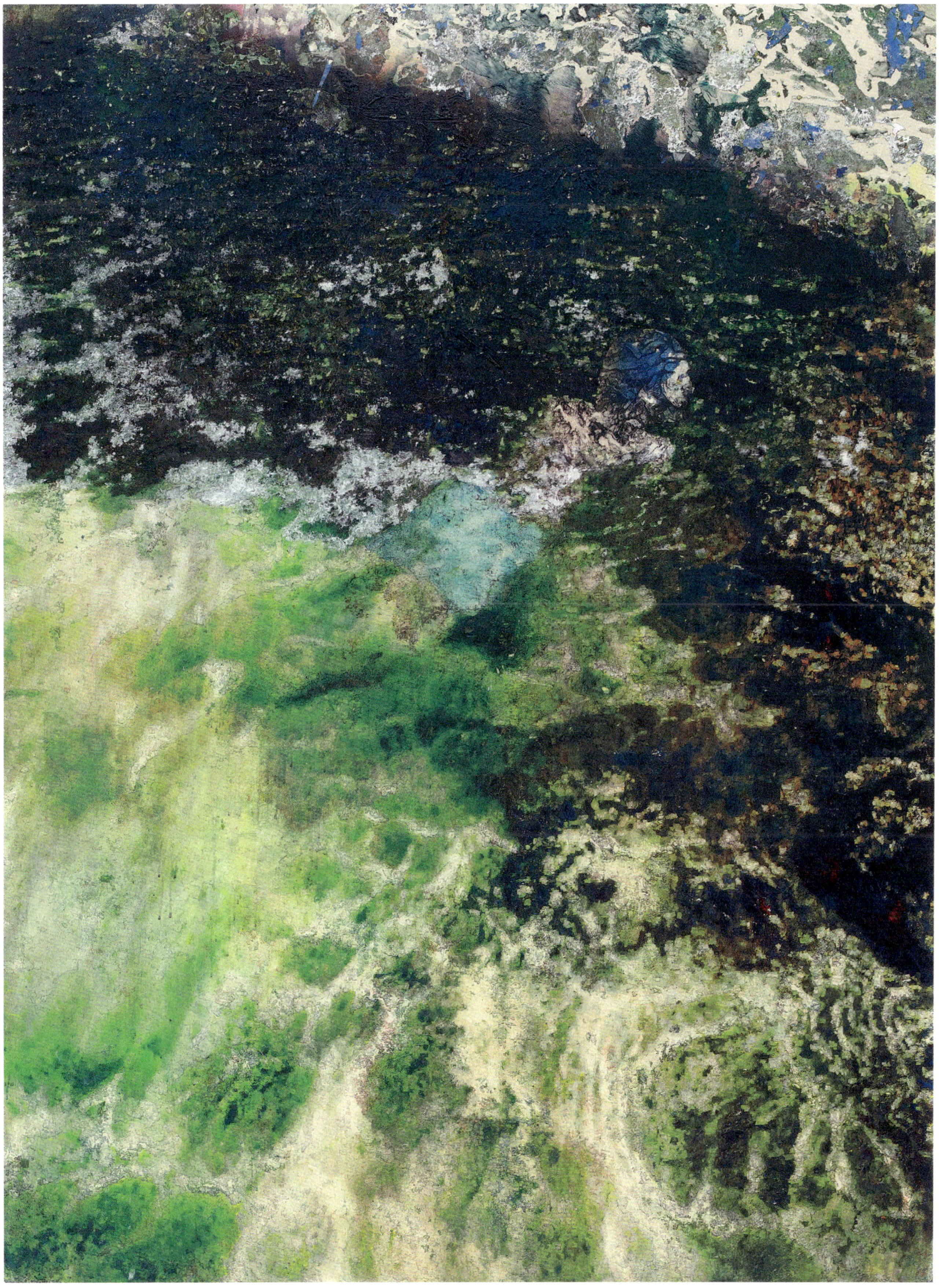

Baigneur, 2021
253 × 189 cm / 99 $^{5}/_{8}$ × 74 $^{7}/_{16}$ in
Collection privée / Private collection

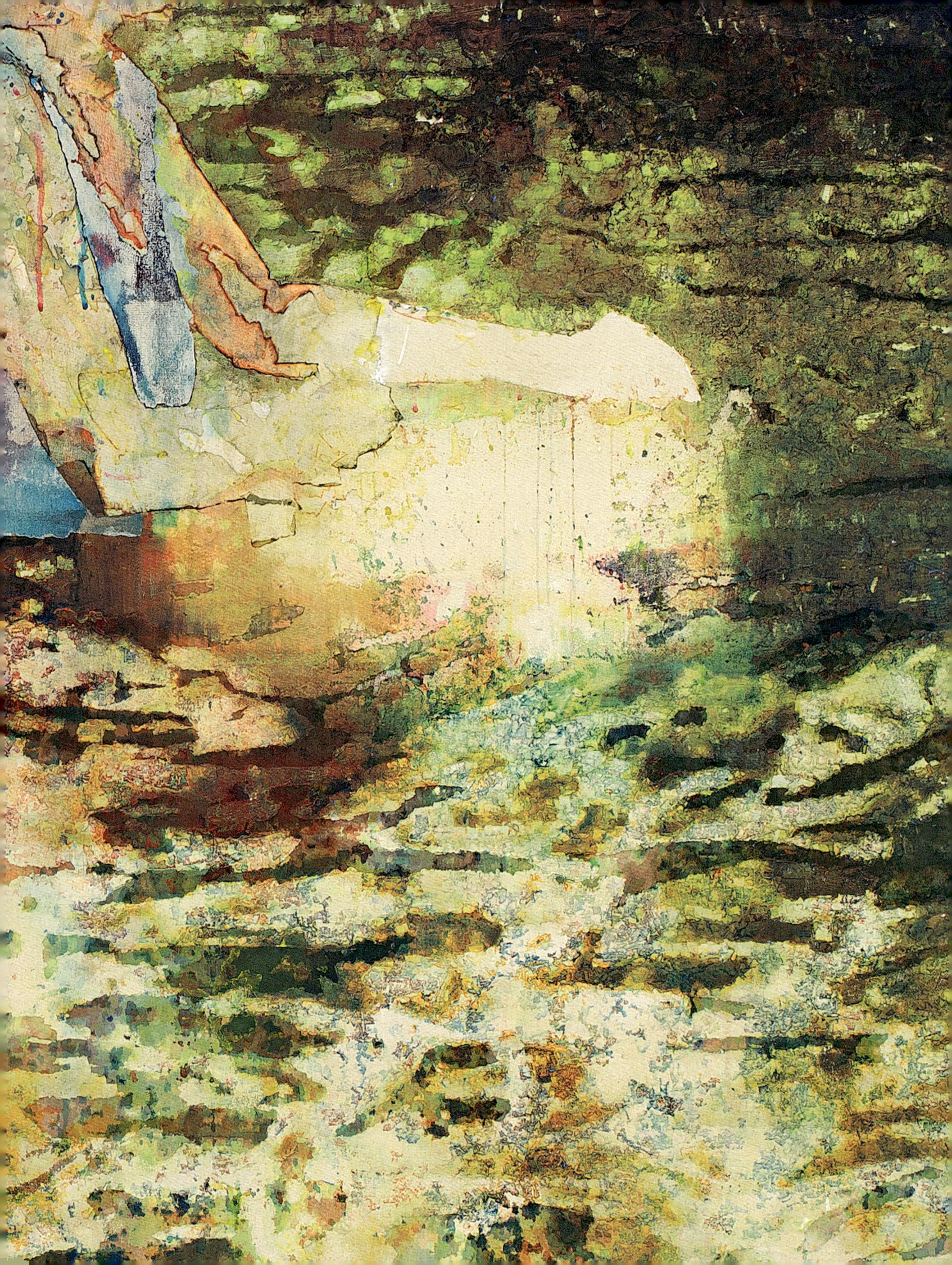

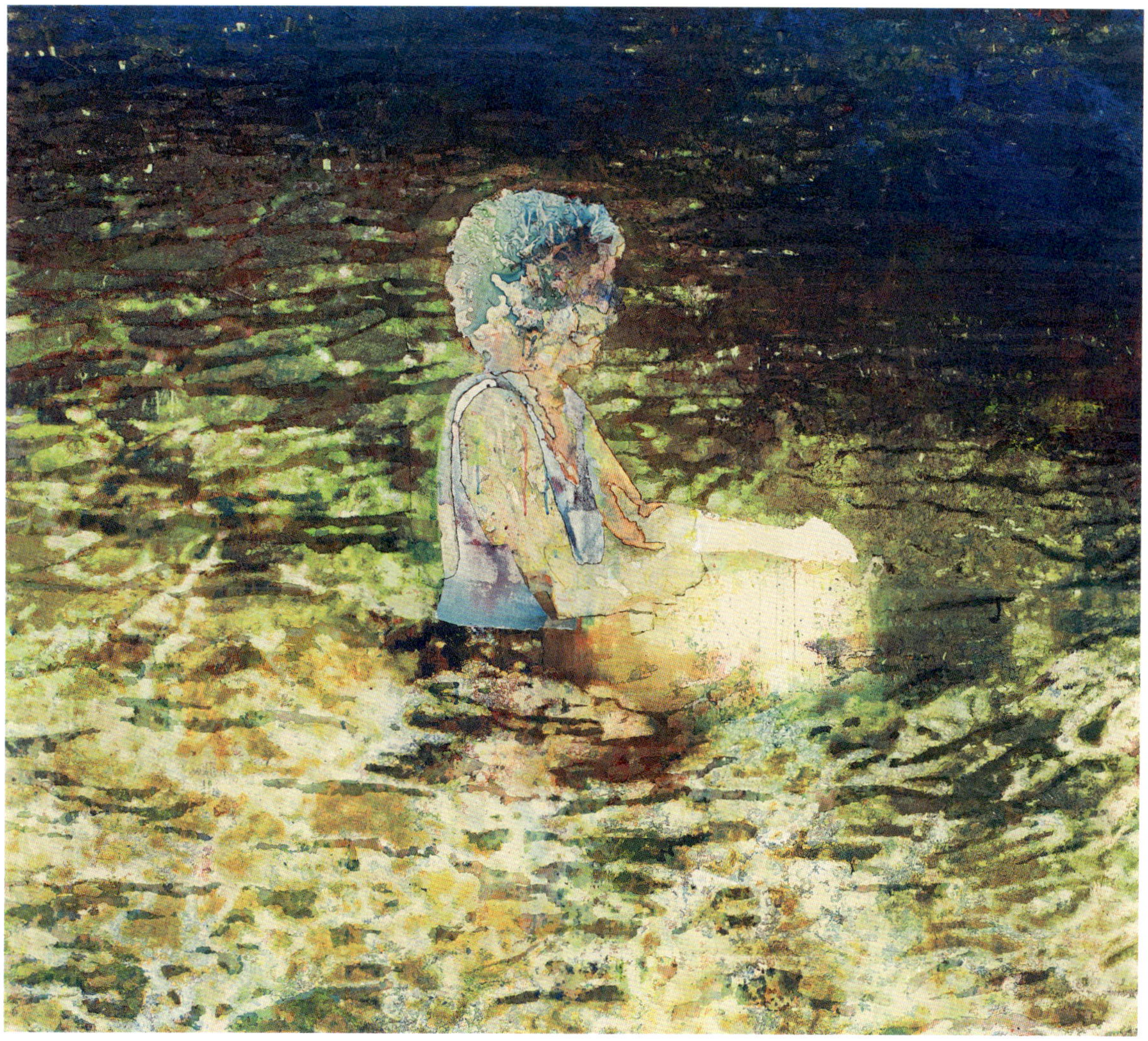

Baigneuse, 2021
148 × 169 cm / 58 ¼ × 66 $^{9}/_{16}$ in
Collection privée / Private collection

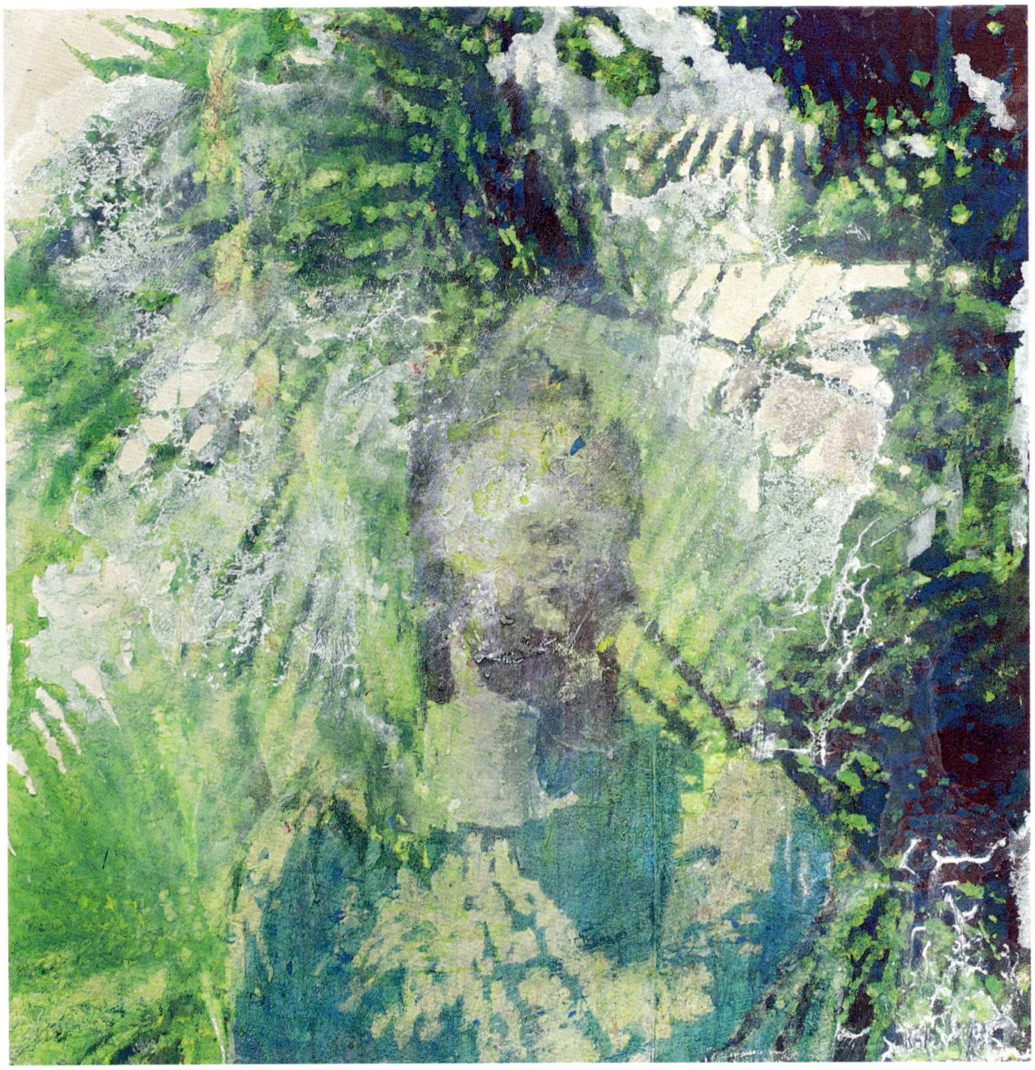

sous le niveau de la mer, 2021
84,5 × 84,5 cm / 33 ¼ × 33 ¼ in
Collection privée / Private collection

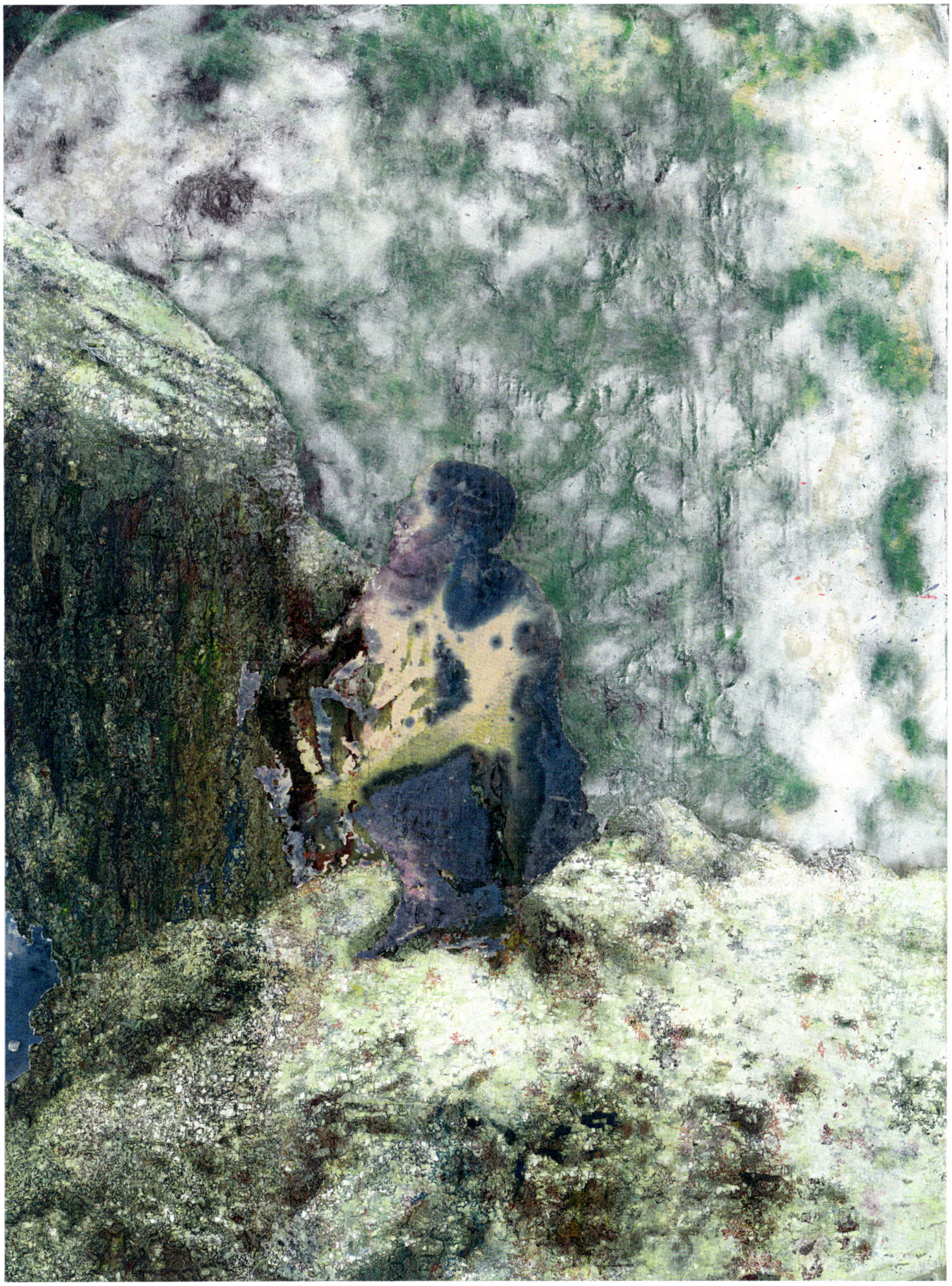

Roches, 2021
195 × 149 cm / 76 $^{3}/_{4}$ × 58 $^{11}/_{16}$ in
Collection Jennifer et / and Jon Weaver

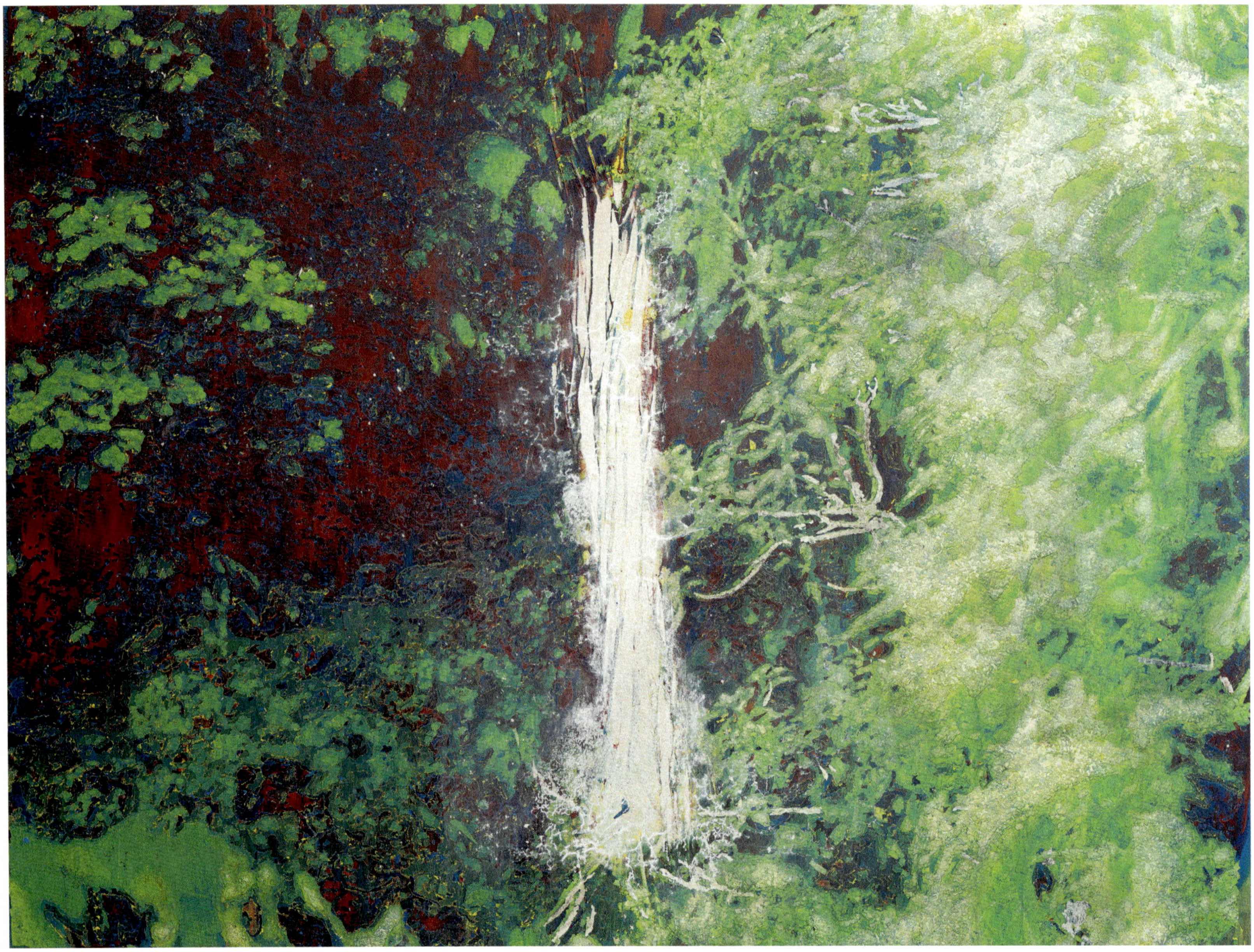

La Source, 2021
191 × 260 cm / 75 $^{3}/_{16}$ × 102 $^{3}/_{8}$ in
Collection Caisse des Dépôts

On the Edge, 2021
265 × 166 cm / 104 $^{5}/_{16}$ × 65 $^{3}/_{8}$ in
Collection privée / Private collection

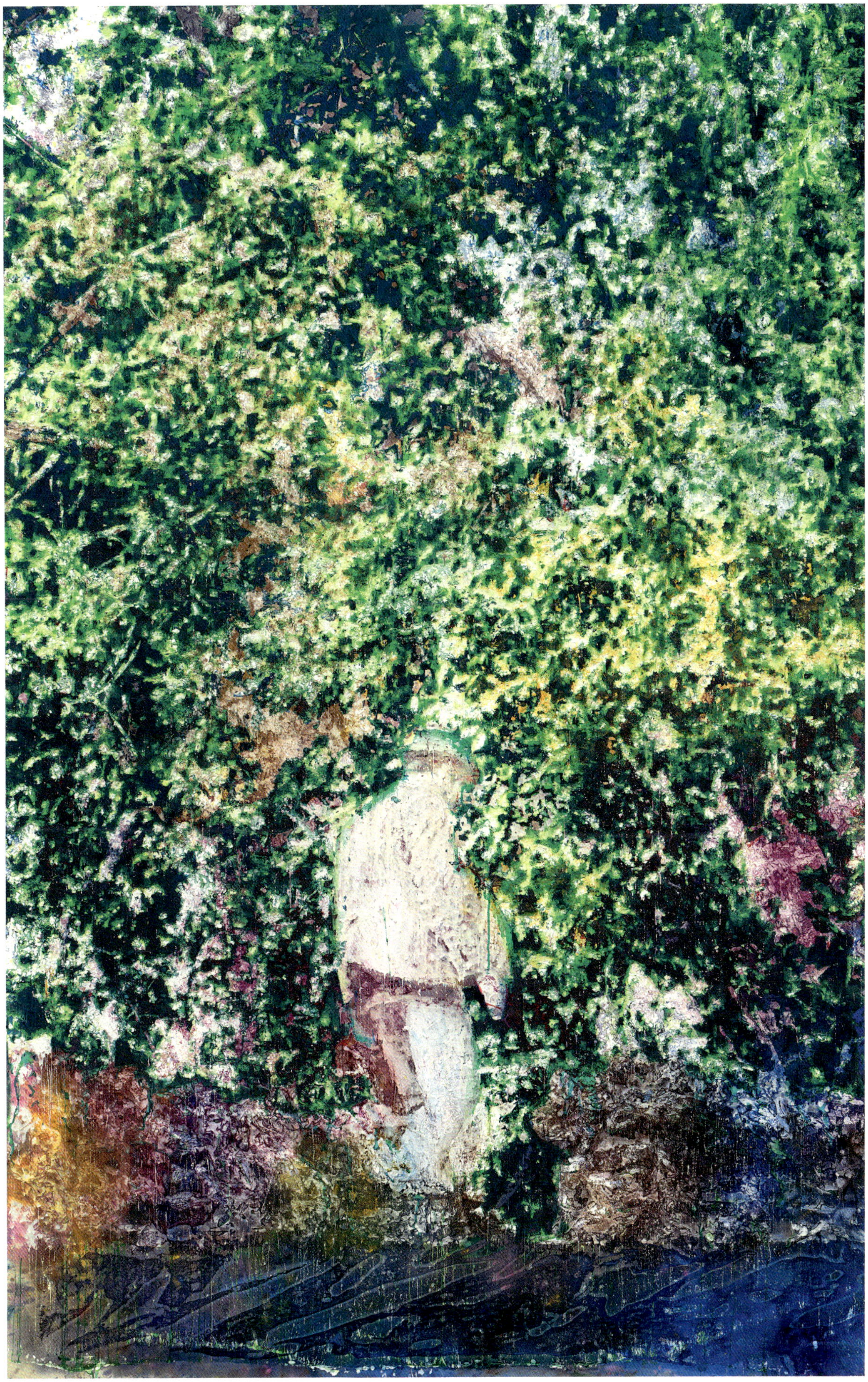

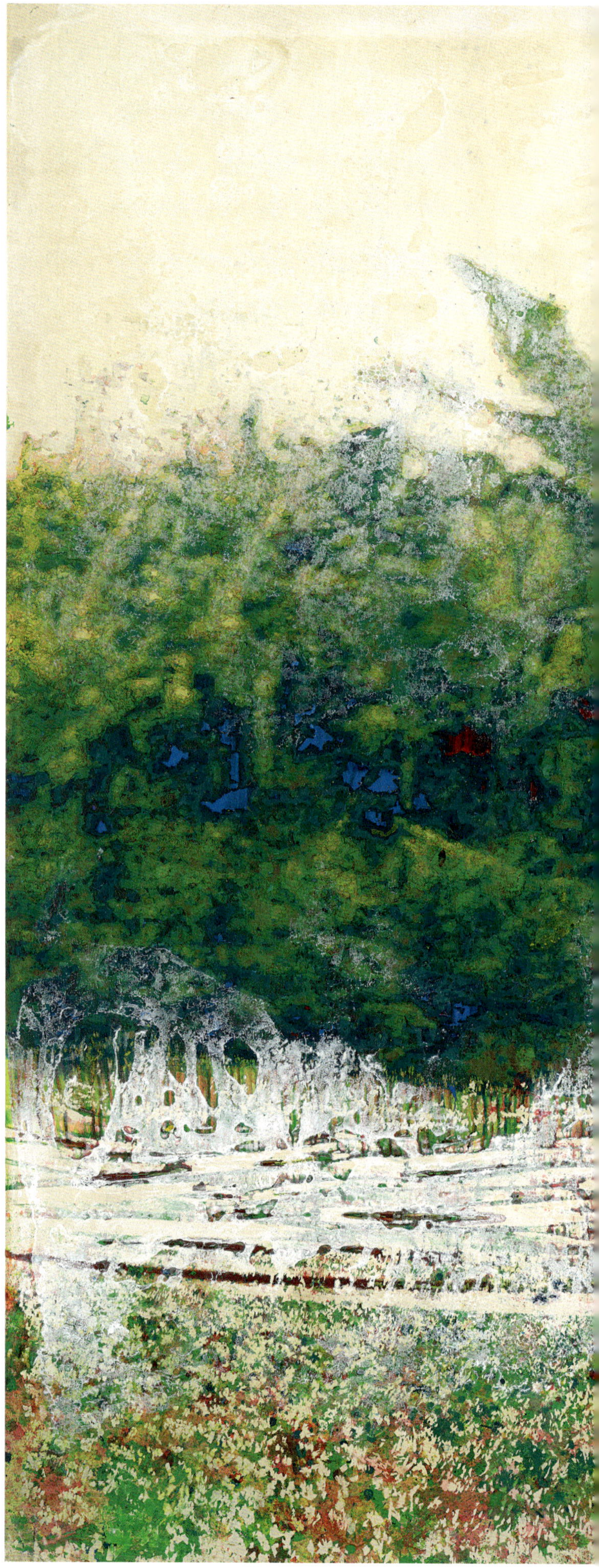

La Visite, 2021
242 × 307 cm / 95 $^{1}/_{4}$ × 120 $^{7}/_{8}$ in
Collection privée / Private collection

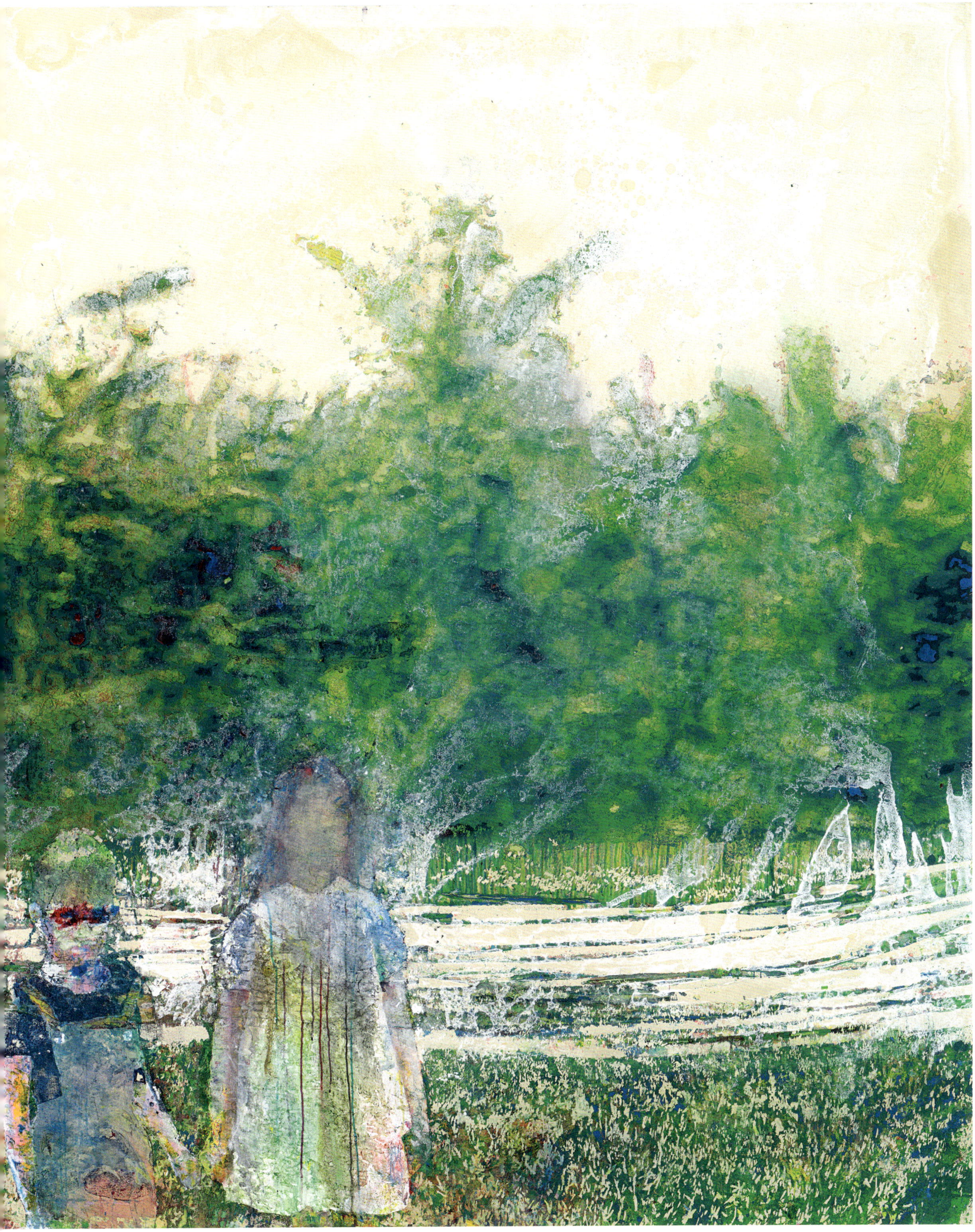

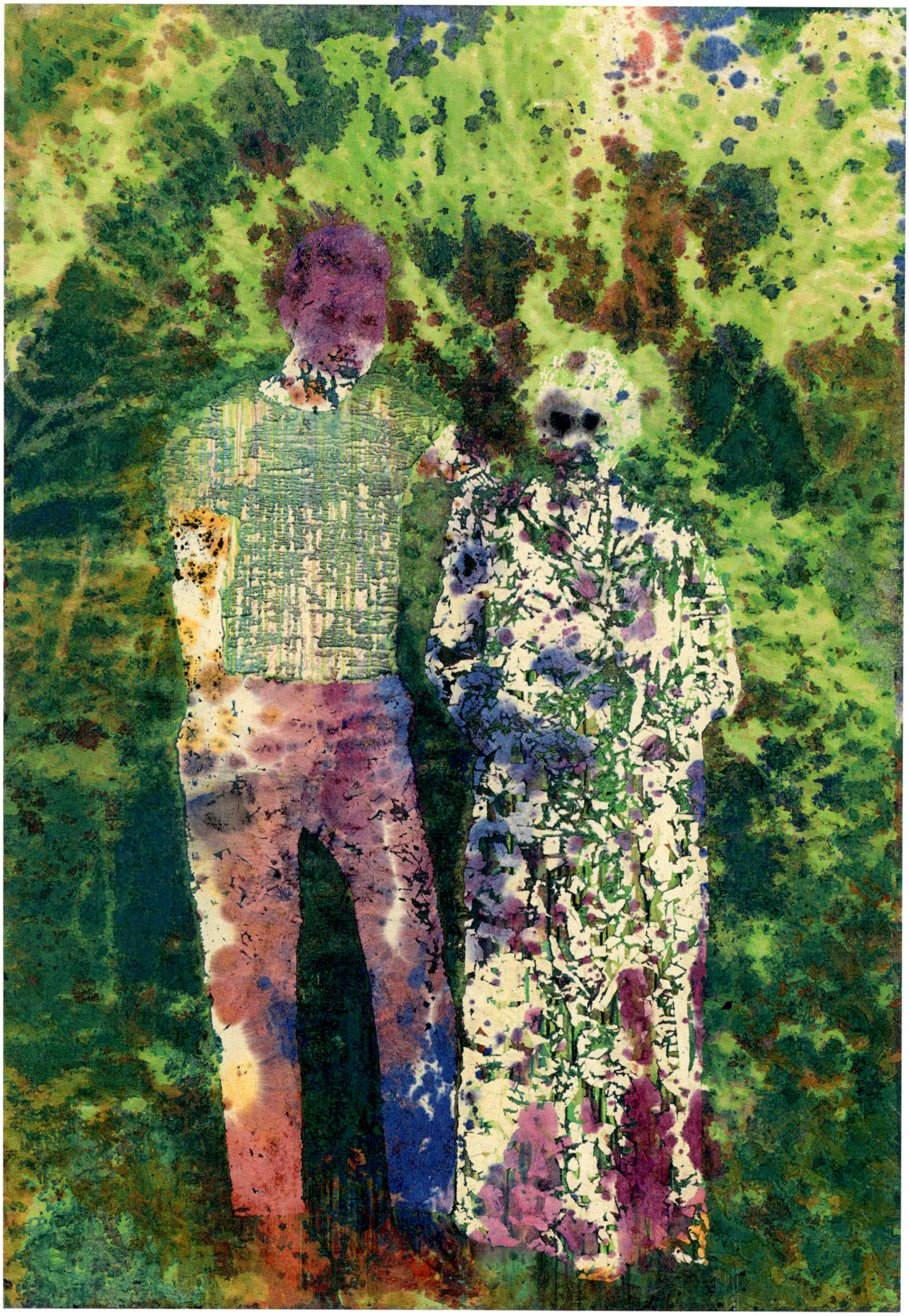

Fond vert, 2021
205 × 144 cm / 80 $^{11}/_{16}$ × 56 $^{11}/_{16}$ in
Collection Jeff Rosa et / and Elizabeth Satterwhite

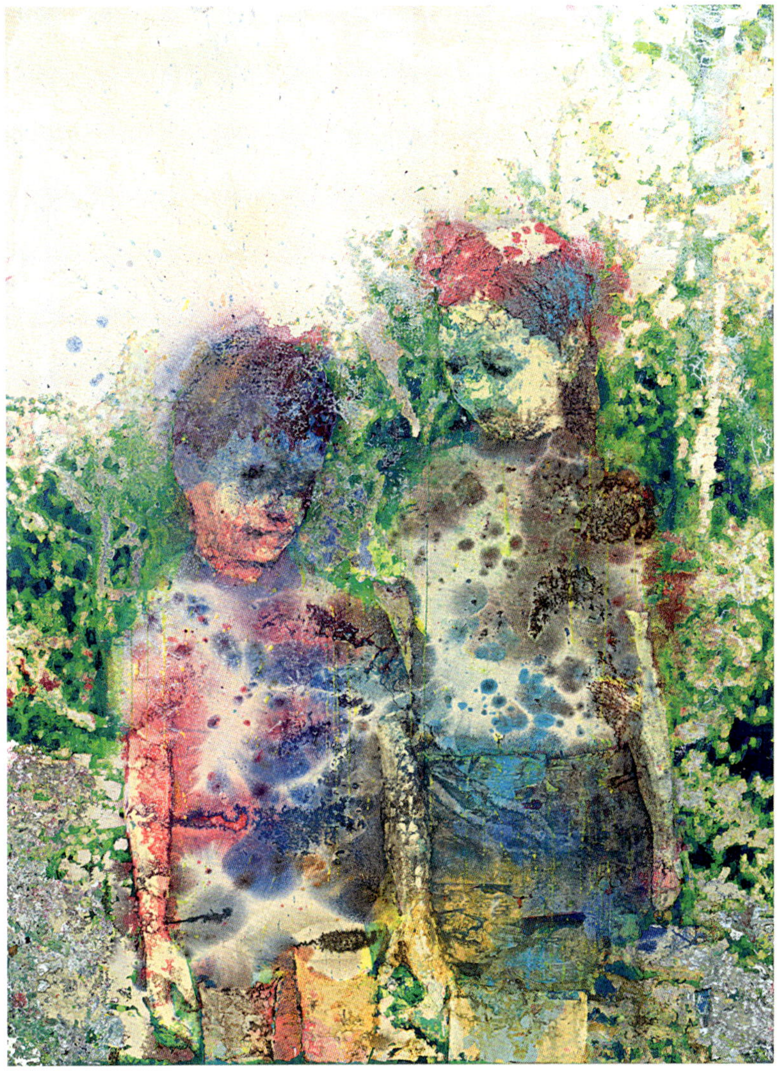

***Frère et Sœur*, 2021**
122 × 91 cm / 48 $^{1}/_{16}$ × 35 $^{13}/_{16}$ in
Collection Jonathan Hyman

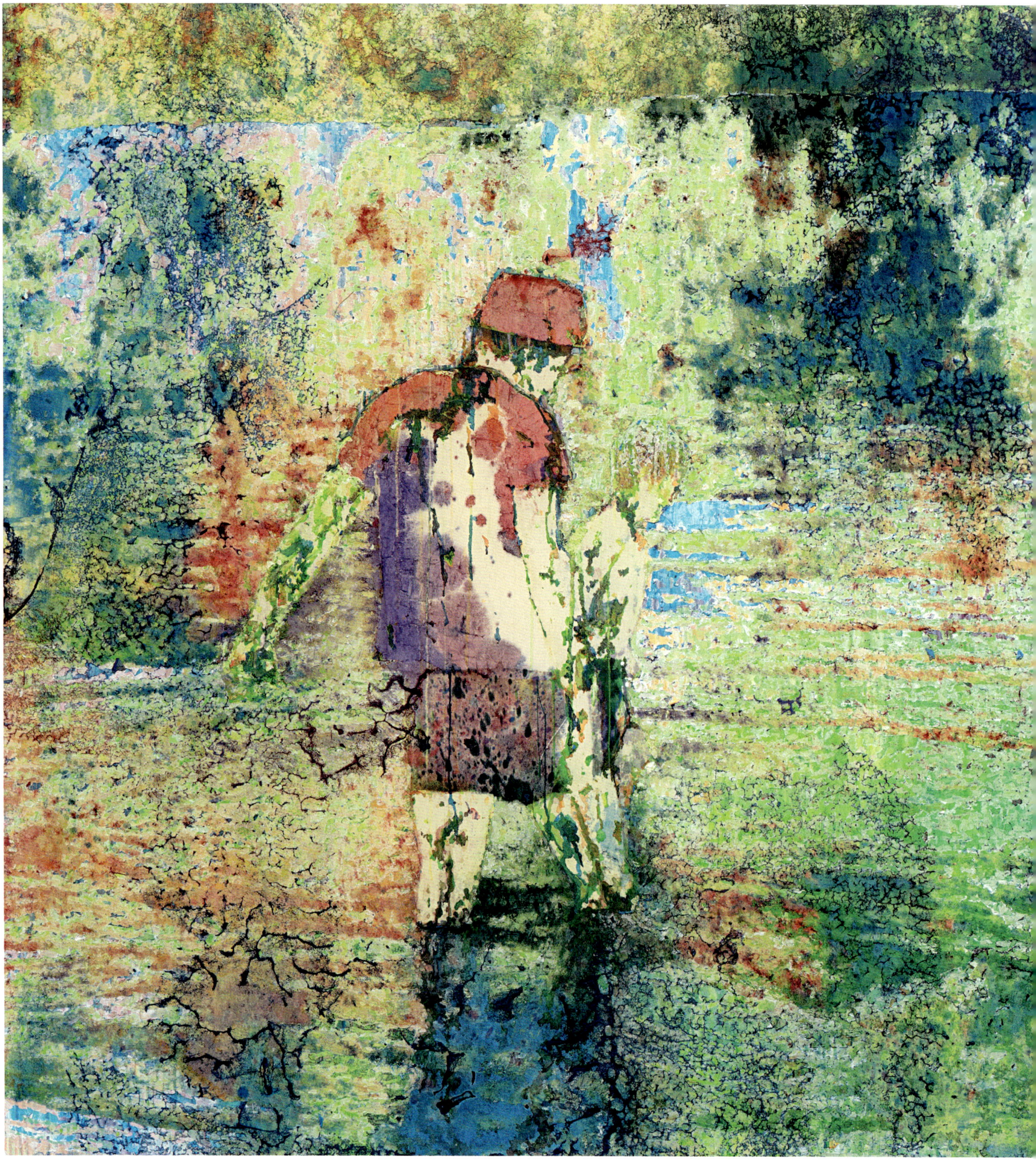

Rivière, 2021
164 × 246 cm / 64 $^{9}/_{16}$ × 96 $^{7}/_{8}$ in
Collection privée / Private collection

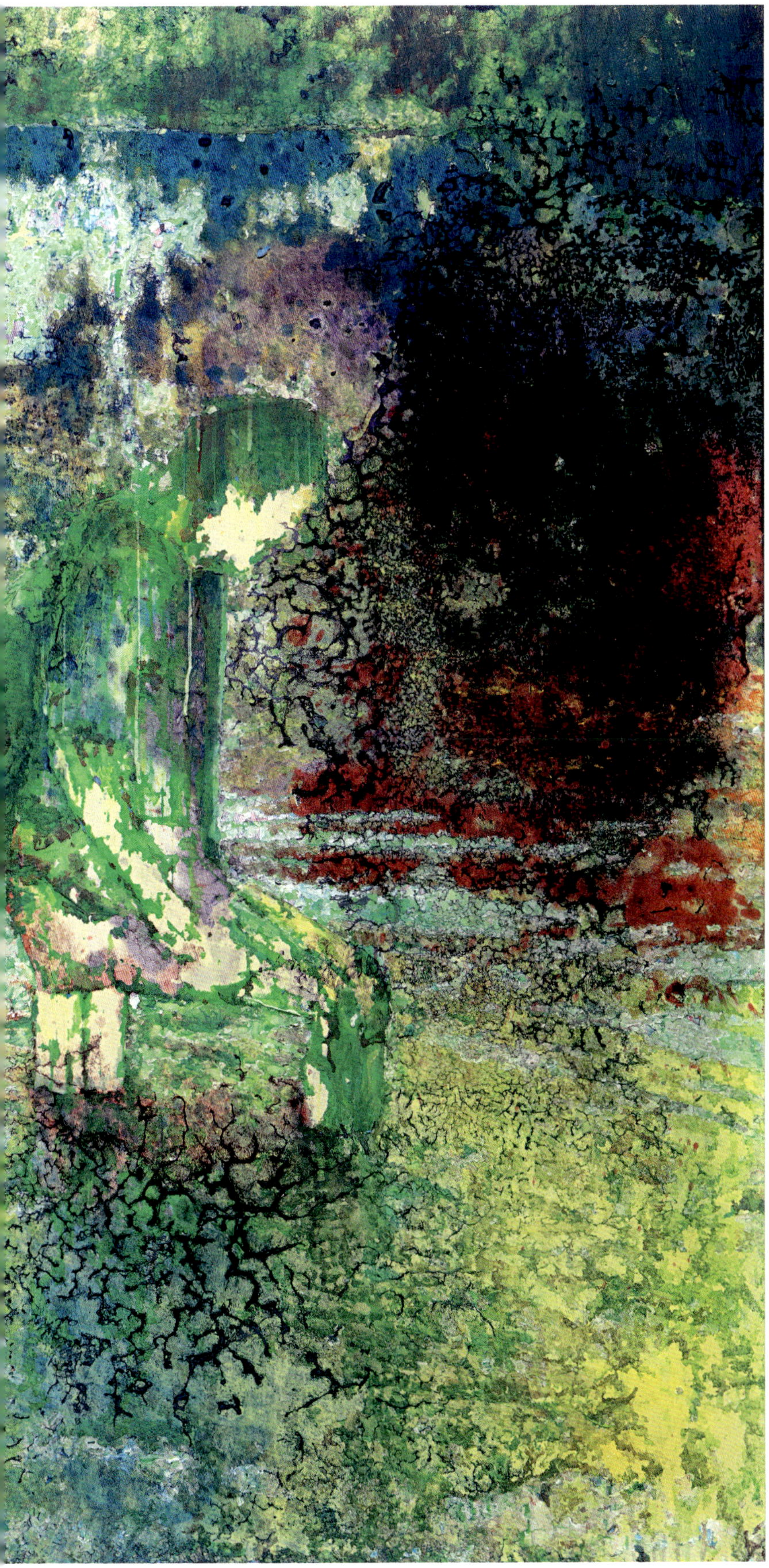

Page suivante / Following page
Exposition / Exhibition « Trois Rivières »,
Almine Rech, New York, États-Unis / United States, 2021

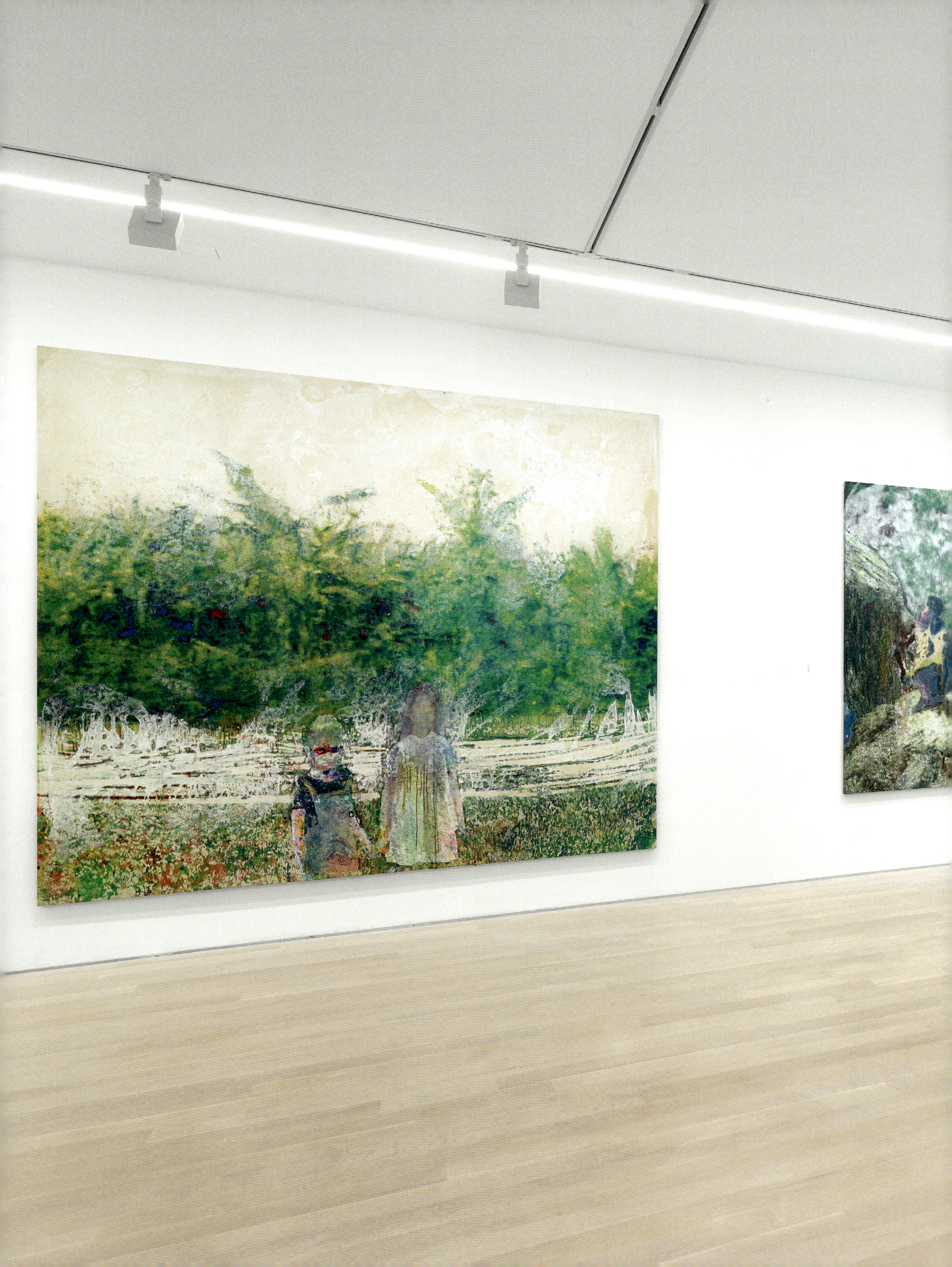

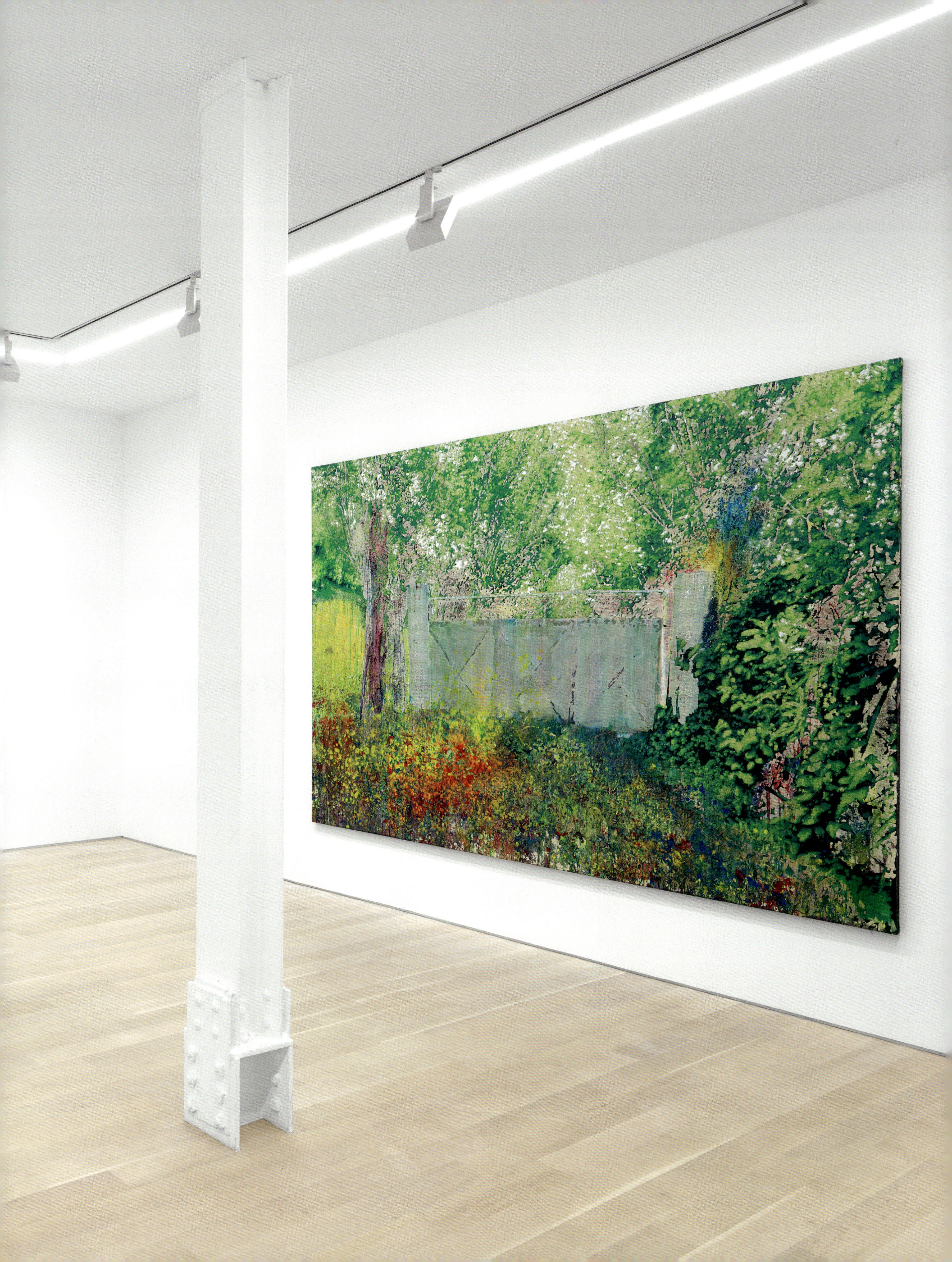

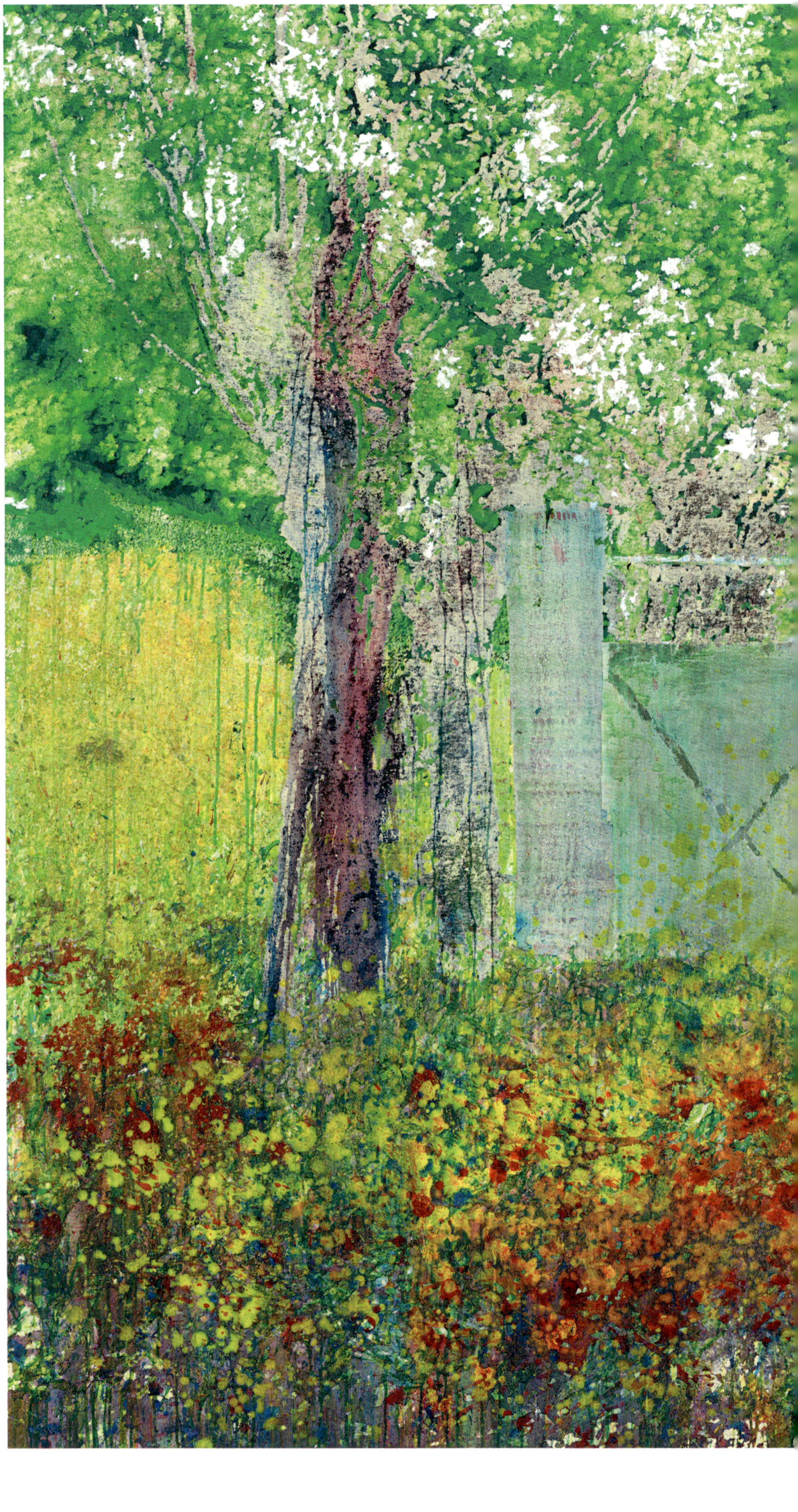

L'Appel, 2021
206 × 308 cm
81 $^{1}/_{8}$ × 121 $^{1}/_{4}$ in

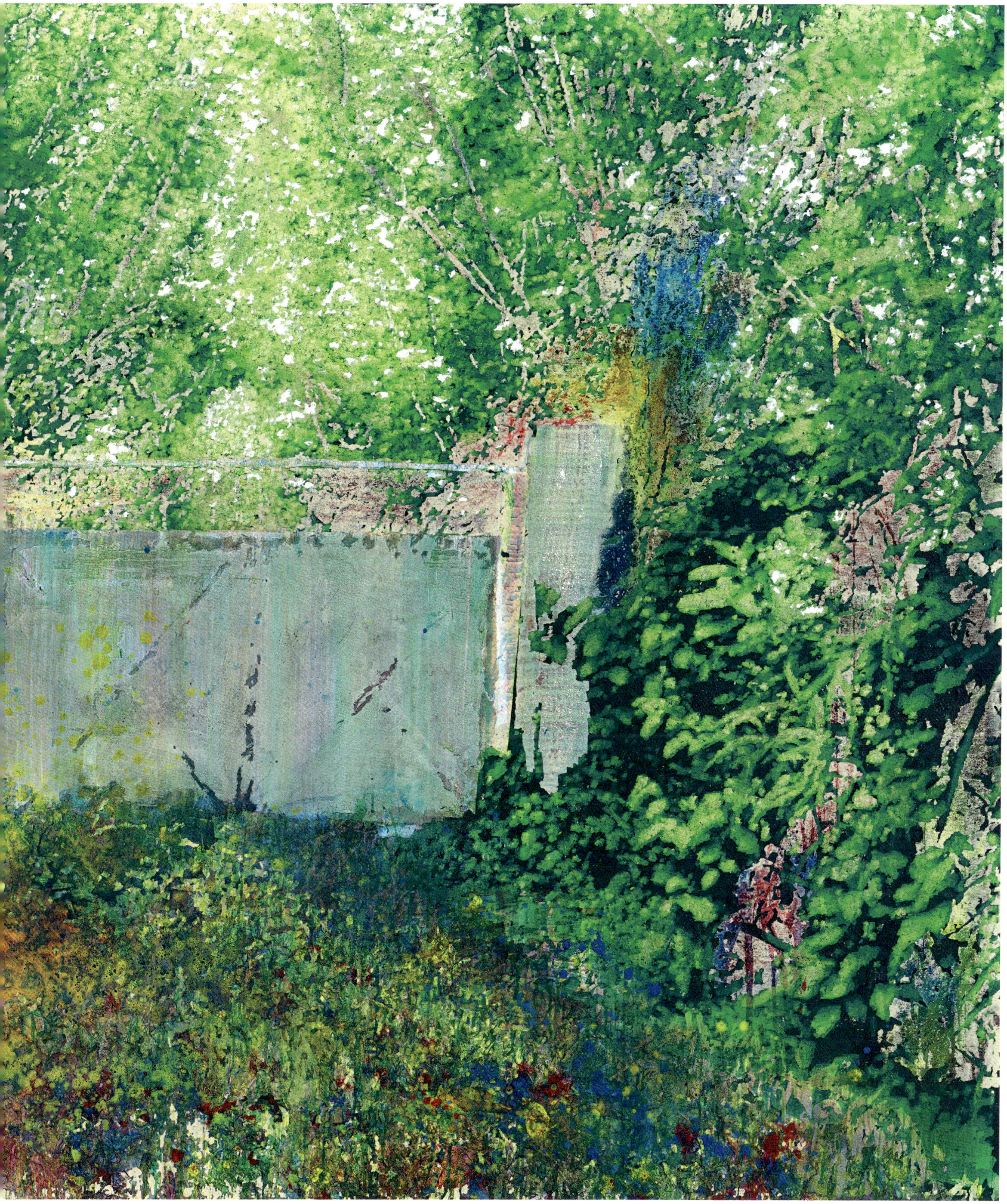

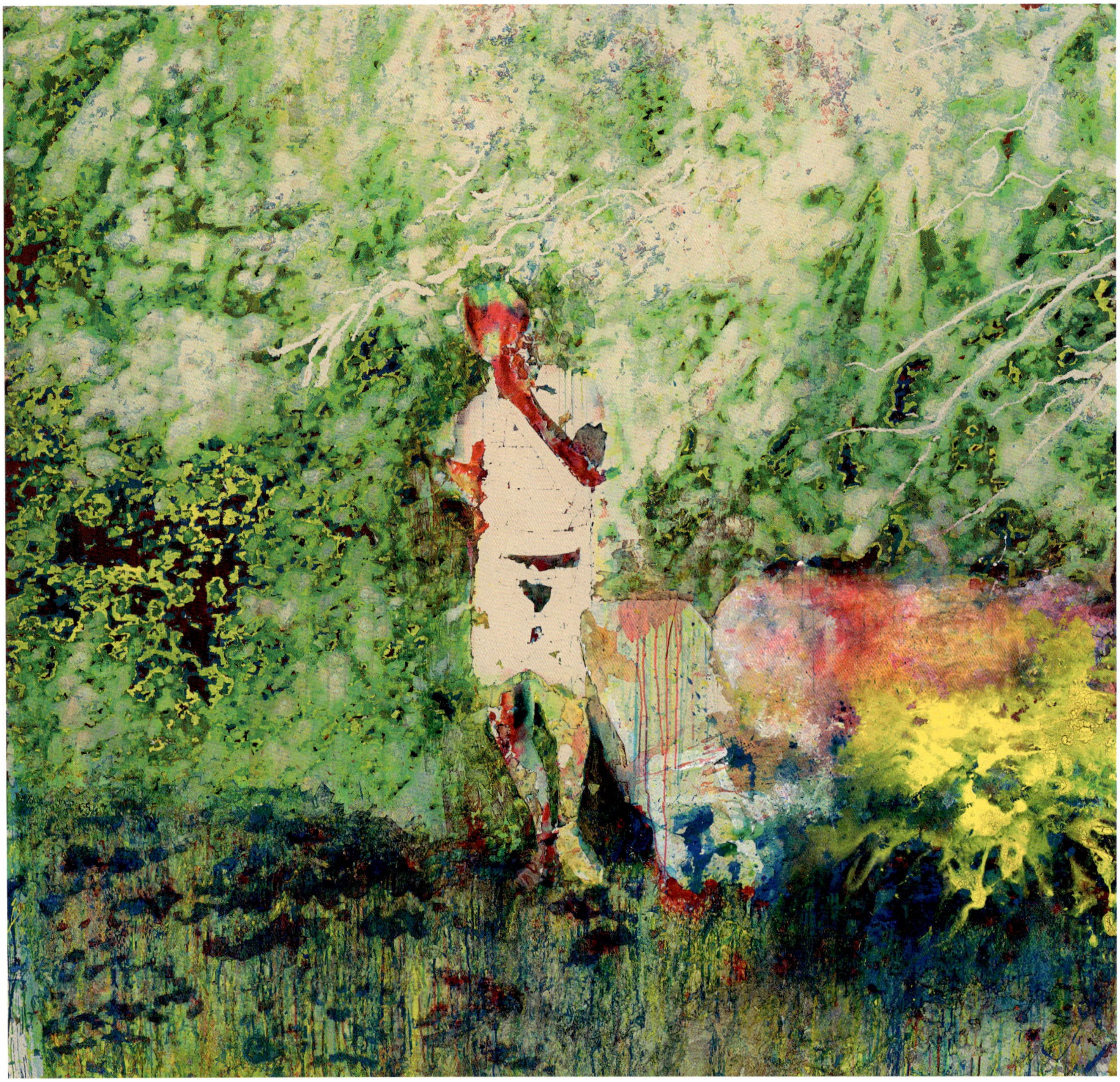

Les Autres, 2021
219 × 234 cm / 86 ¼ × 92 ⅛ in
Collection privée / Private collection

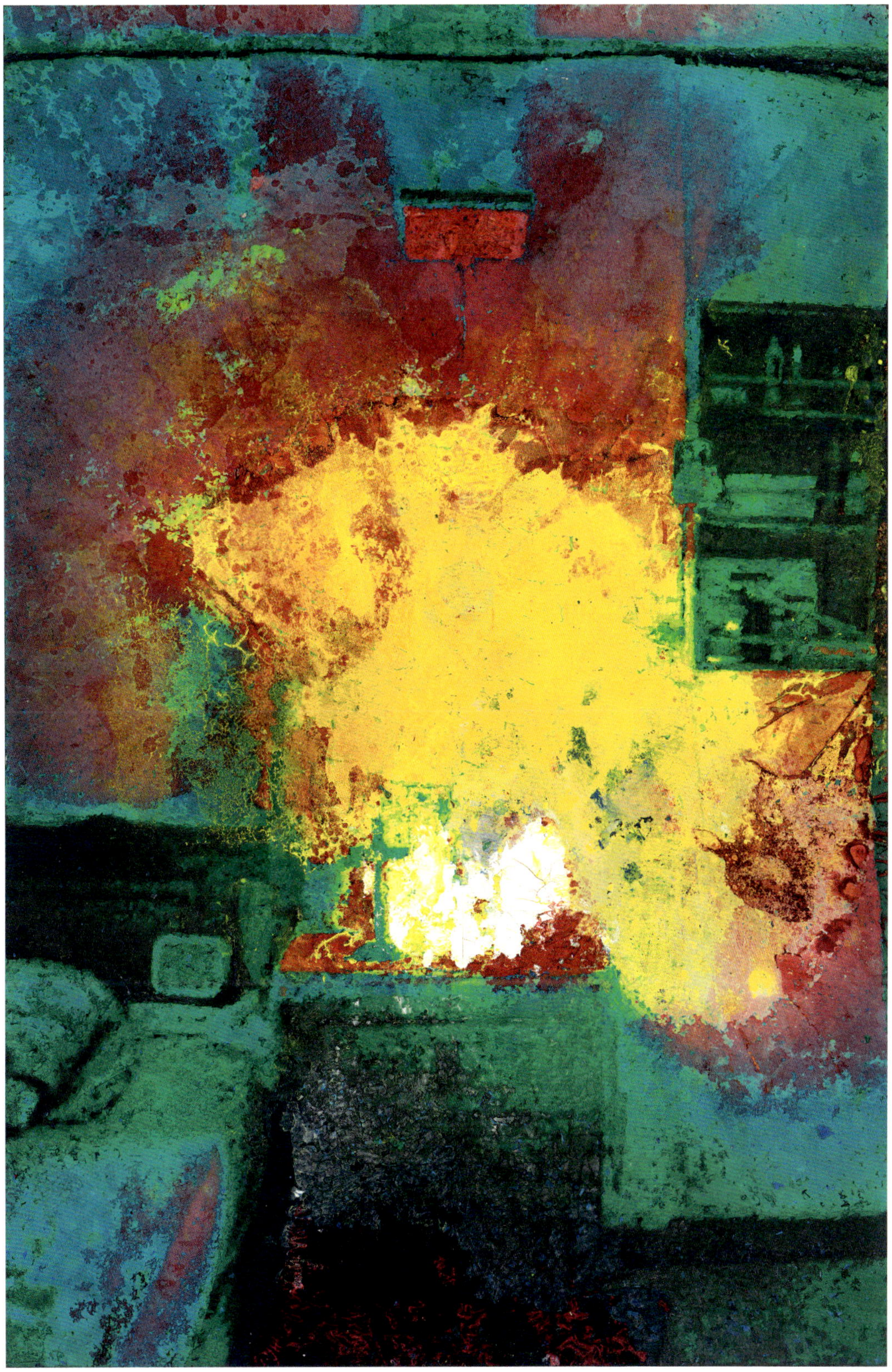

Avant la nuit, 2021
220 × 147 cm / 86 $^{5}/_{8}$ × 57 $^{7}/_{8}$ in
Collection privée / Private collection

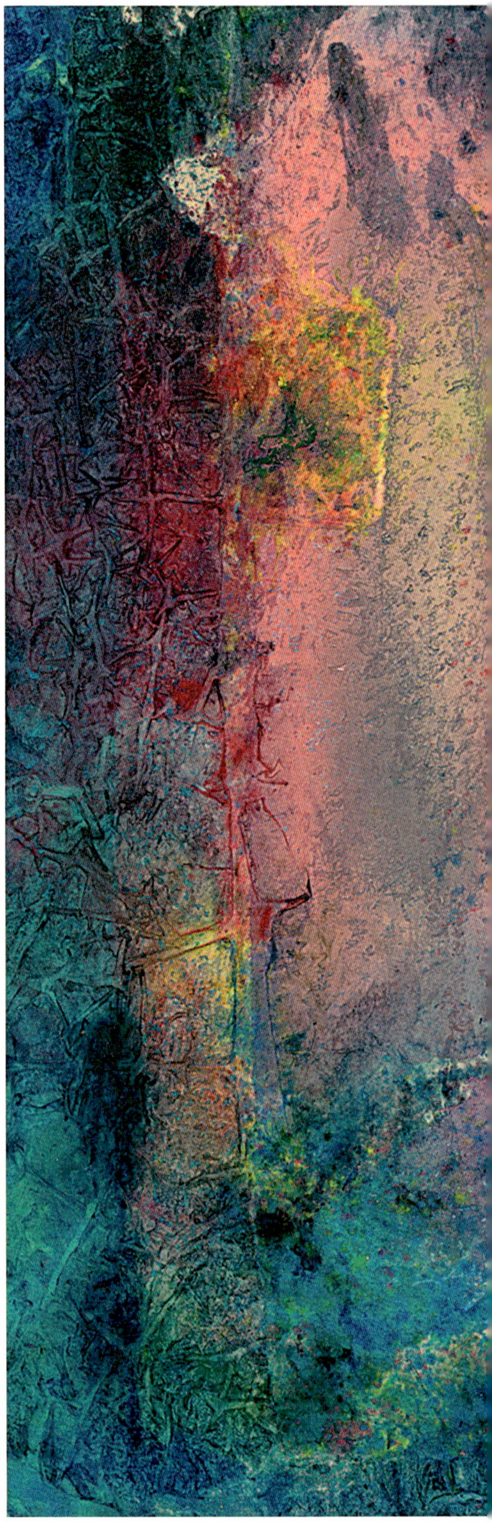

Chambre, 2021
198 × 292 cm / 77 $^{15}/_{16}$ × 114 $^{15}/_{16}$ in
Collection privée / Private collection

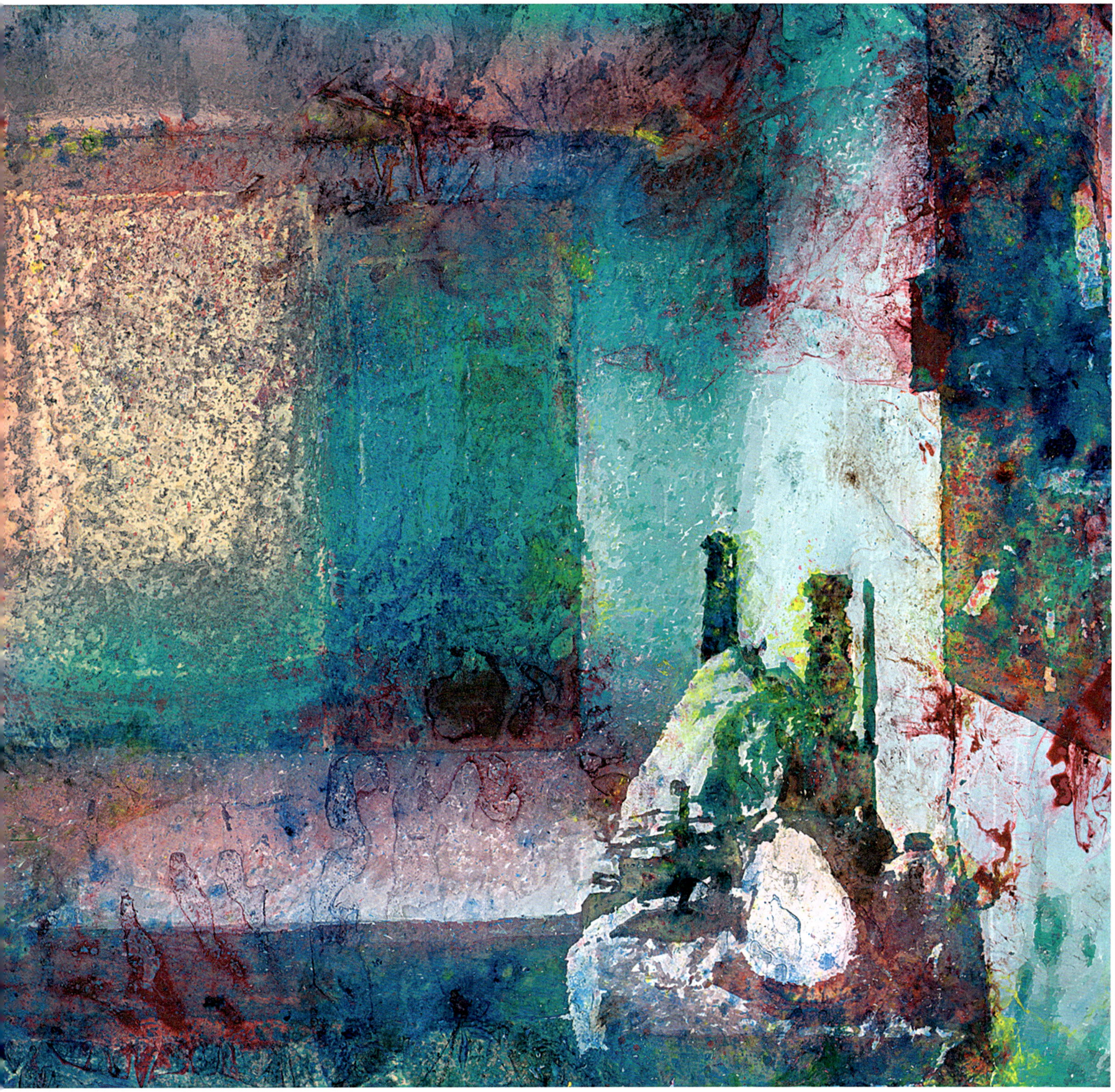

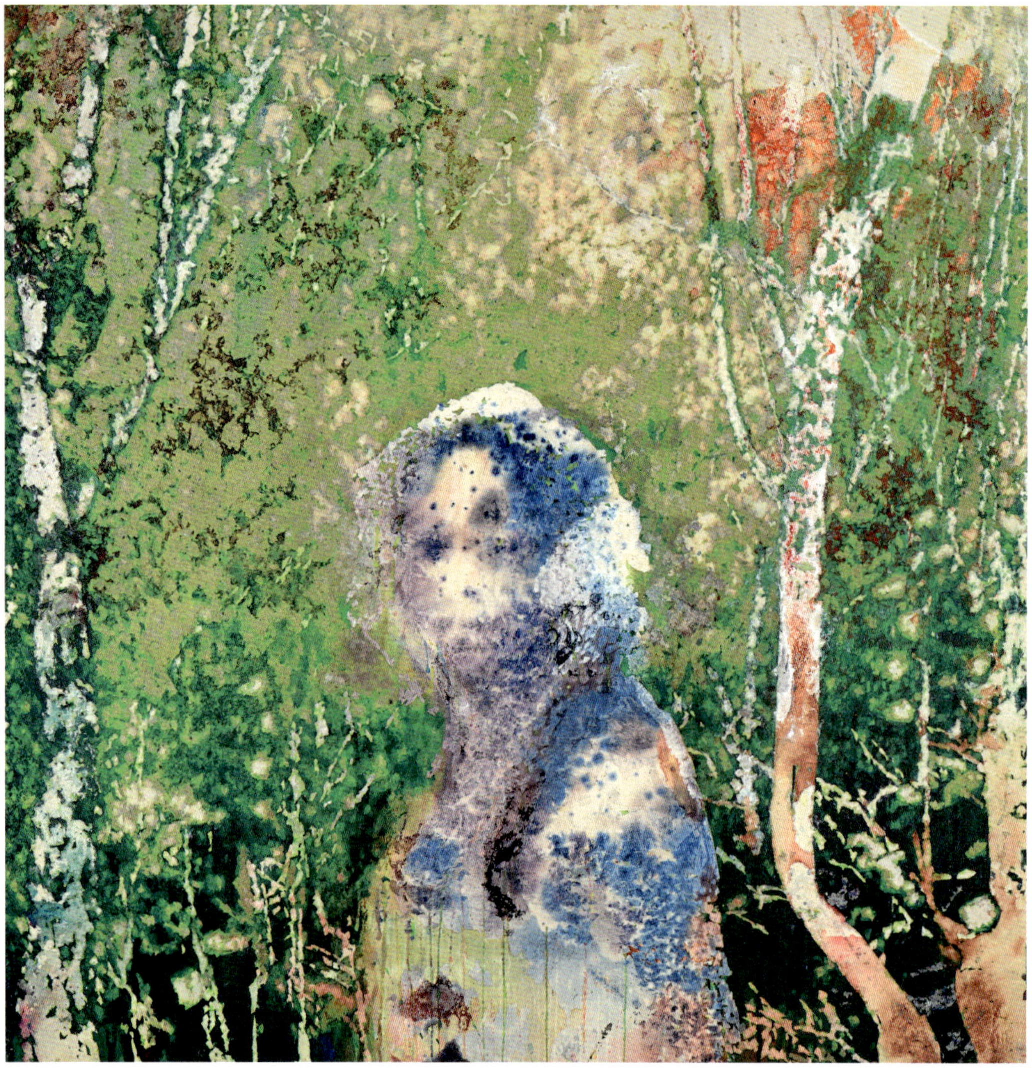

Women Wood, 2021
91 × 91 cm
35 13/16 × 35 13/16 in

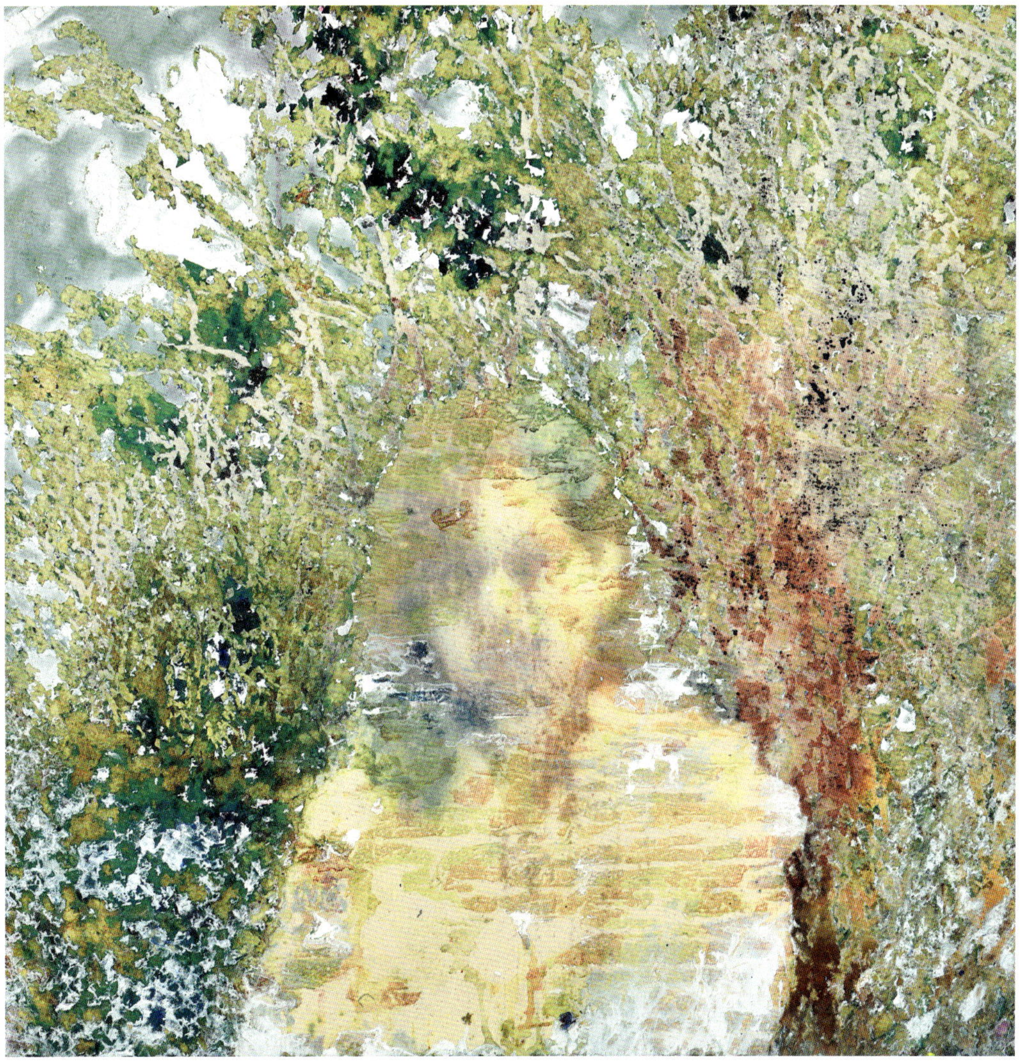

30 ans plus tard, 2021
88 x 88 cm / 34 5/8 x 34 5/8 in
Collection privée / Private collection

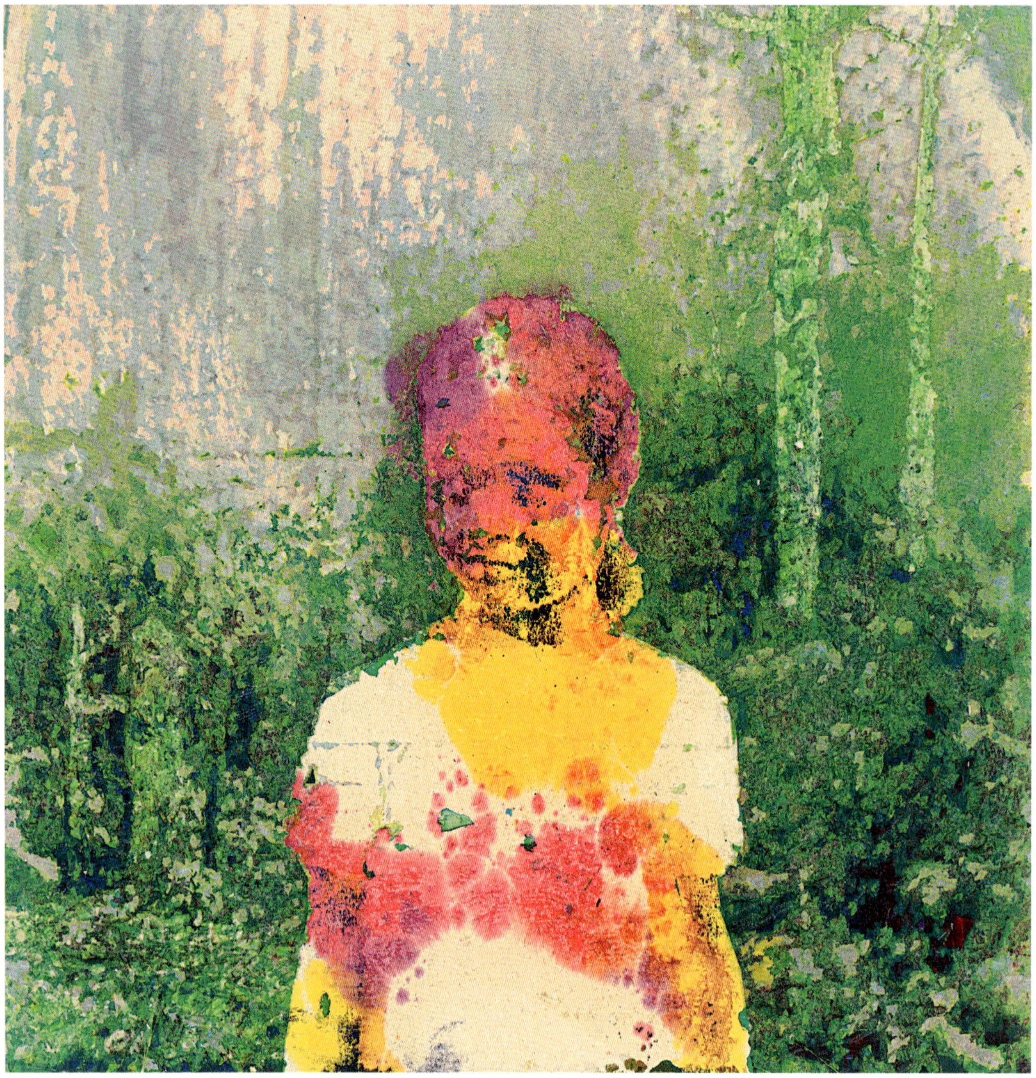

Petite Terre, 2021
83 × 83 cm / 32 $^{11}/_{16}$ × 32 $^{11}/_{16}$ in
Collection privée / Private collection

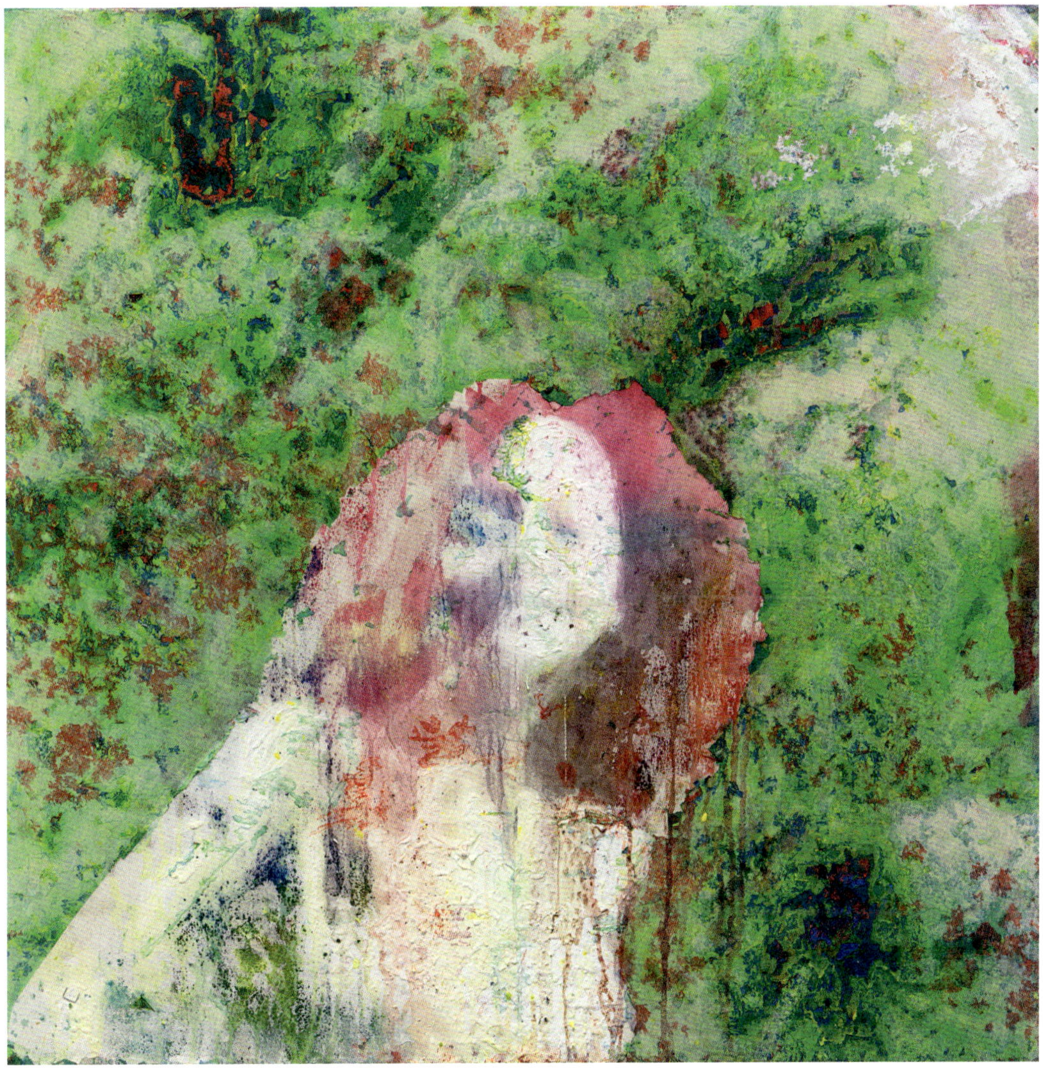

Les Hauteurs, 2021
80 × 80 cm / 31 ½ × 31 ½ in
Collection privée / Private collection

Page suivante / Following page
Trois Rivières, 2021
triptyque / triptych, 262 × 384 cm / 103 ⅛ × 151 $^{3}/_{16}$ in
Collection du / of musée d'Art moderne de Paris

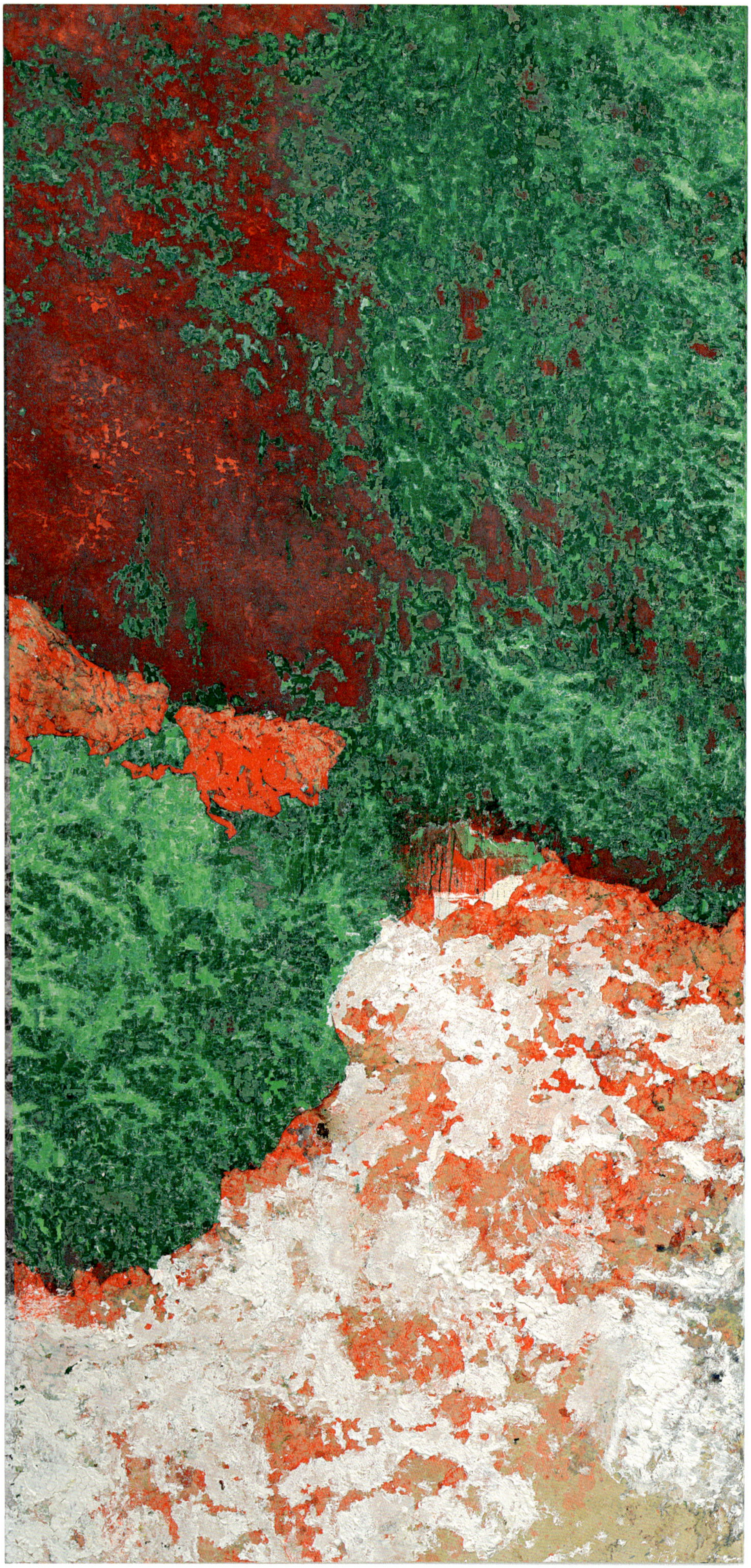

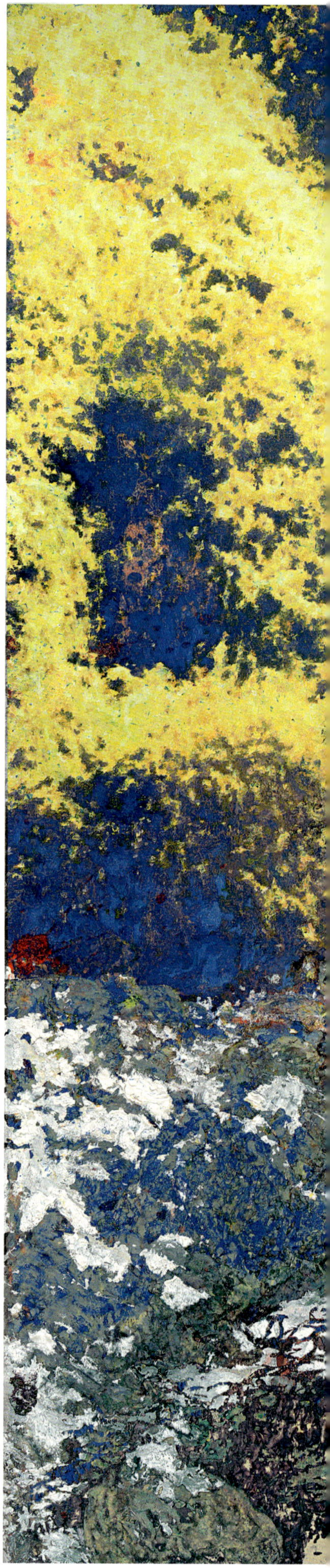

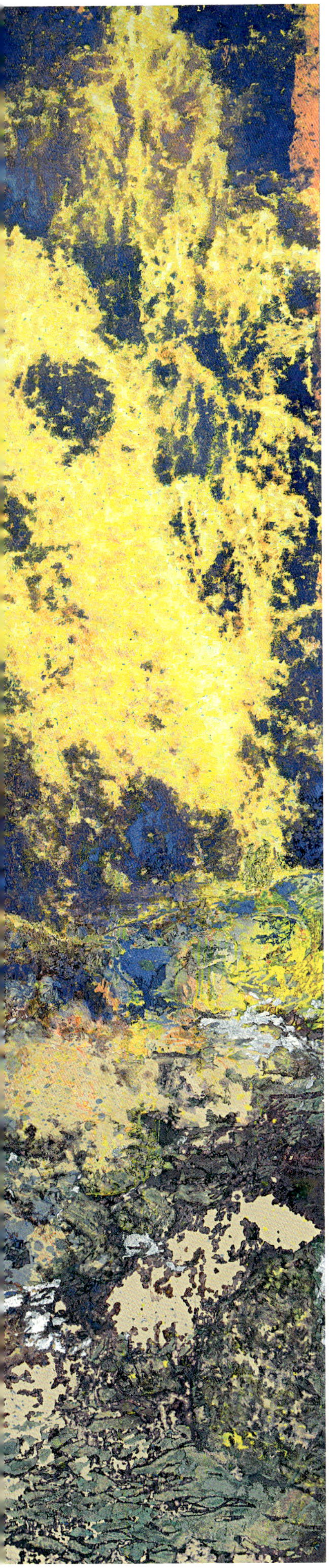
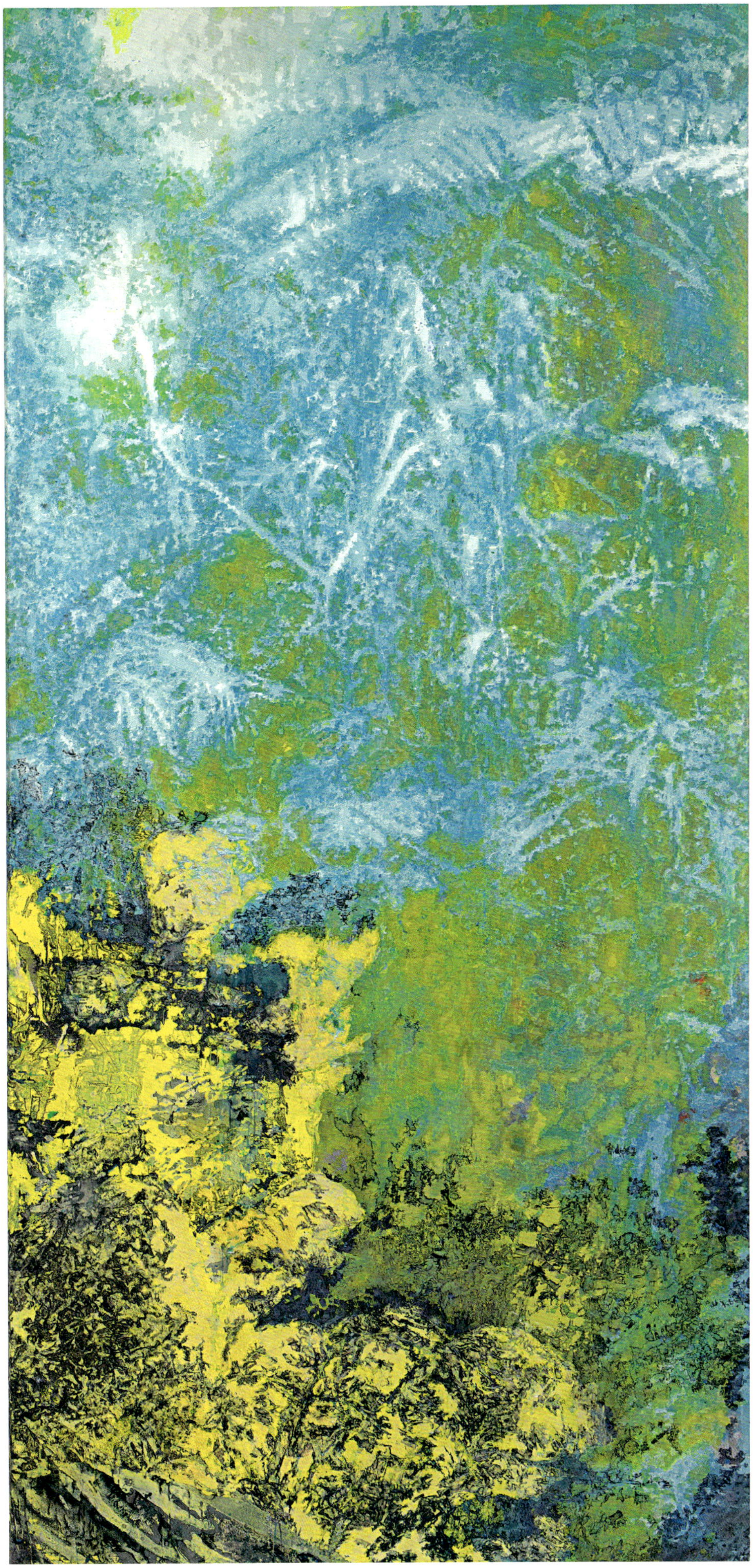

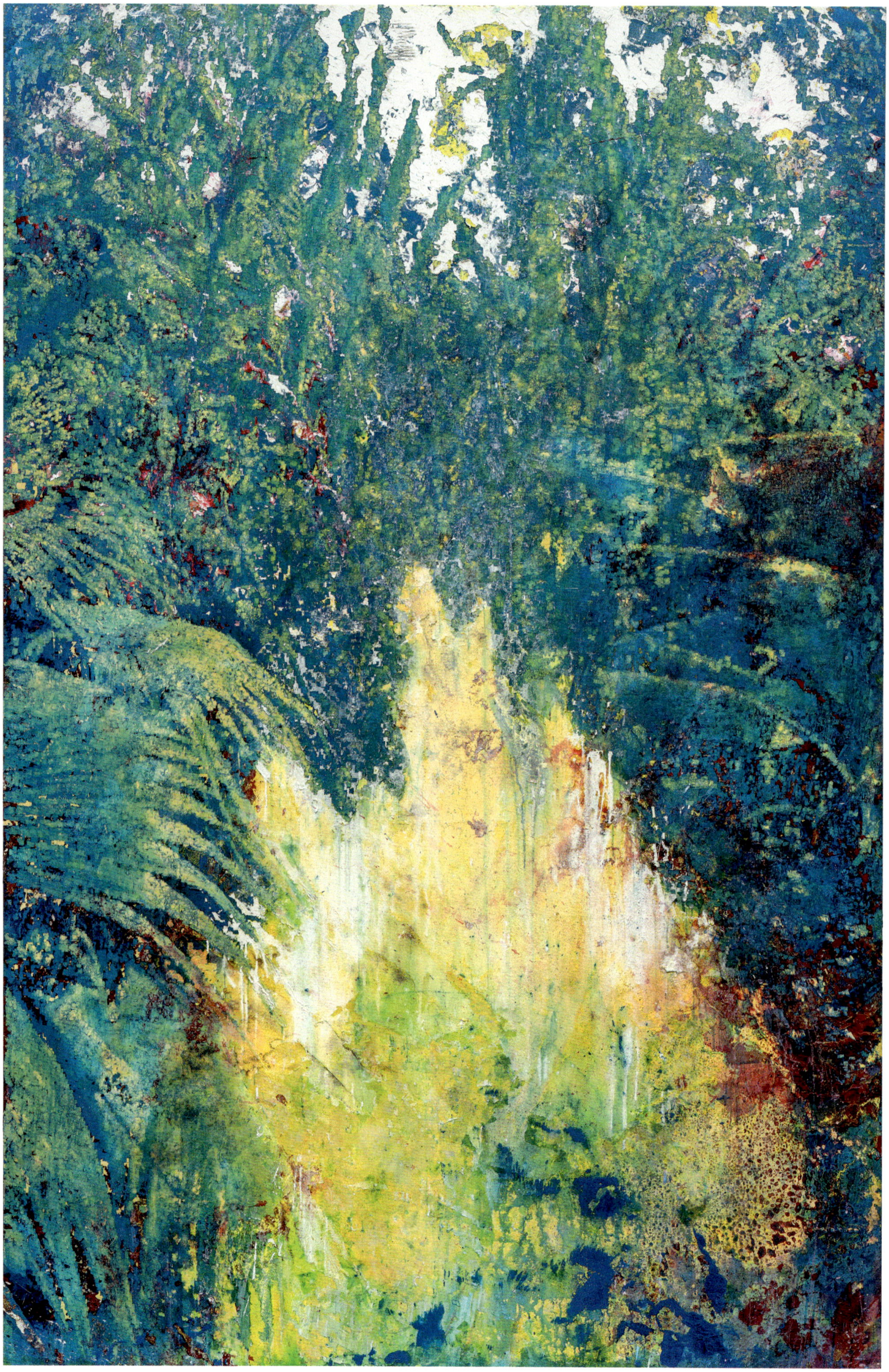

Feu, 2022
255 × 170 cm / 100 $^3/_8$ × 66 $^{15}/_{16}$ in
Collection privée / Private collection

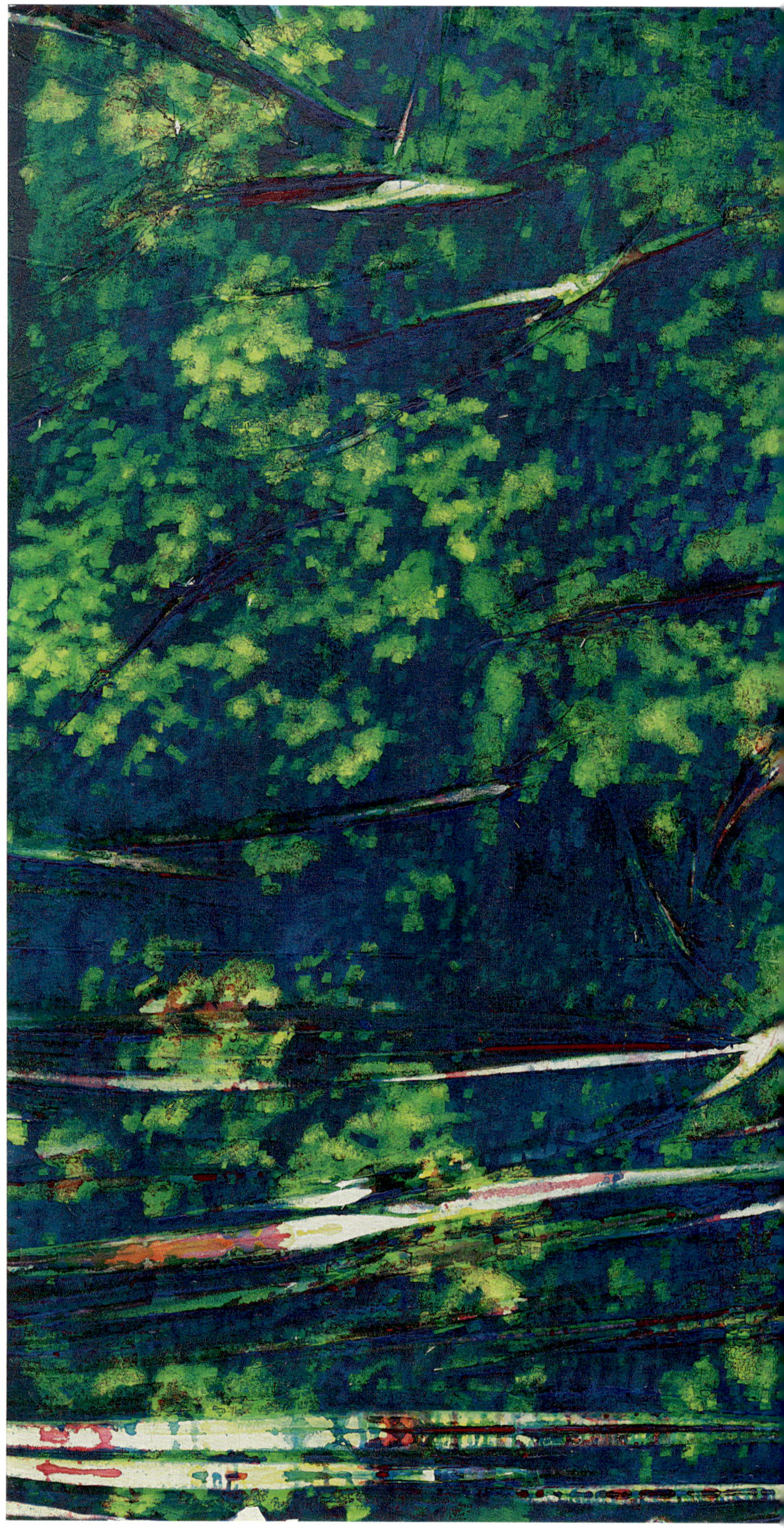

Se poser sur l'eau, 2022
170 × 254 cm / 66 $^{15}/_{16}$ × 100 in
Collection privée / Private collection

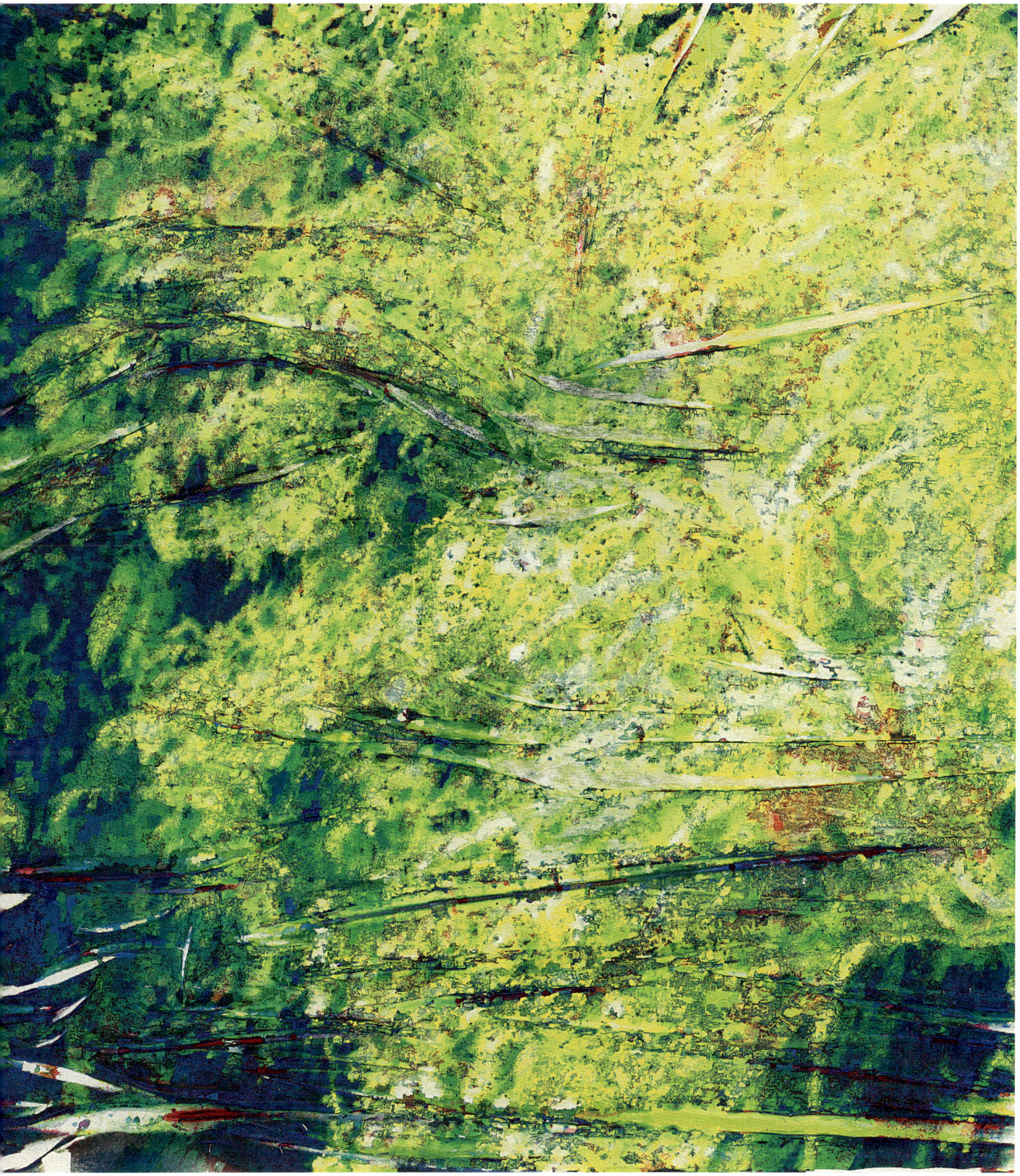

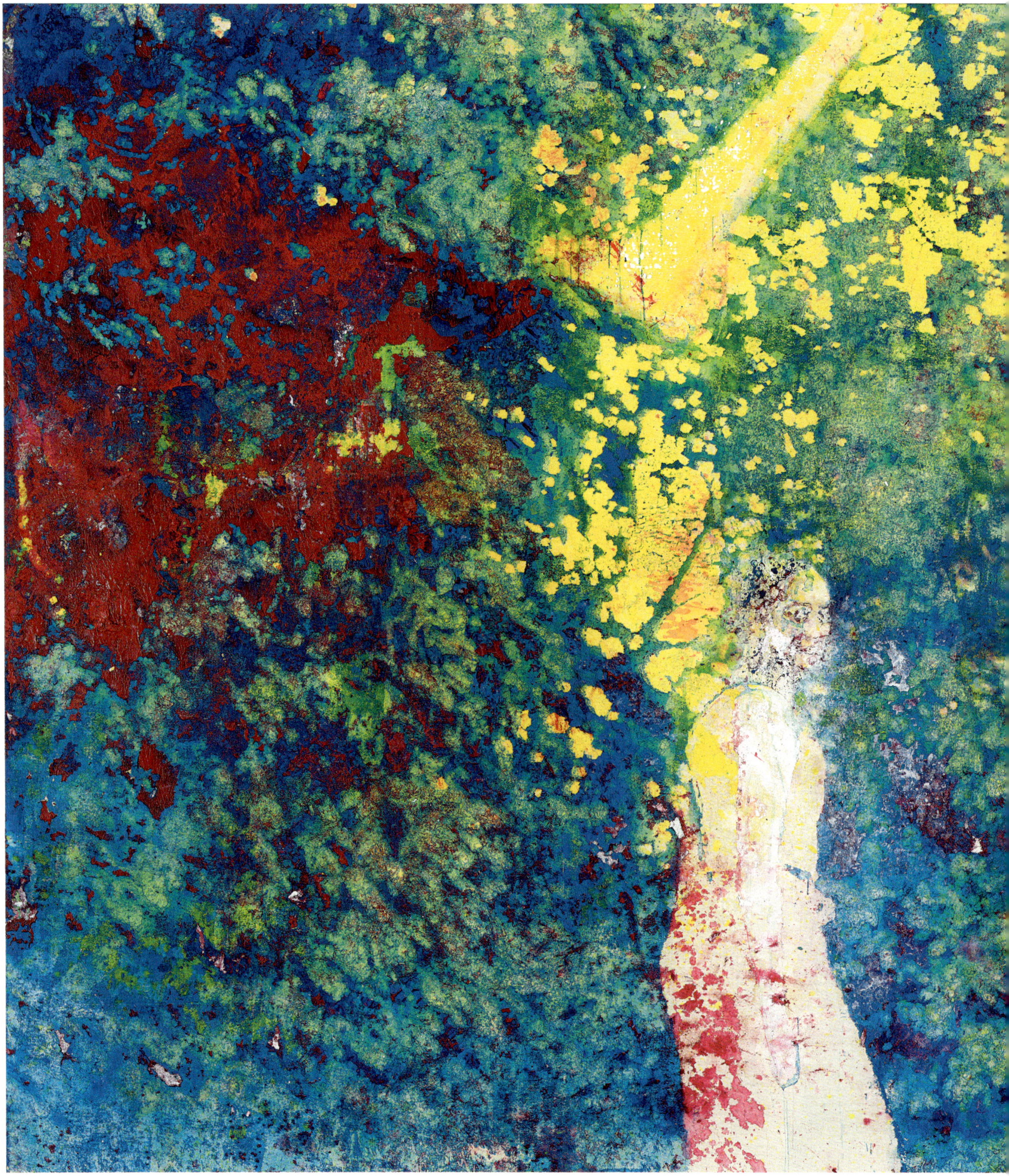

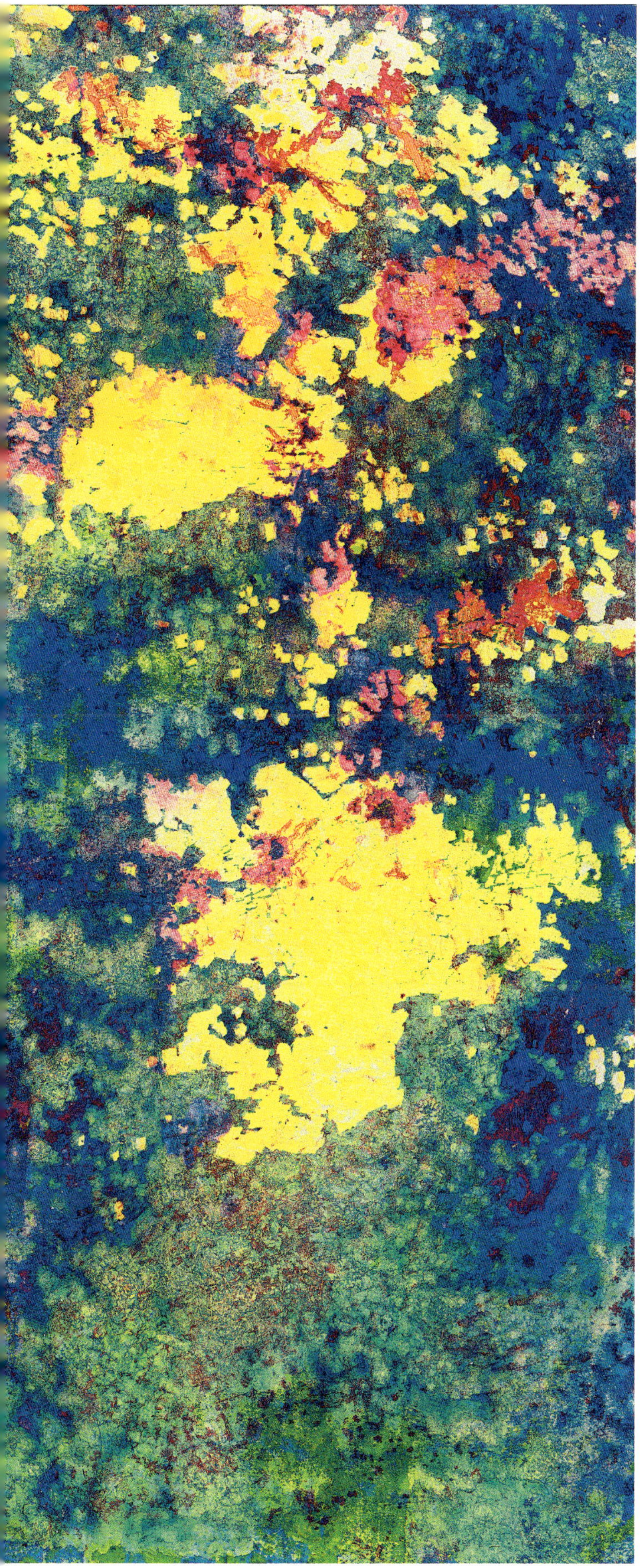

Primaire, 2022
180 × 243 cm / 70 $^{7}/_{8}$ × 95 $^{11}/_{16}$ in
Collection privée / Private collection

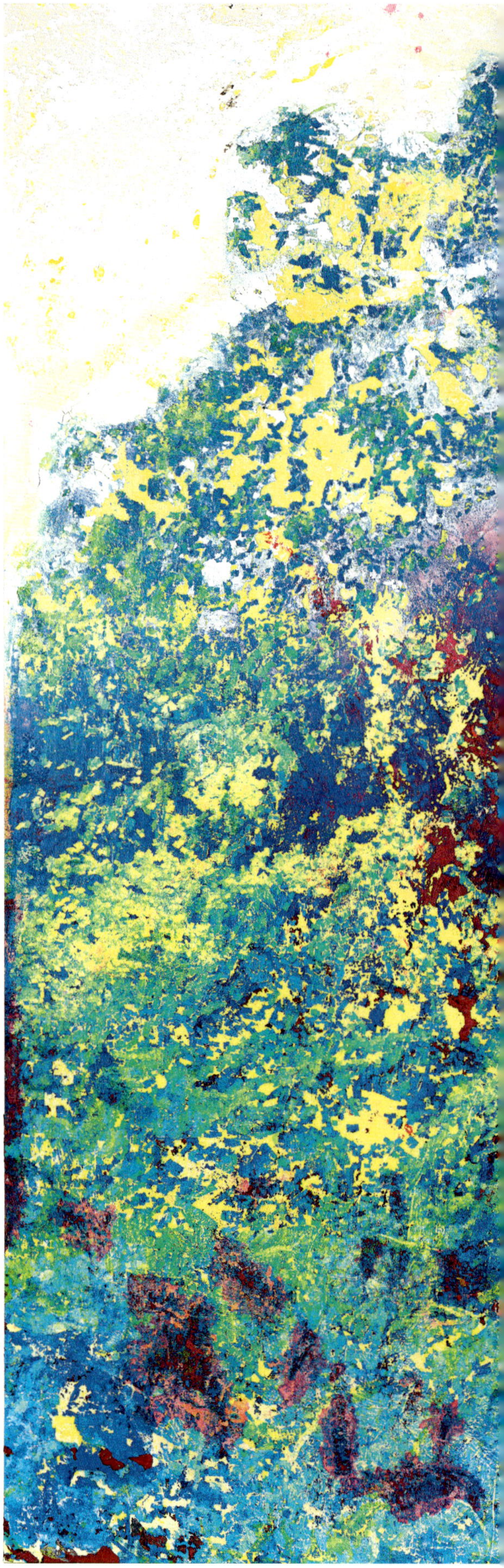

Ange, 2022
227 × 291 cm / 89 $^{3}/_{8}$ × 114 $^{9}/_{16}$ in
Collection privée / Private collection

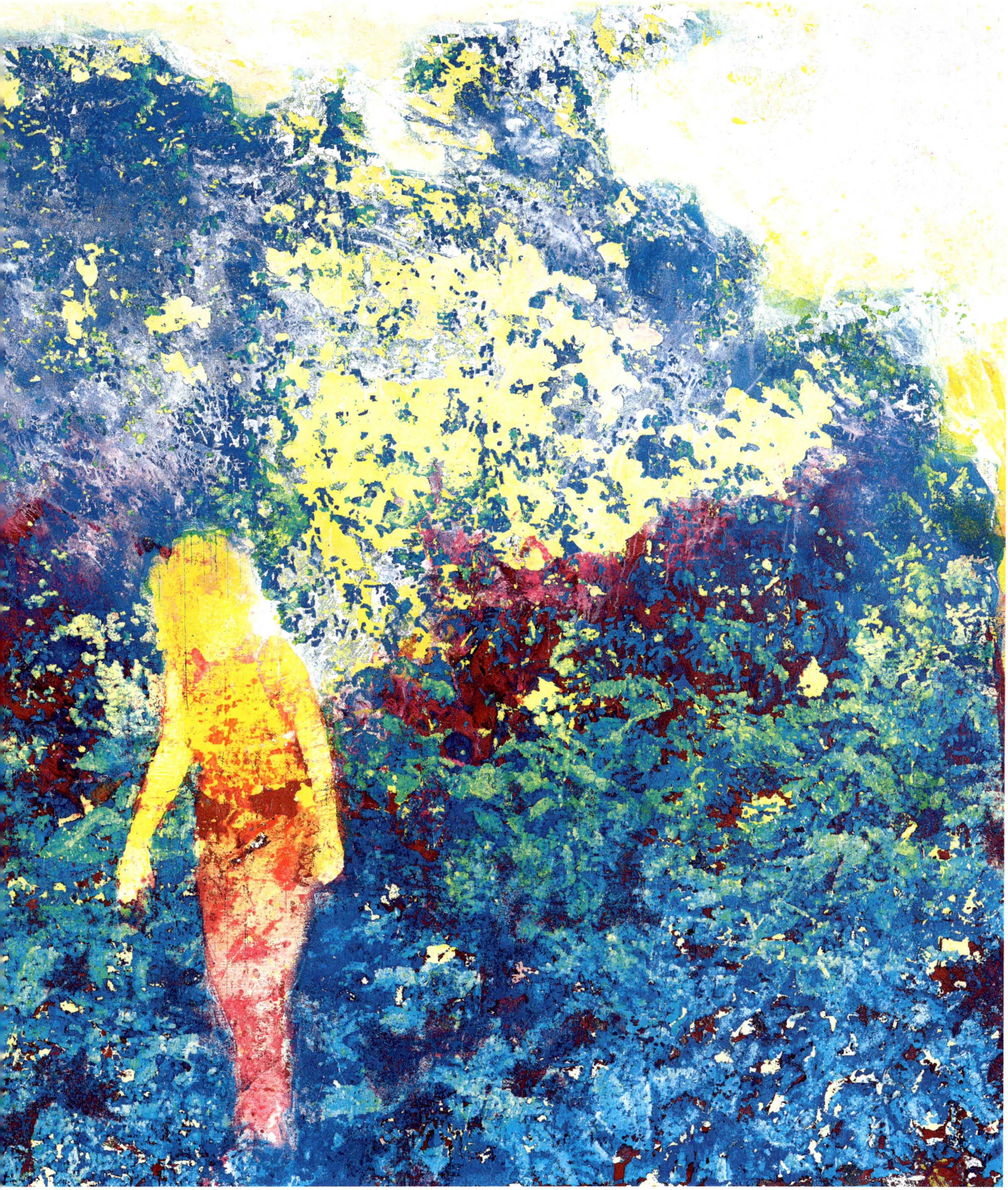

Page suivante / Following page
Exposition / Exhibition « Visages Paysages »,
Almine Rech, Shanghai, Chine / China, 2022

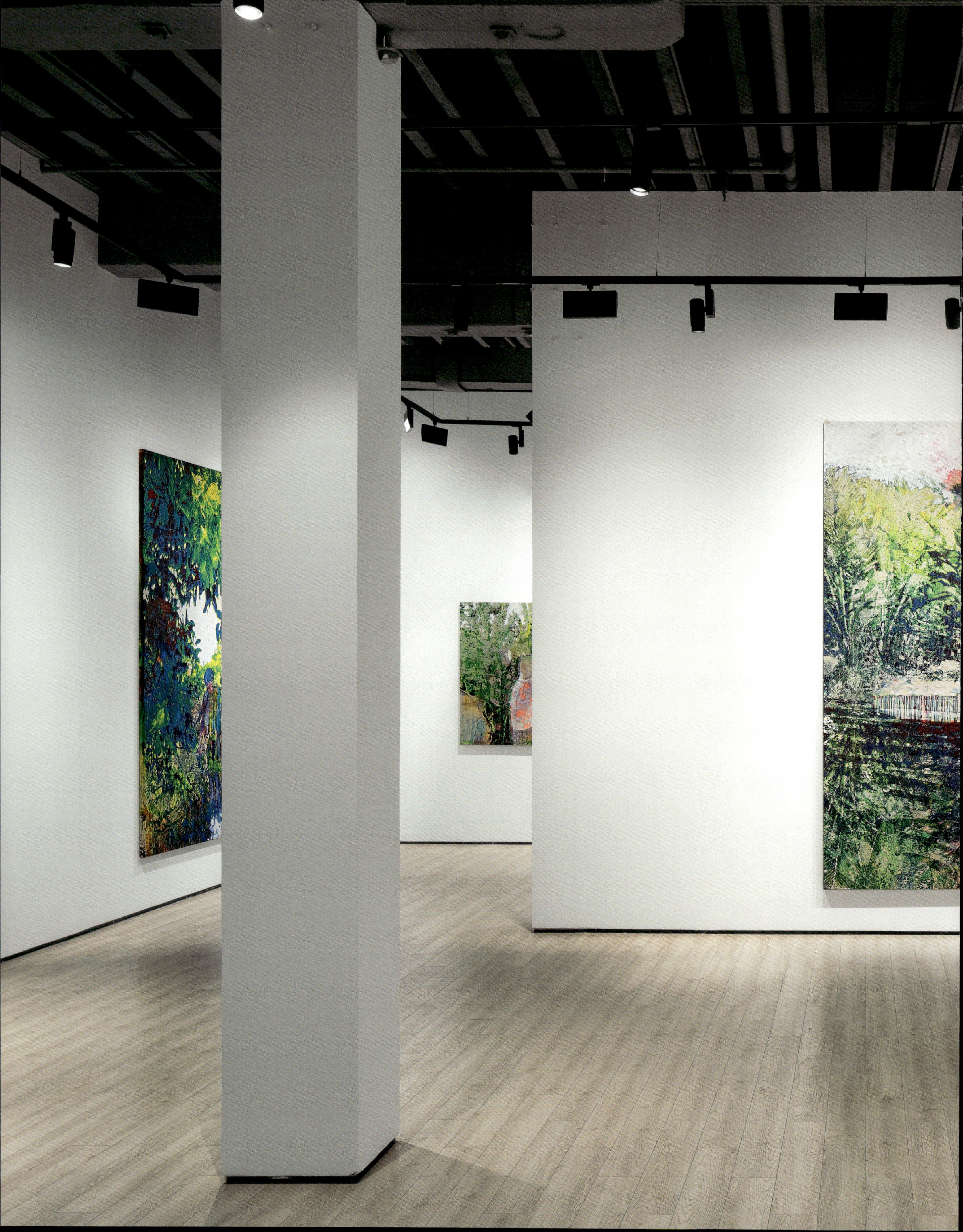

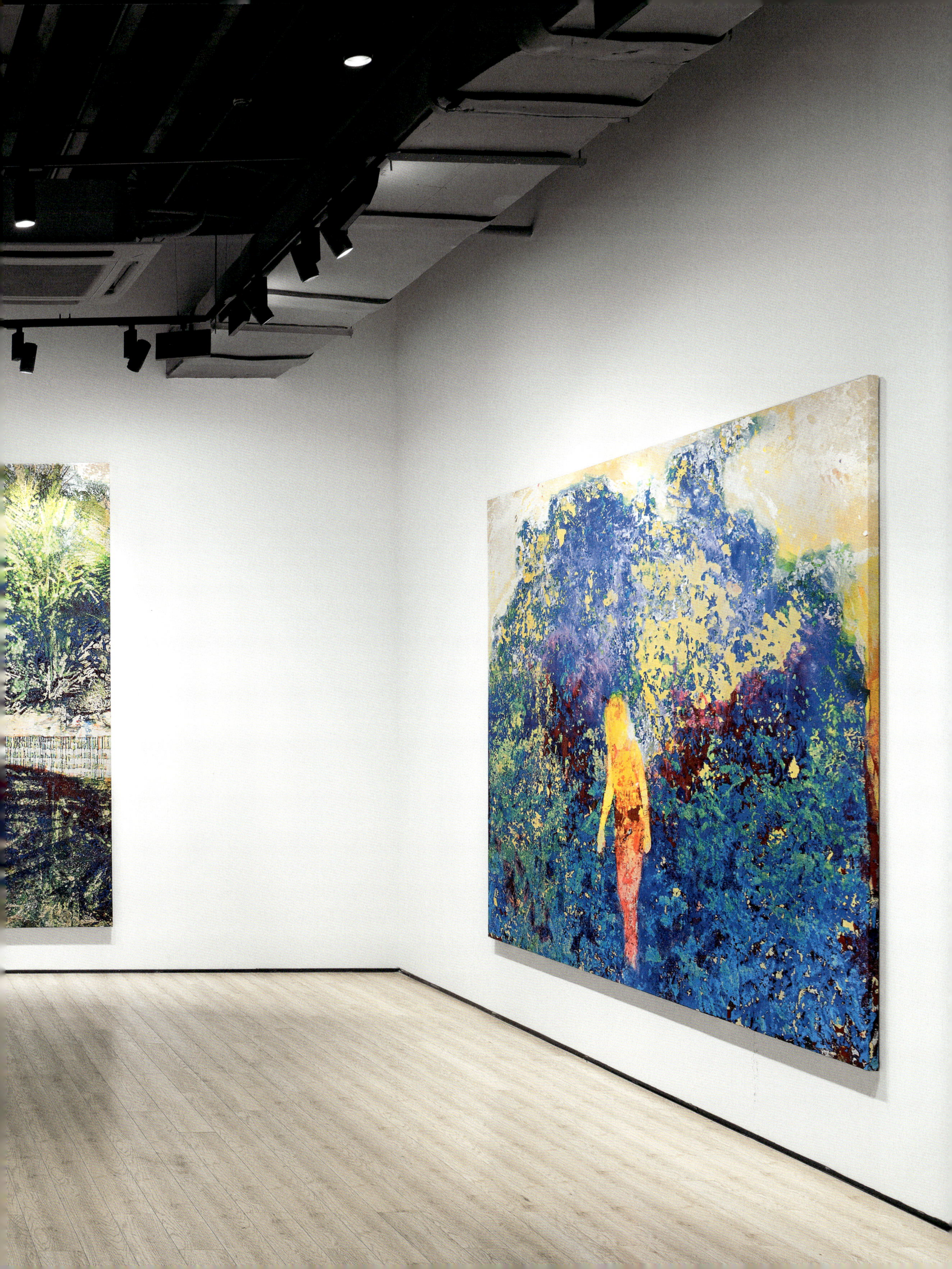

Lagon, 2022
217 × 145 cm / 85 $^{7}/_{16}$ × 57 $^{1}/_{16}$ in
Collection privée / Private collection

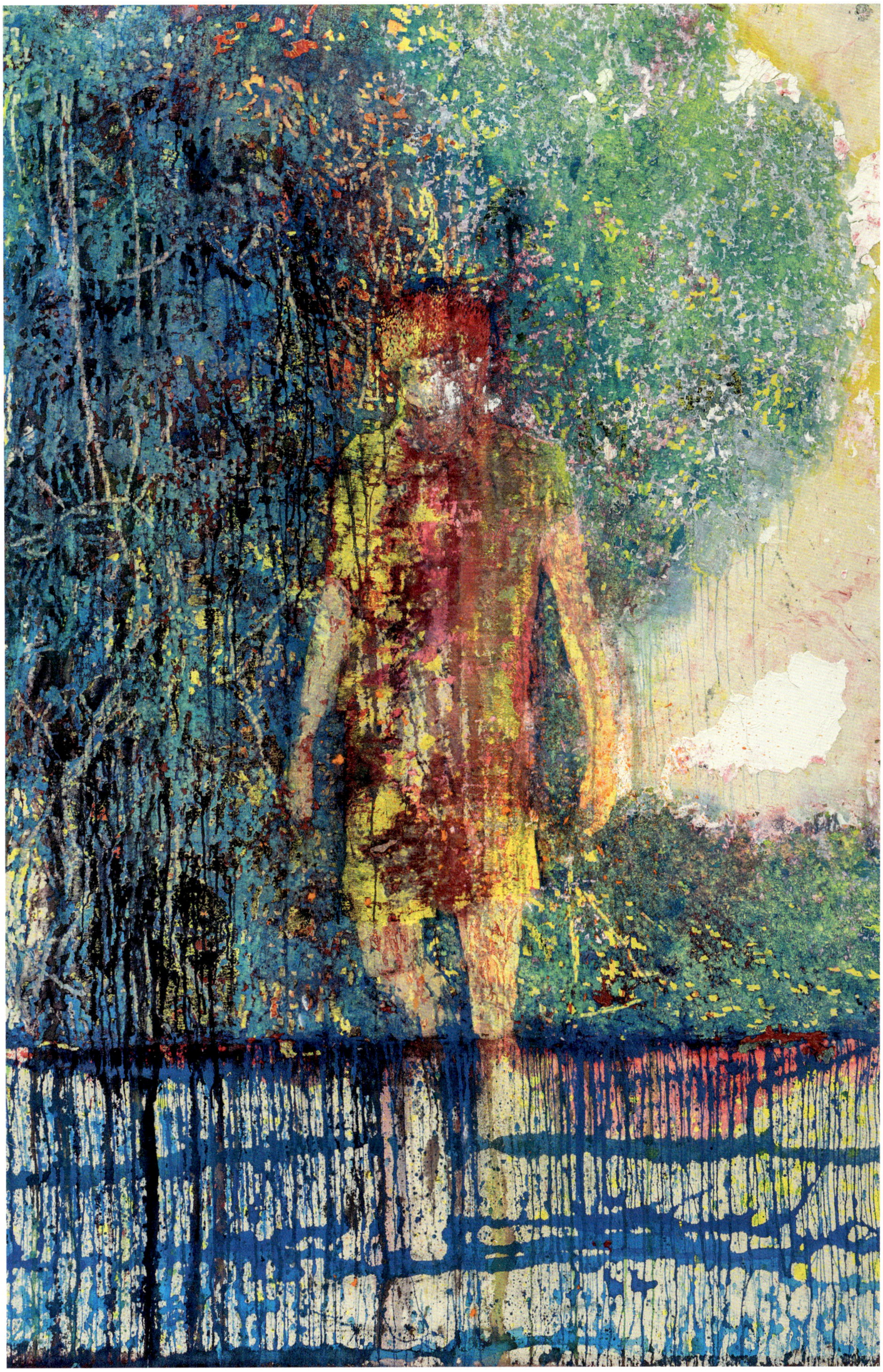

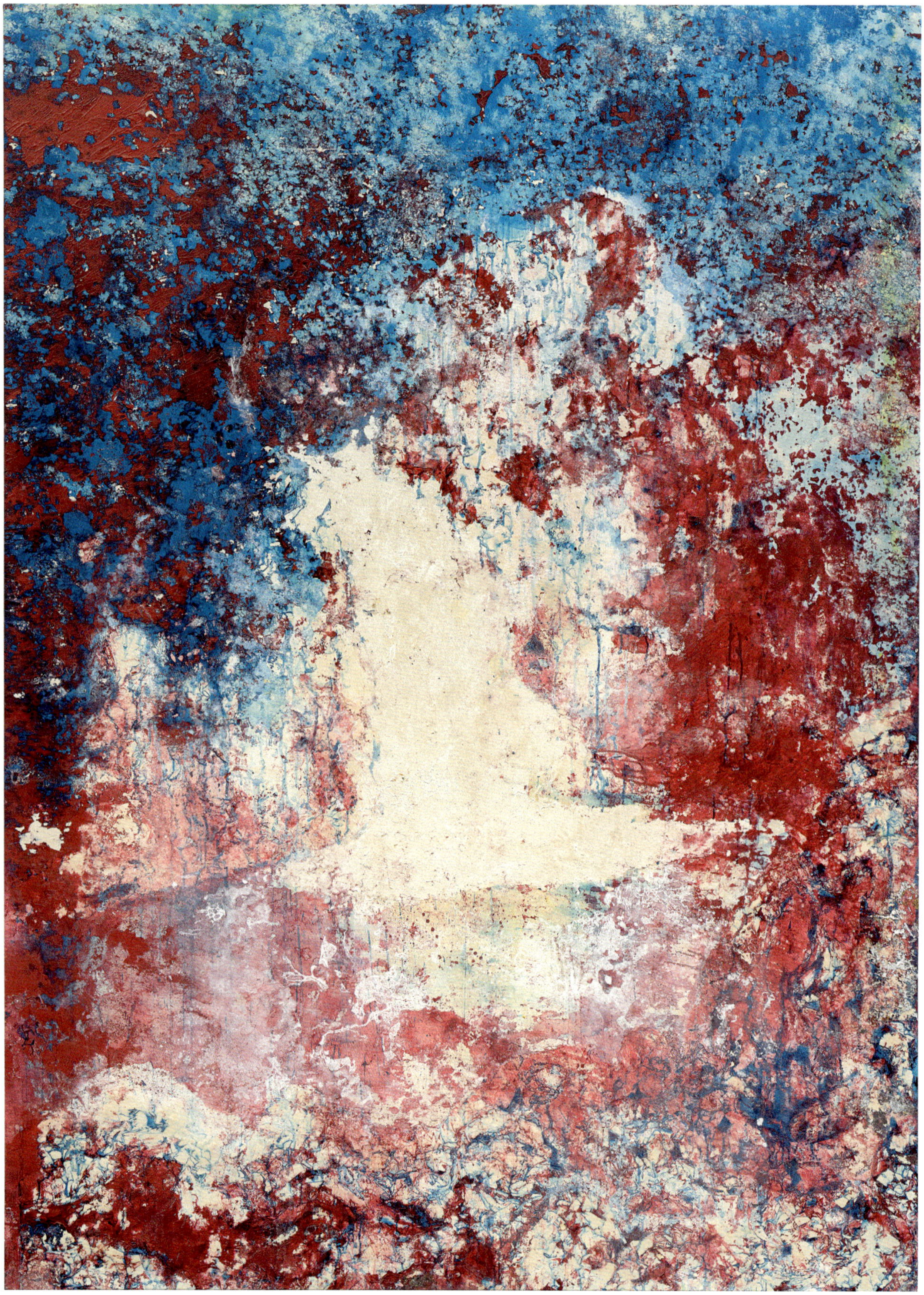

Cascade, 2022
283 × 208 cm / 111 $^{7}/_{16}$ × 81 $^{7}/_{8}$ in
Collection Blenheim

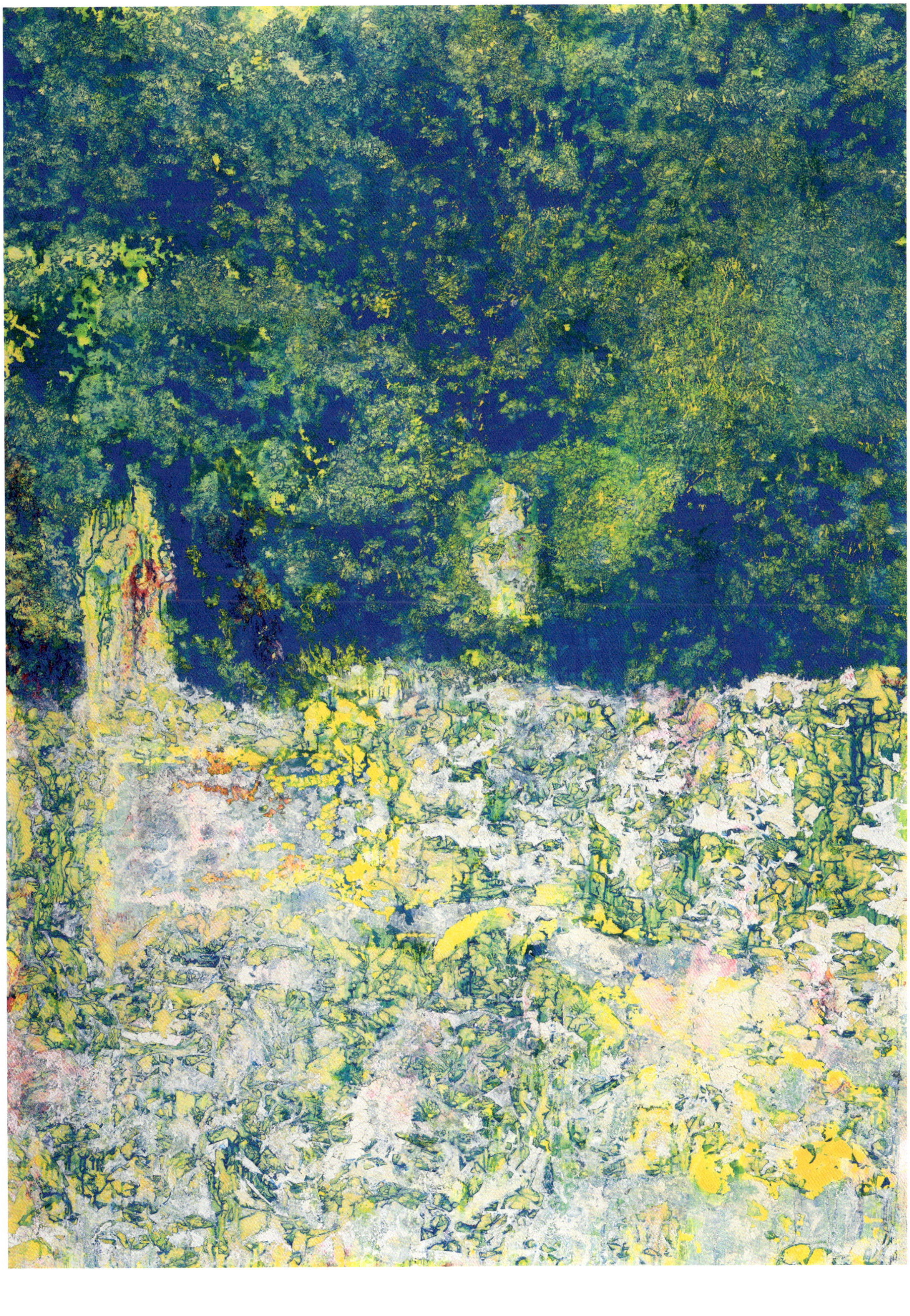

Lumière, 2022
283 × 208 cm / 111 $^{7}/_{16}$ × 81 $^{7}/_{8}$ in
Collection privée / Private collection

La Danse, 2022
333 × 250 cm / 131 $^1/_8$ × 98 $^7/_{16}$ in
Collection privée / Private collection

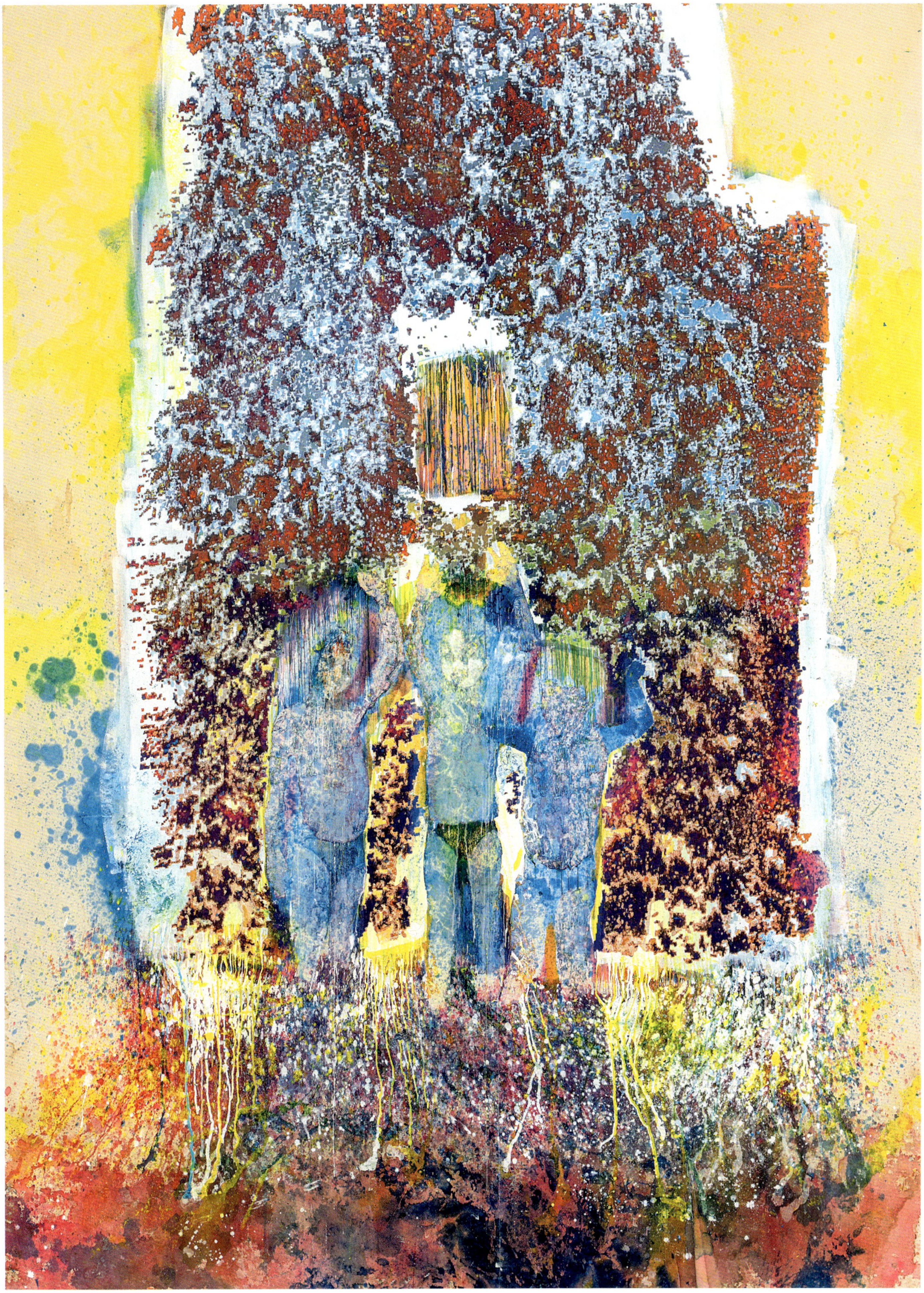

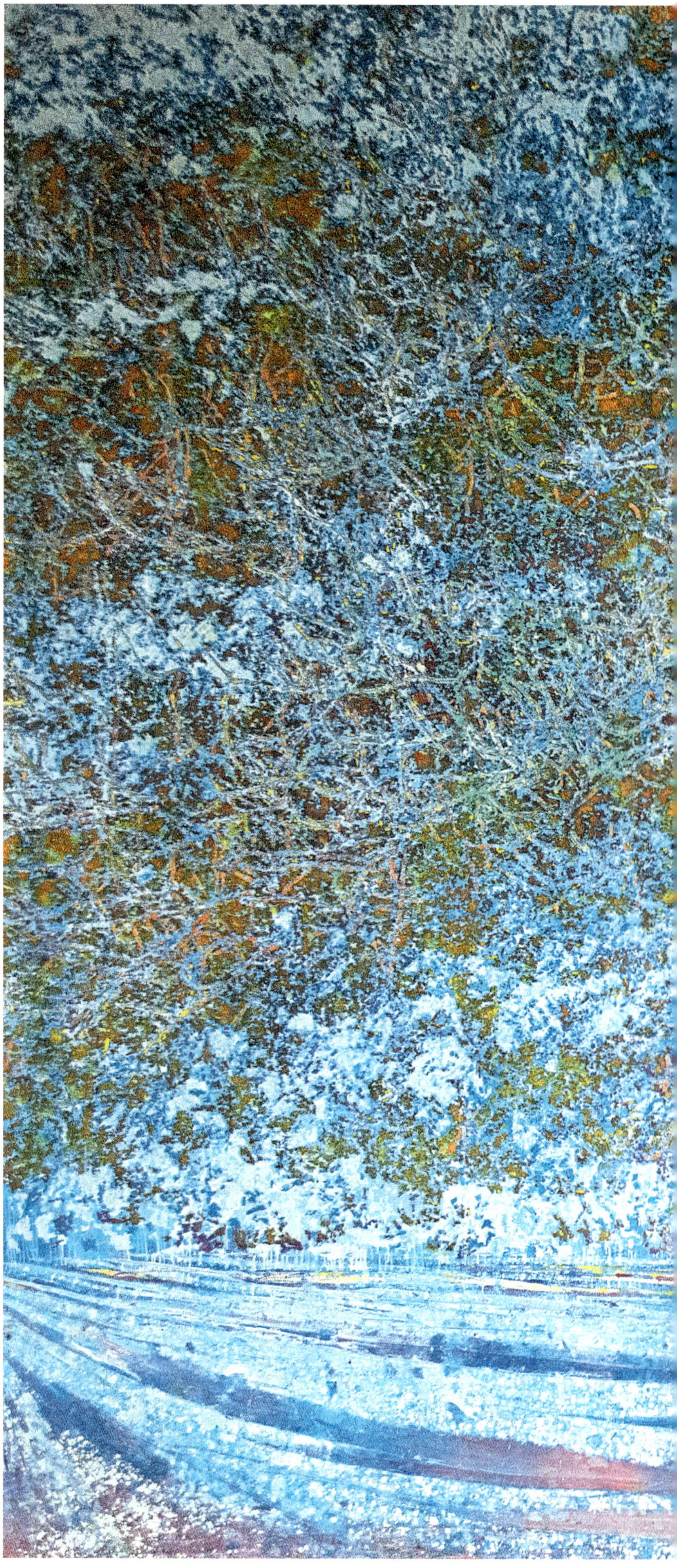

Mangrove, 2022
377,5 × 500 cm
148 $^{5}/_{8}$ × 196 $^{7}/_{8}$ in

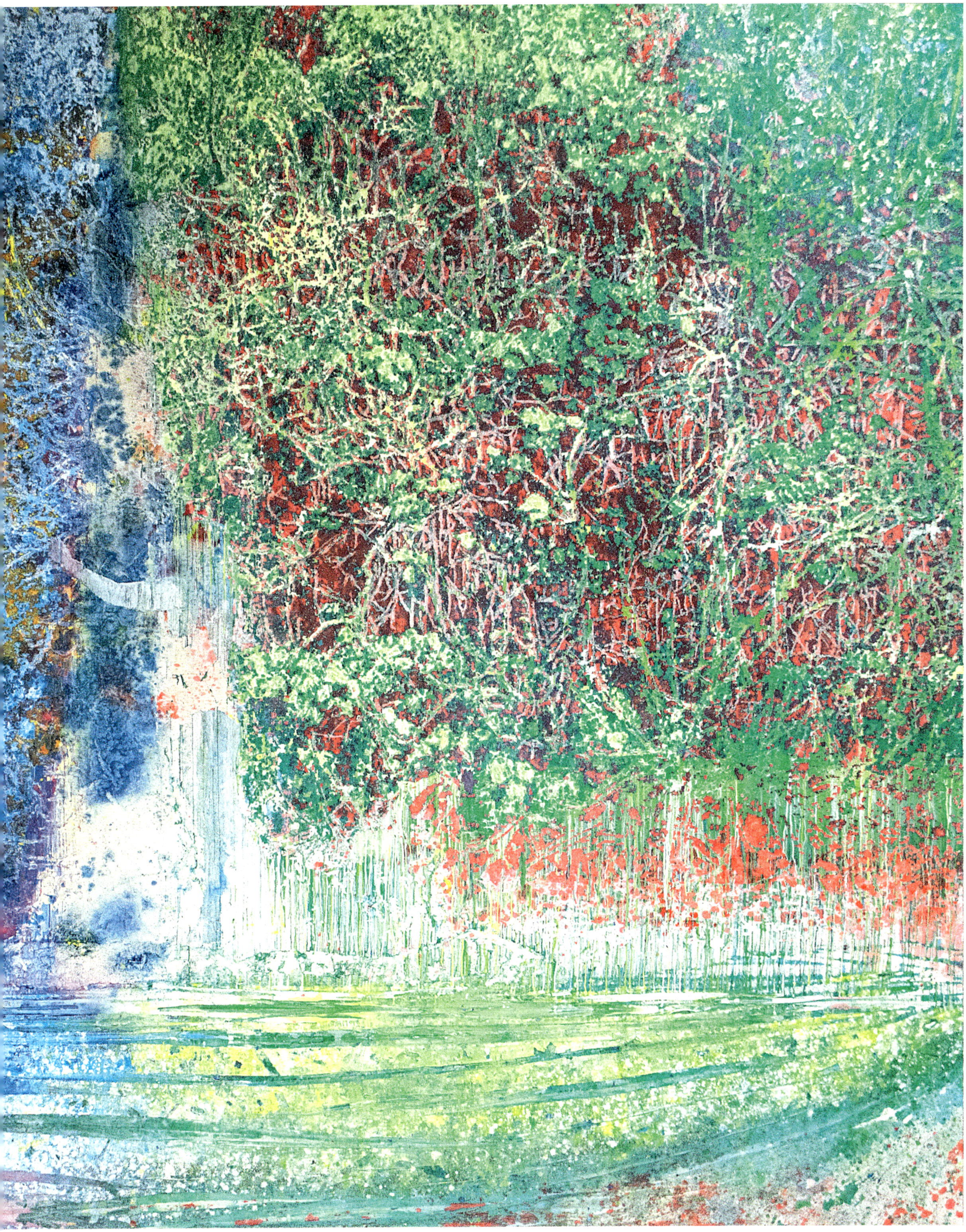

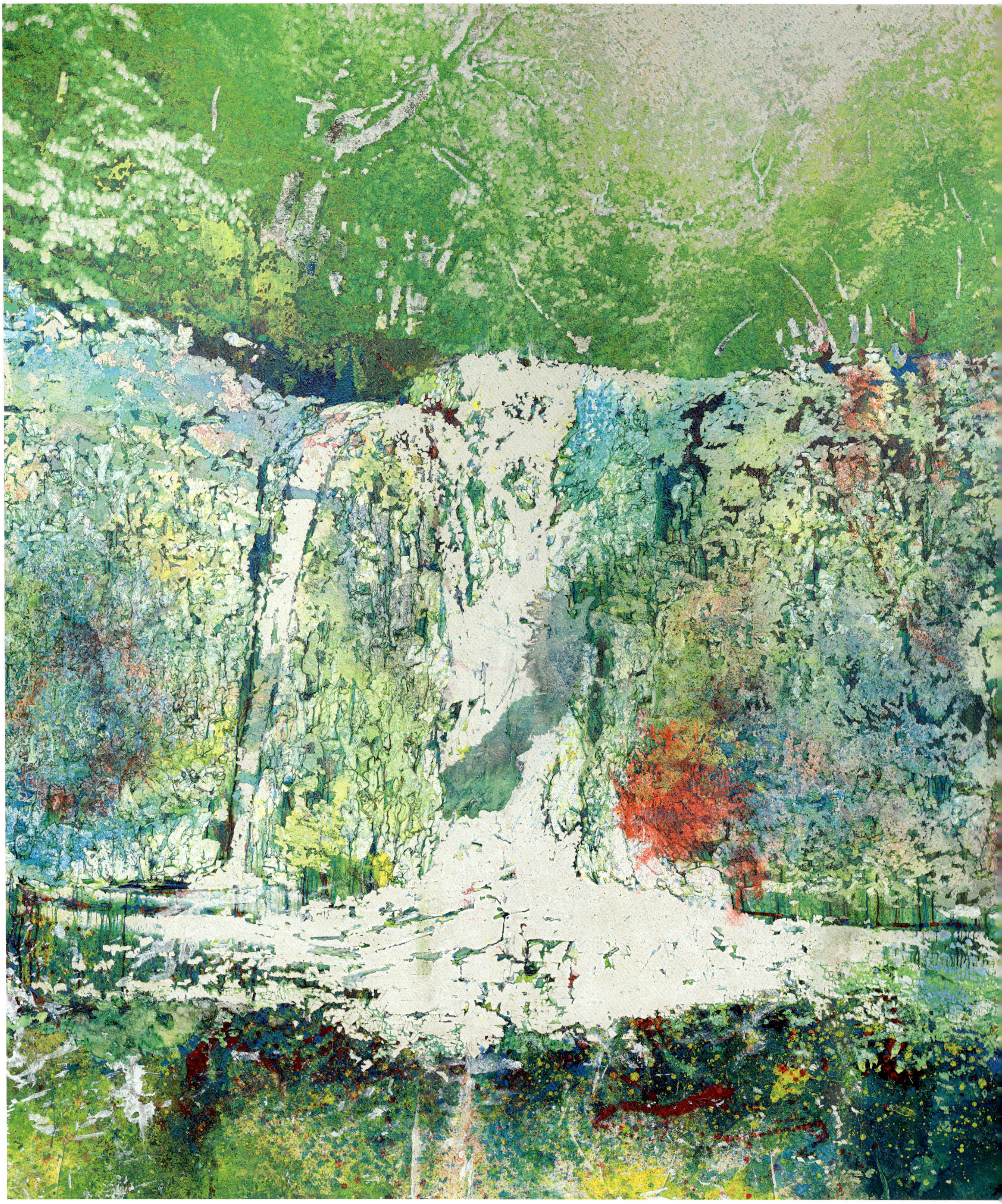

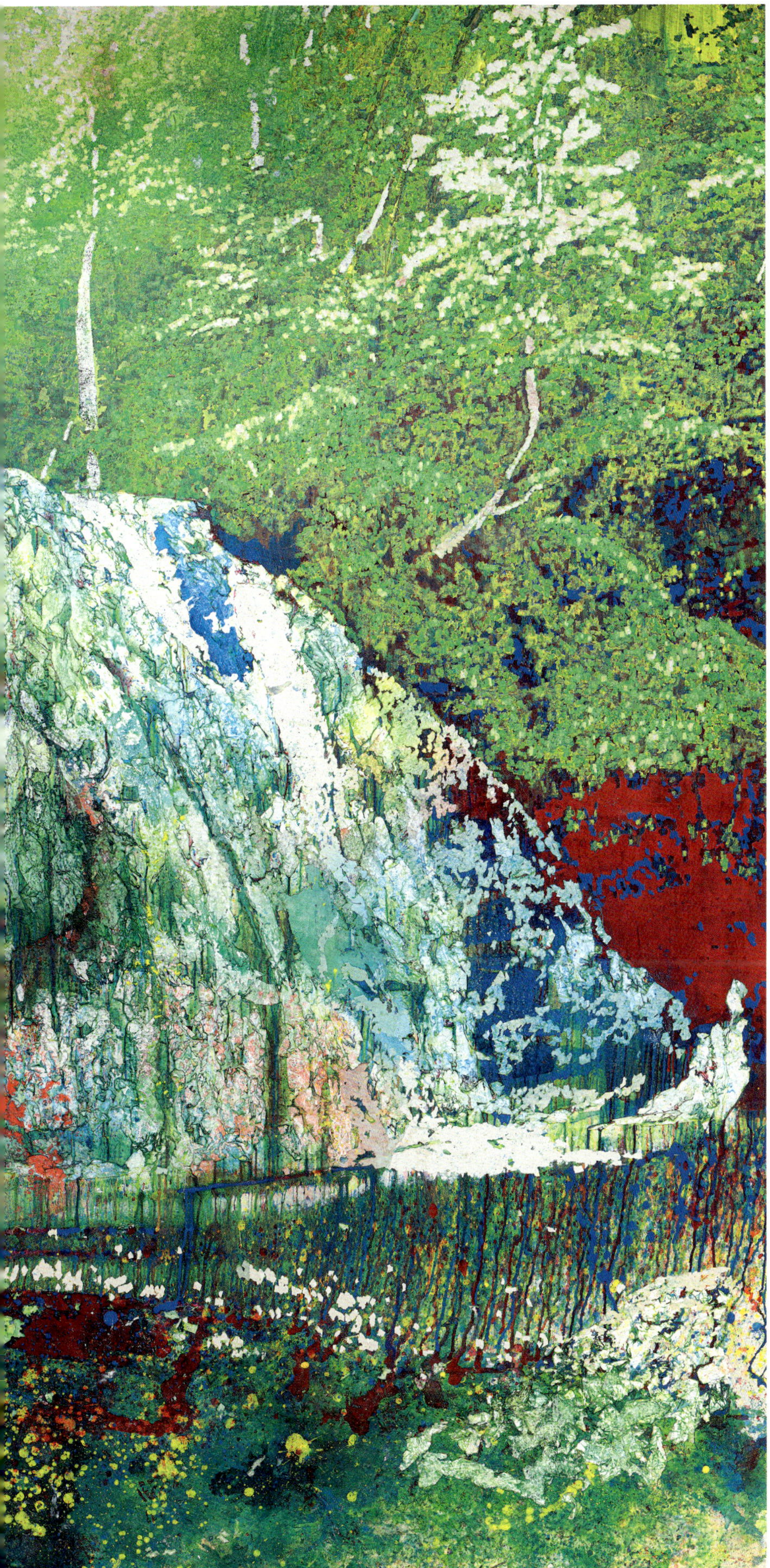

L'Orbe, 2022
315 × 450 cm / 124 × 177 $^{3}/_{16}$ in
Collection privée / Private collection

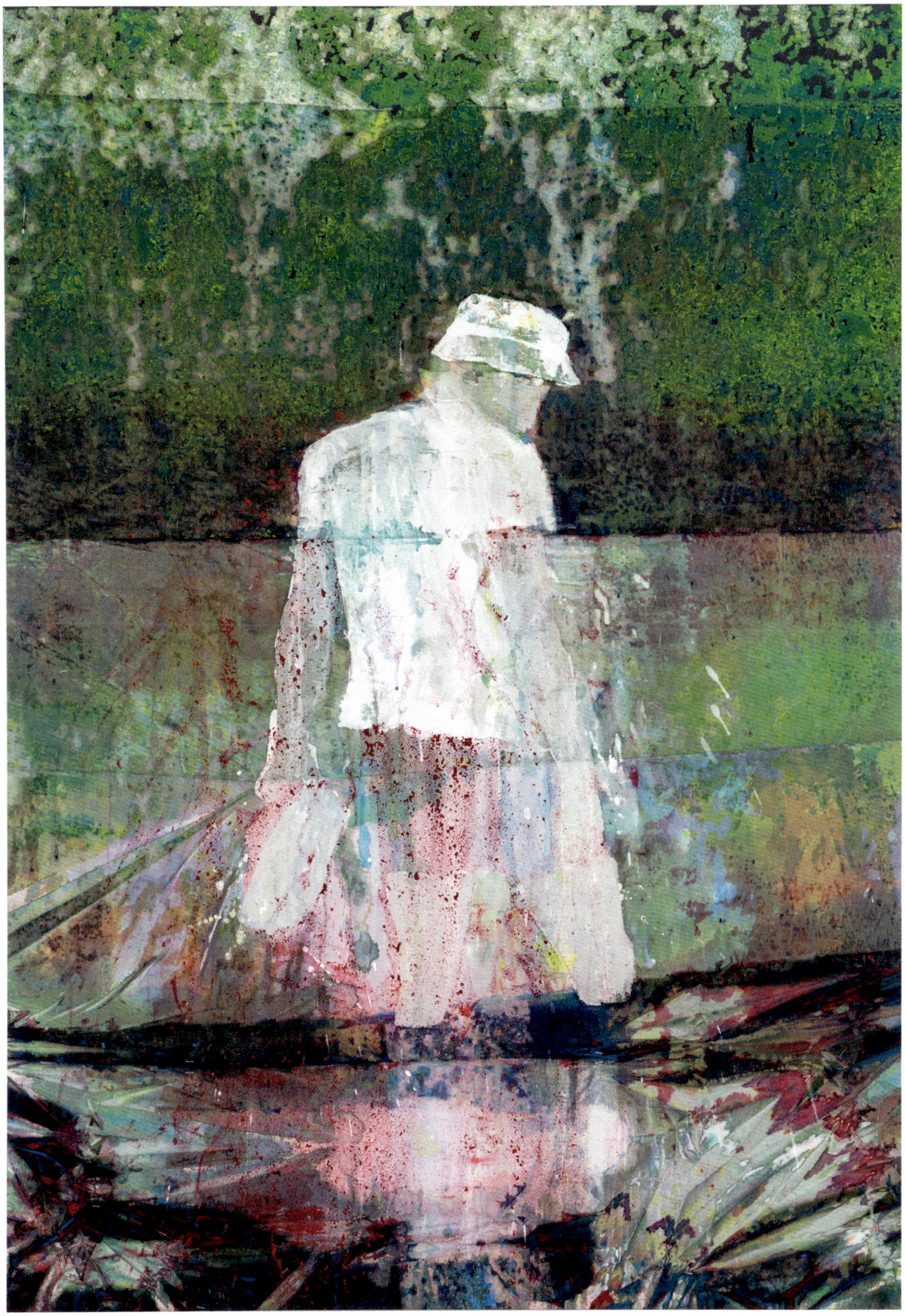

Guyane, 2022
177 × 125 cm / 69 $^{11}/_{16}$ × 49 $^{3}/_{16}$ in
Collection privée / Private collection

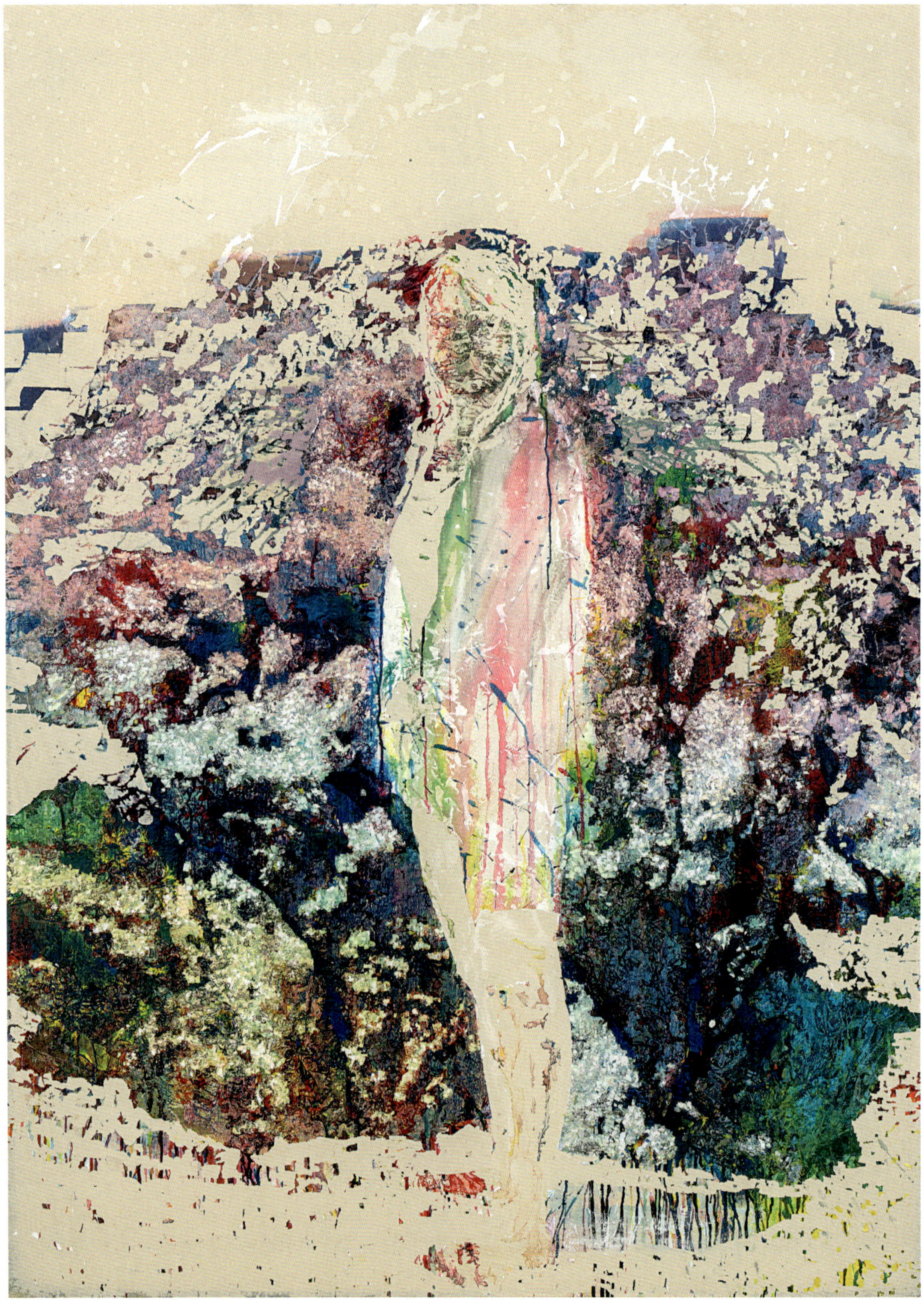

***Pointe noire*, 2022**
186 × 136 cm / 73 $^{1}/_{4}$ ×53 $^{9}/_{16}$ in
Collection privée / Private collection

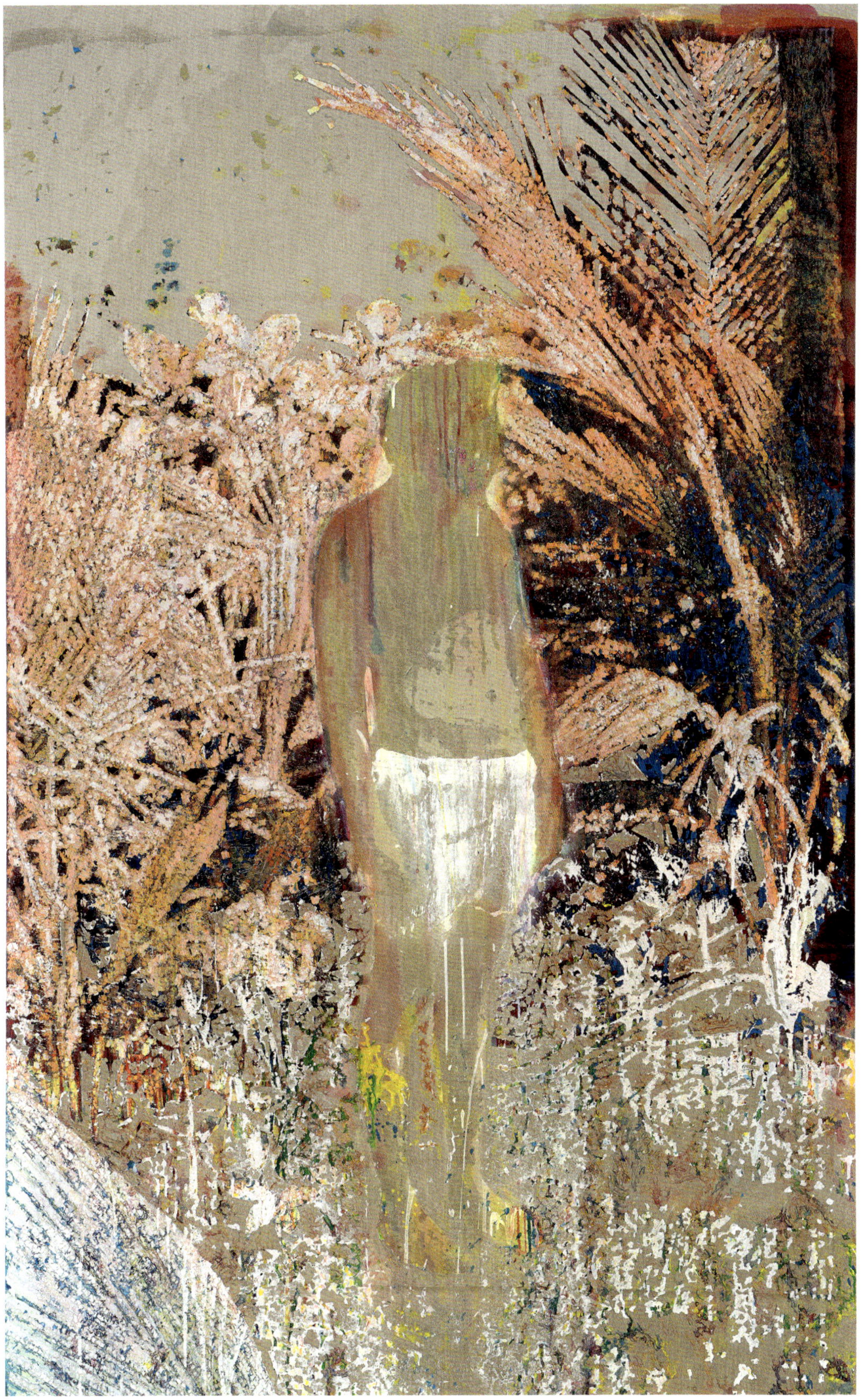

Maillot bleu, 2022
207 × 129 cm / 81 ½ × 50 $^{13}/_{16}$ in
The Nixon Collection

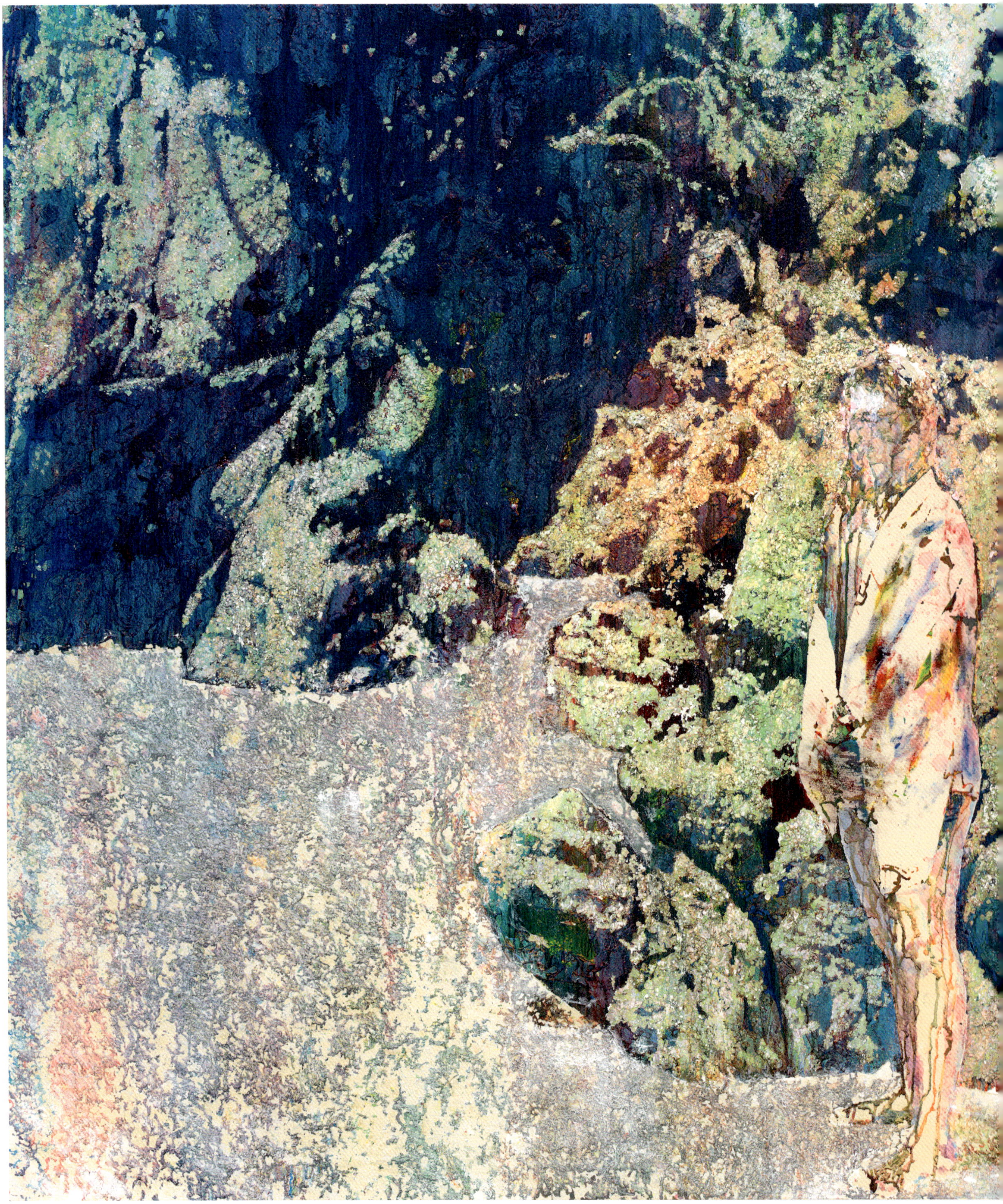

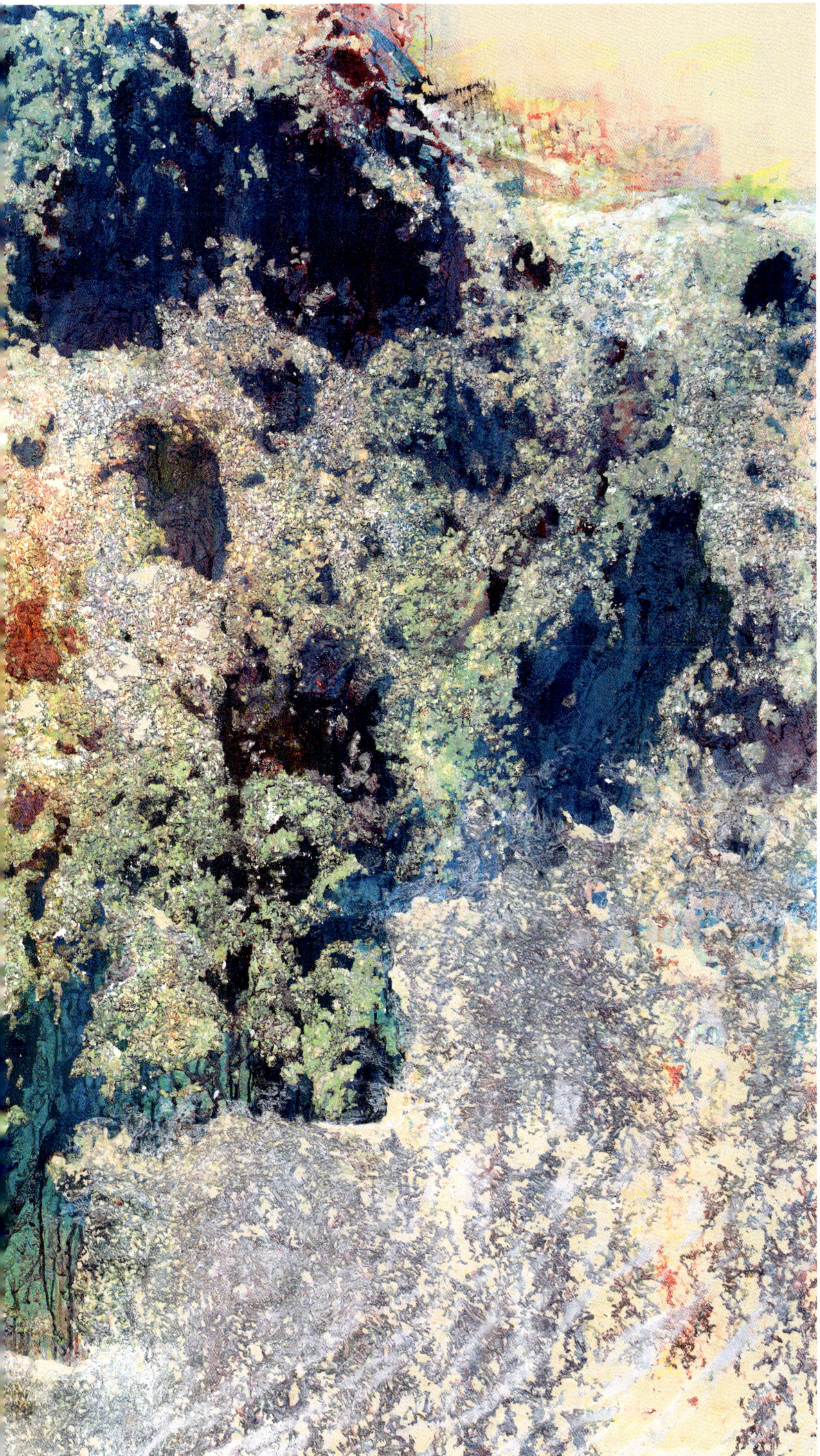

Deshaies, 2022
210 × 315 cm / 82 $^{11}/_{16}$ × 124 in
Collection He Art Museum (HEM)

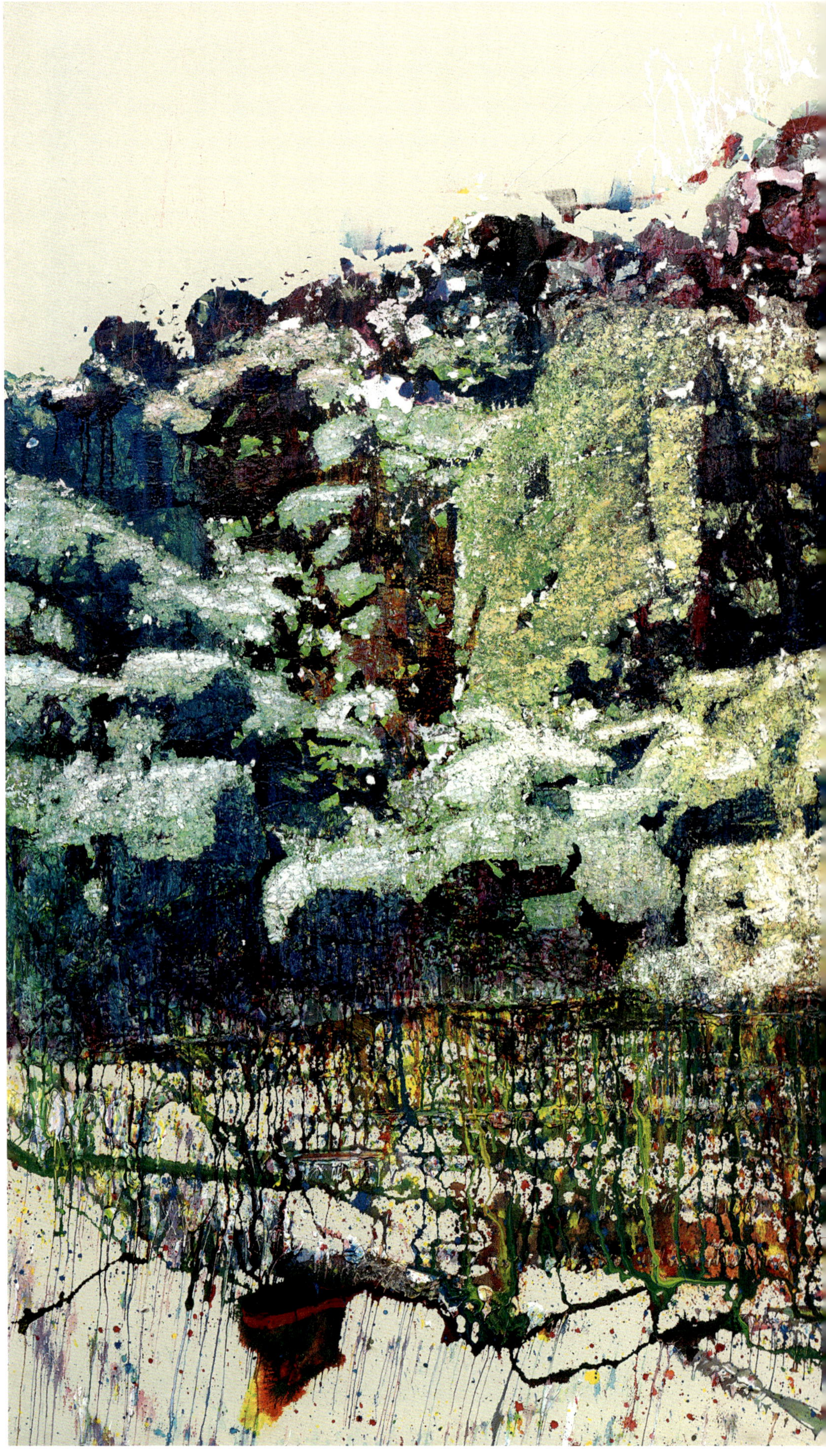

Marée, 2022
220 × 332 cm
86 $^{5}/_{8}$ × 130 $^{11}/_{16}$ in

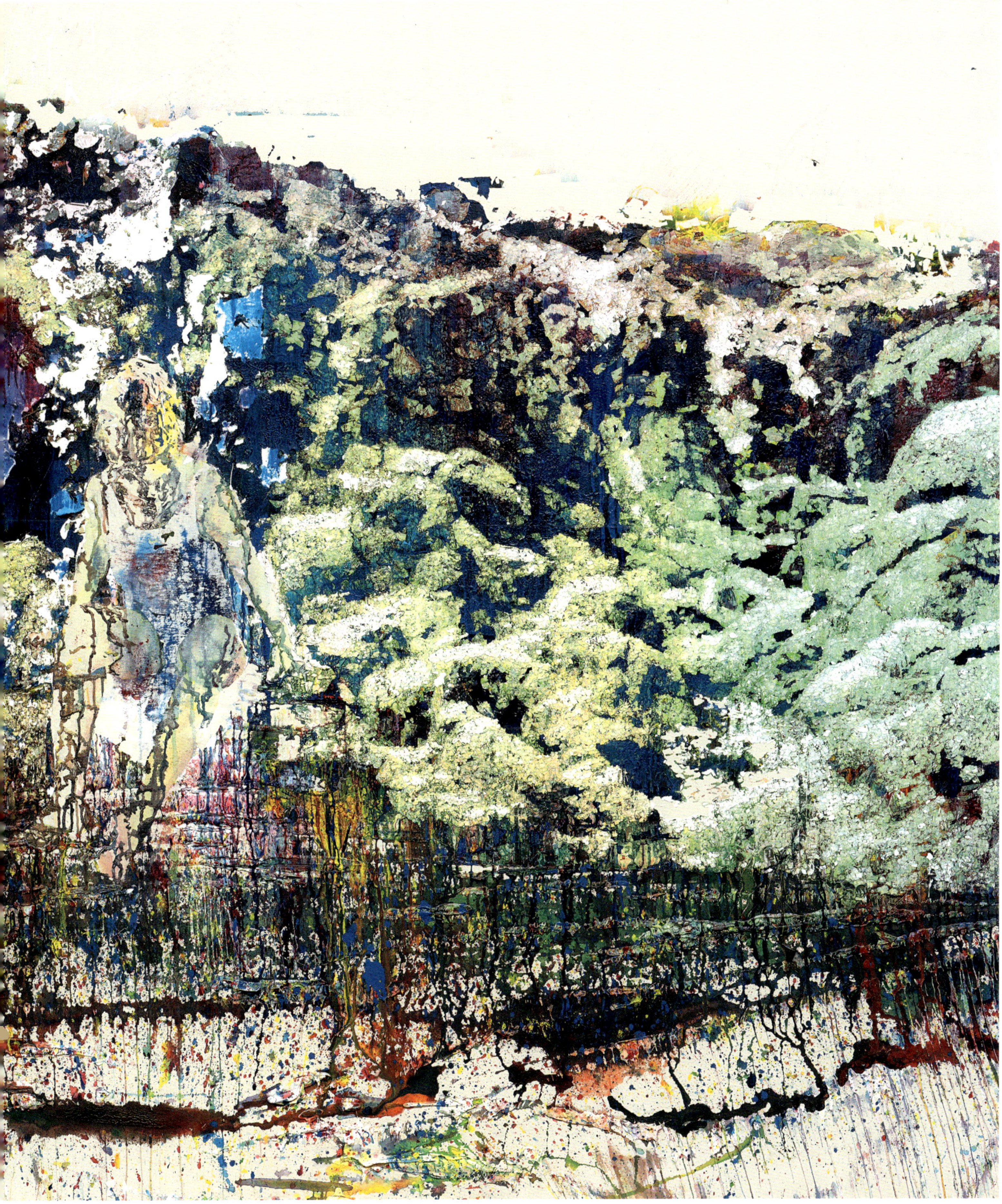

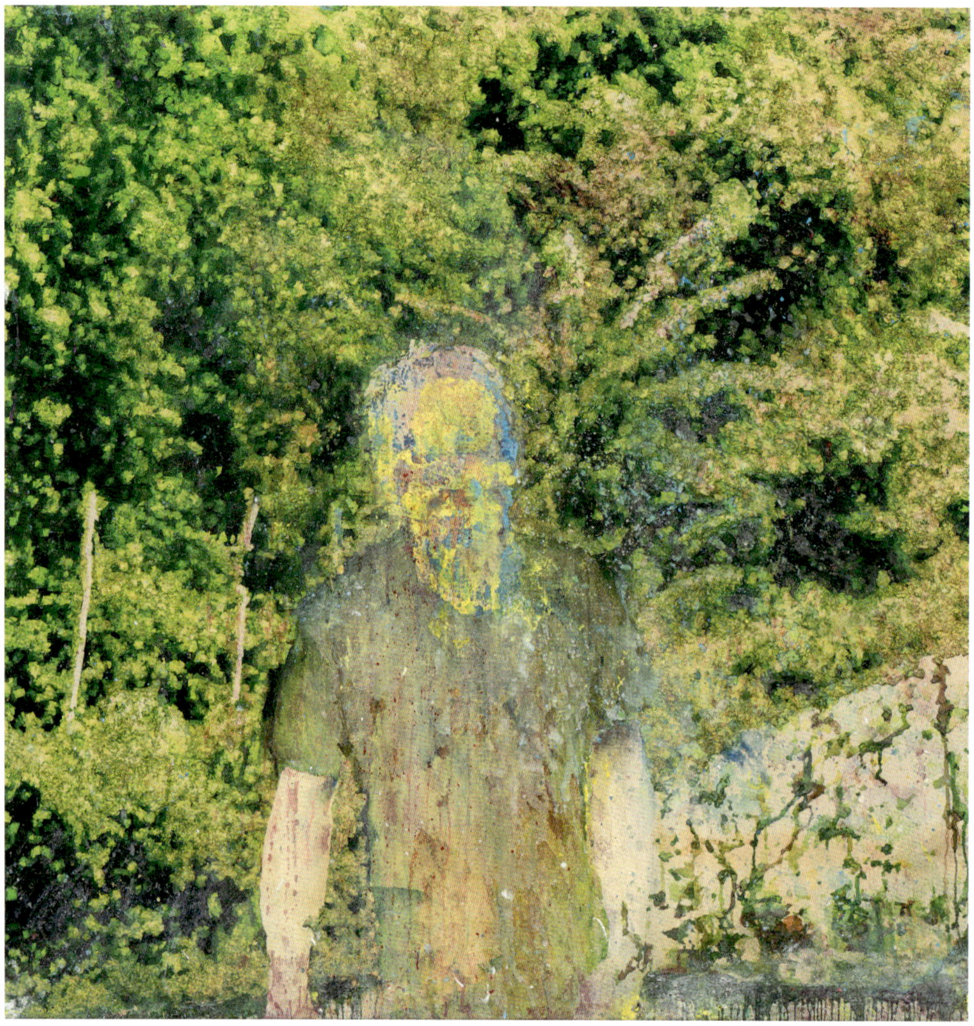

Les Salines, 2022
103 × 103 cm / 40 $^{9}/_{16}$ × 40 $^{9}/_{16}$ in
Collection privée / Private collection

Reflet, 2022
285 × 197 cm / 112 $^{3}/_{16}$ × 77 $^{9}/_{16}$ in
Collection privée / Private collection

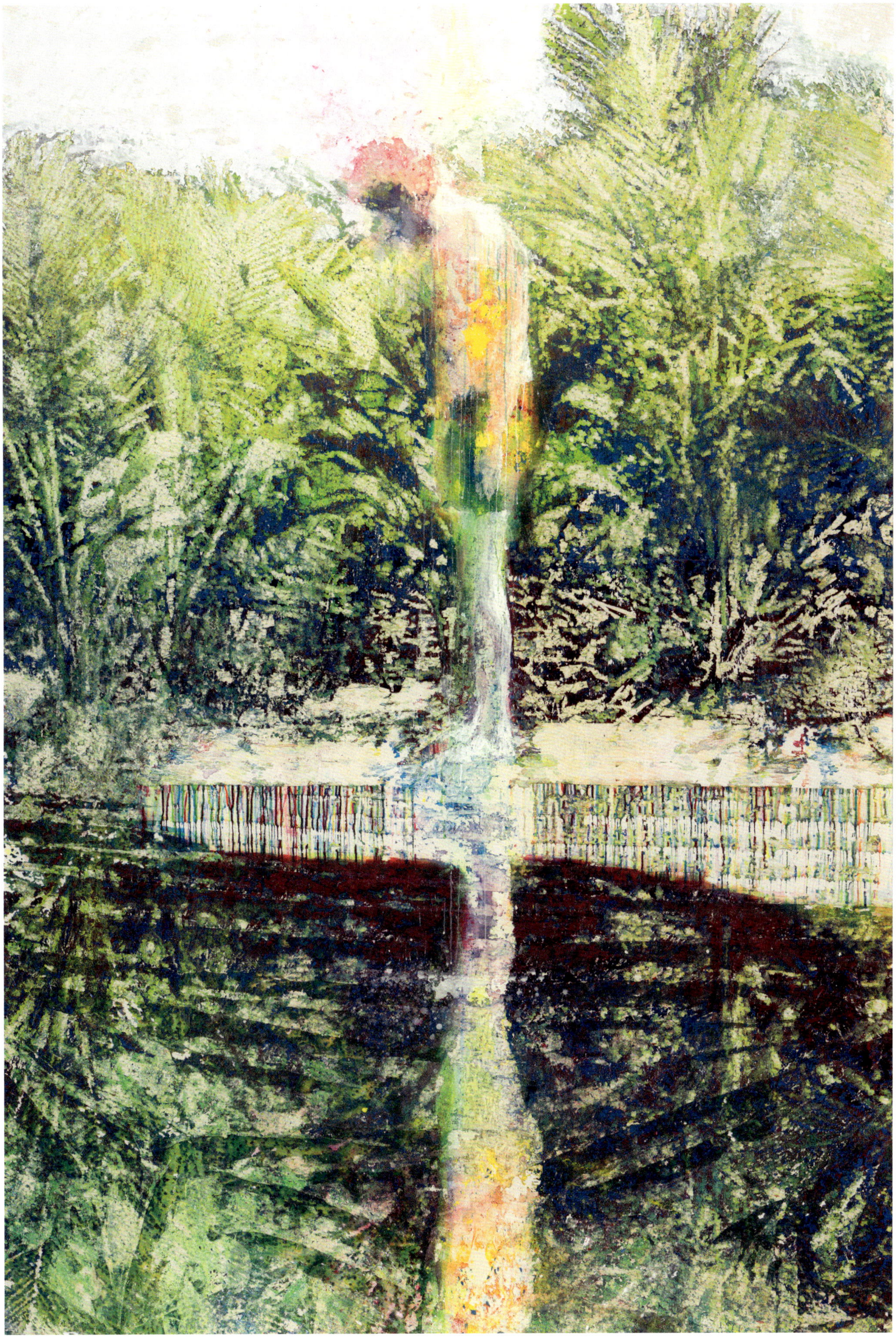

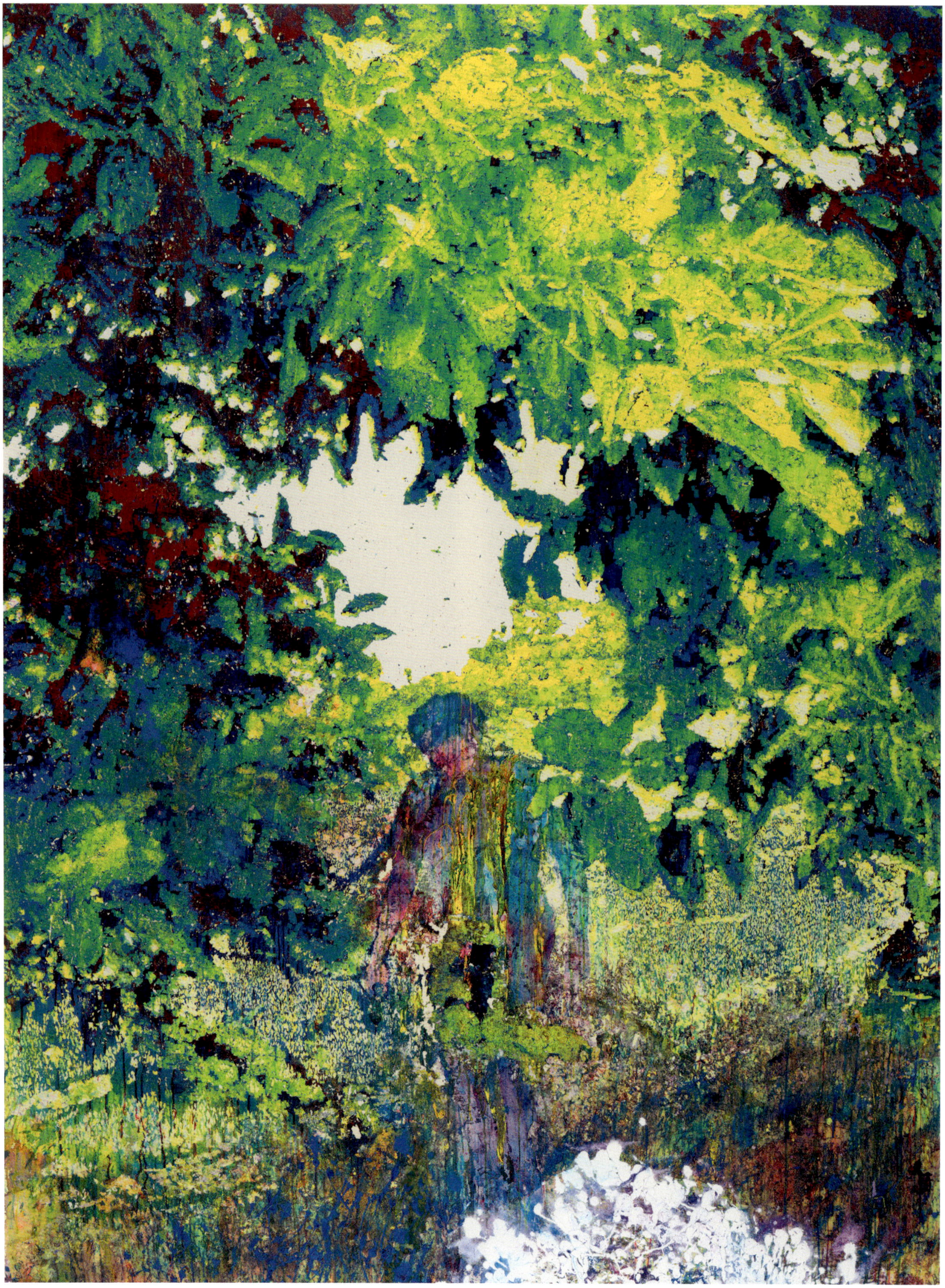

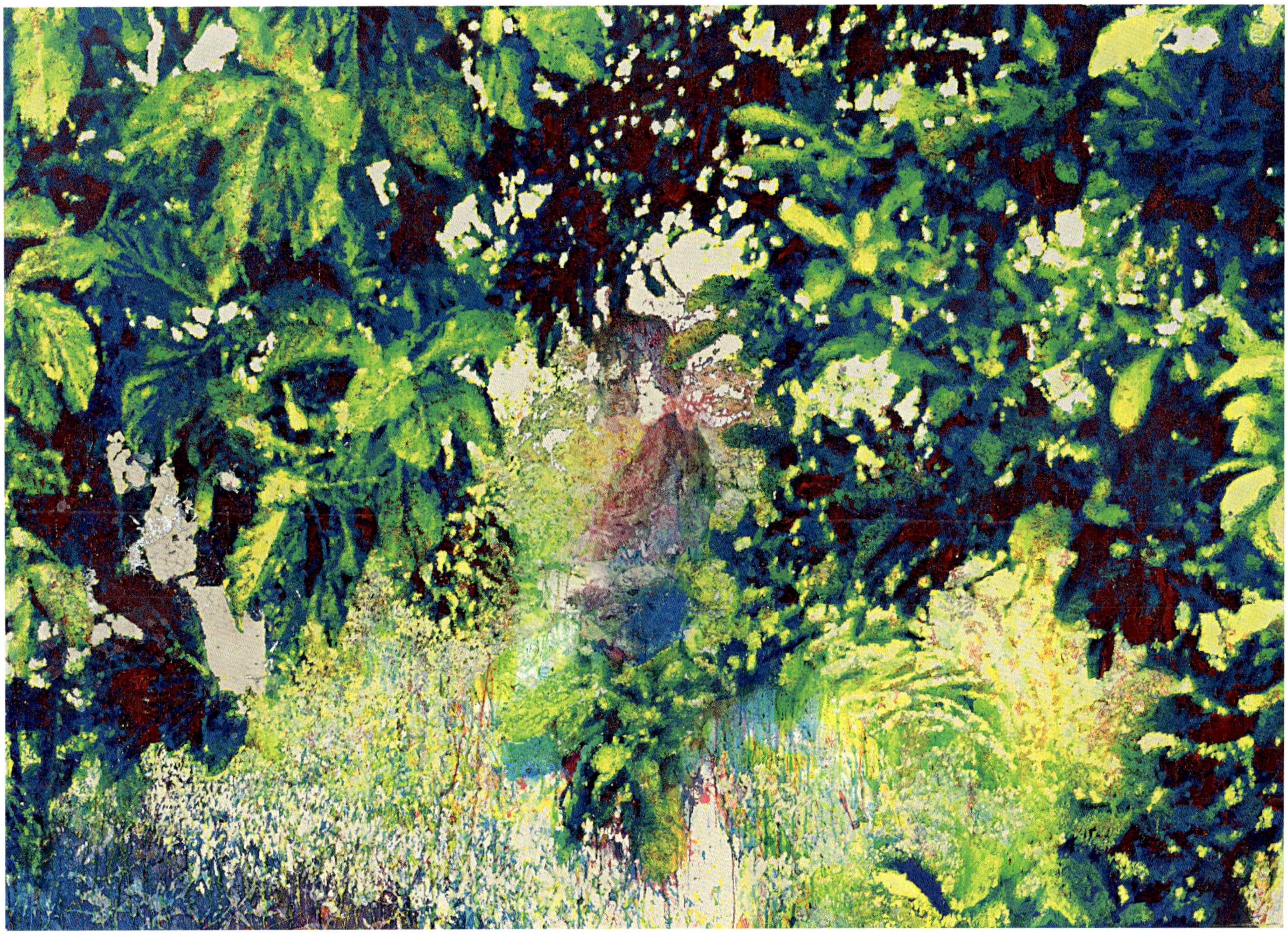

Étoile, 2022
266 × 200 cm / 104 $^{3}/_{4}$ × 78 $^{3}/_{4}$ in
Collection privée / Private collection

Petite Jungle, 2022
142 × 205 cm / 55 $^{7}/_{8}$ × 80 $^{11}/_{16}$ in
Collection privée / Private collection

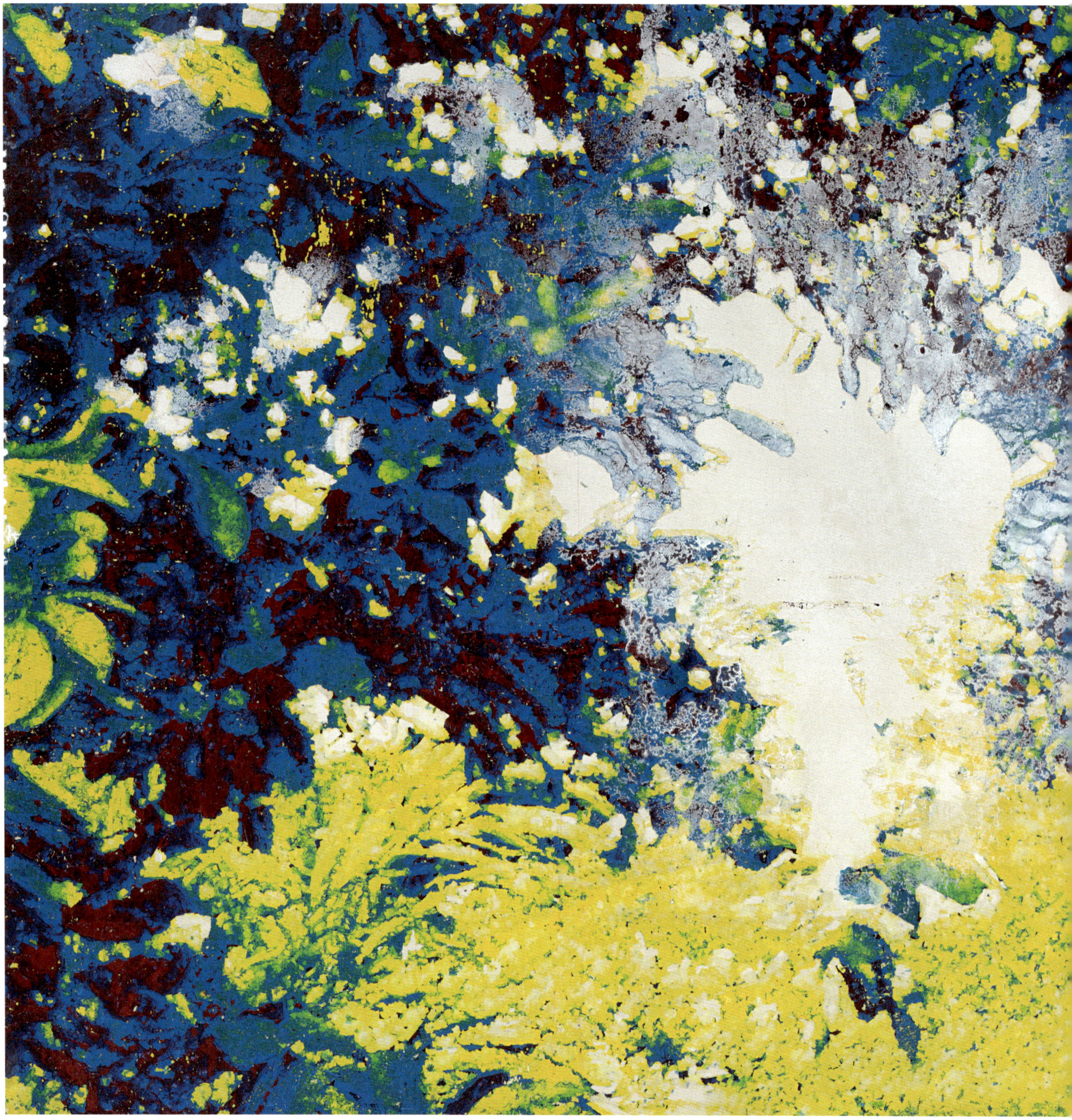

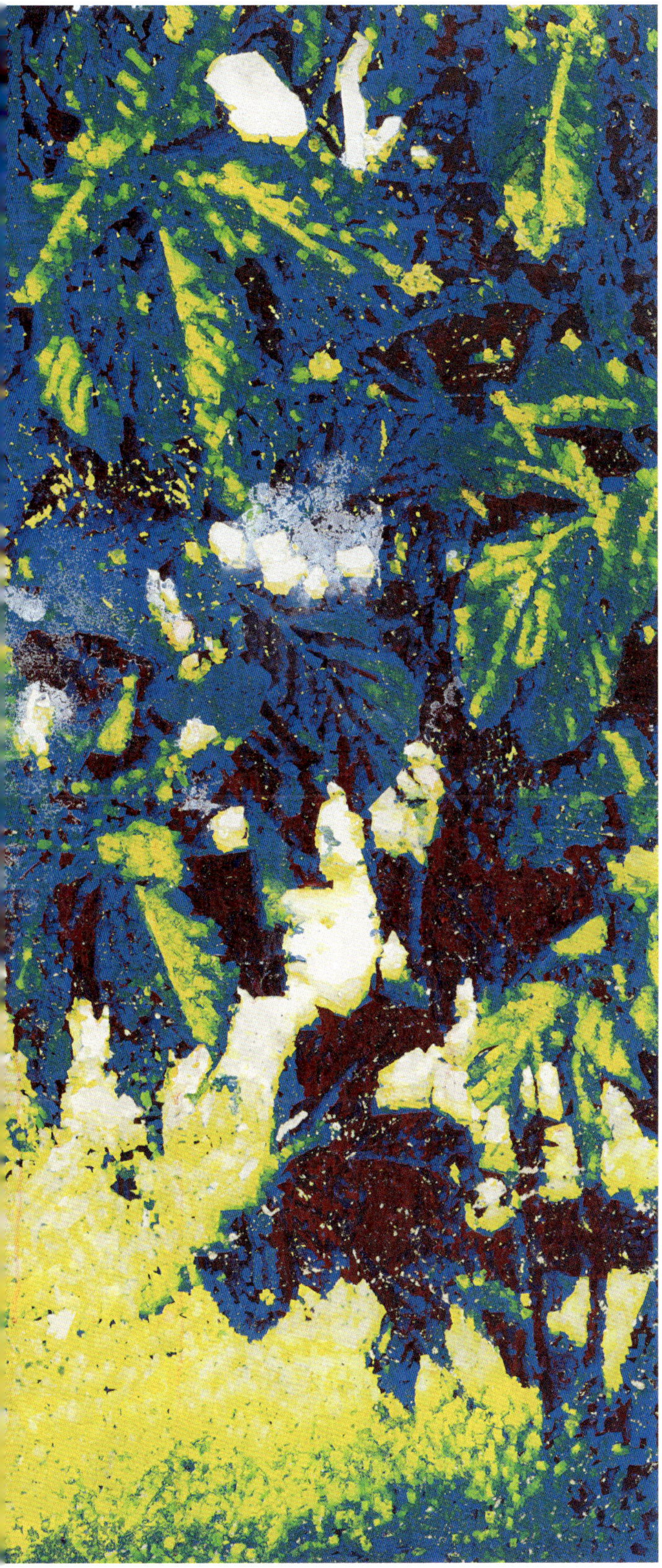

Fado, 2023
144 × 216 cm
56 $^{11}/_{16}$ × 85 $^{1}/_{16}$ in

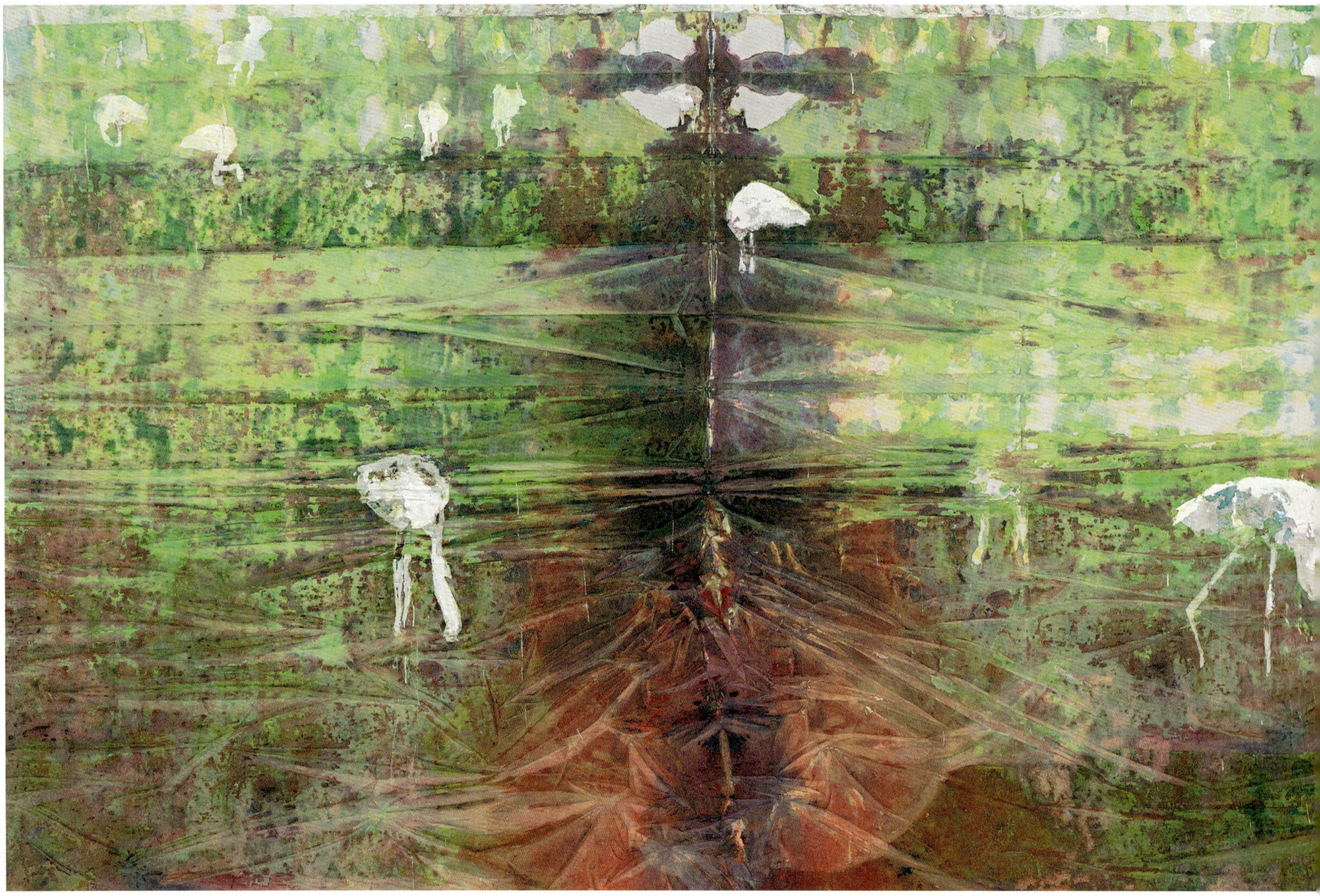

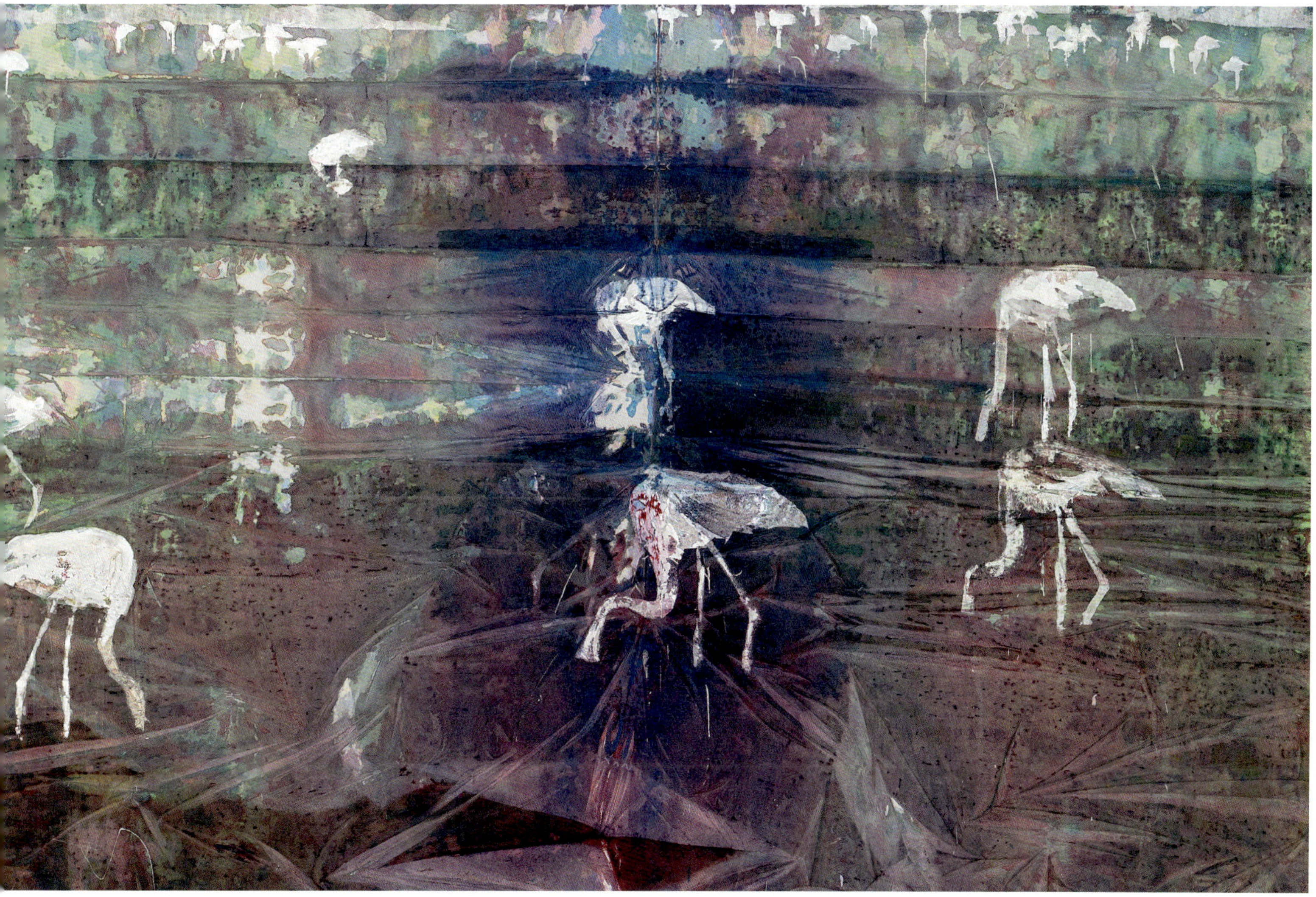

Flamant, 2023
200 × 600 cm
78 $^{3}/_{4}$ × 236 $^{1}/_{4}$ in

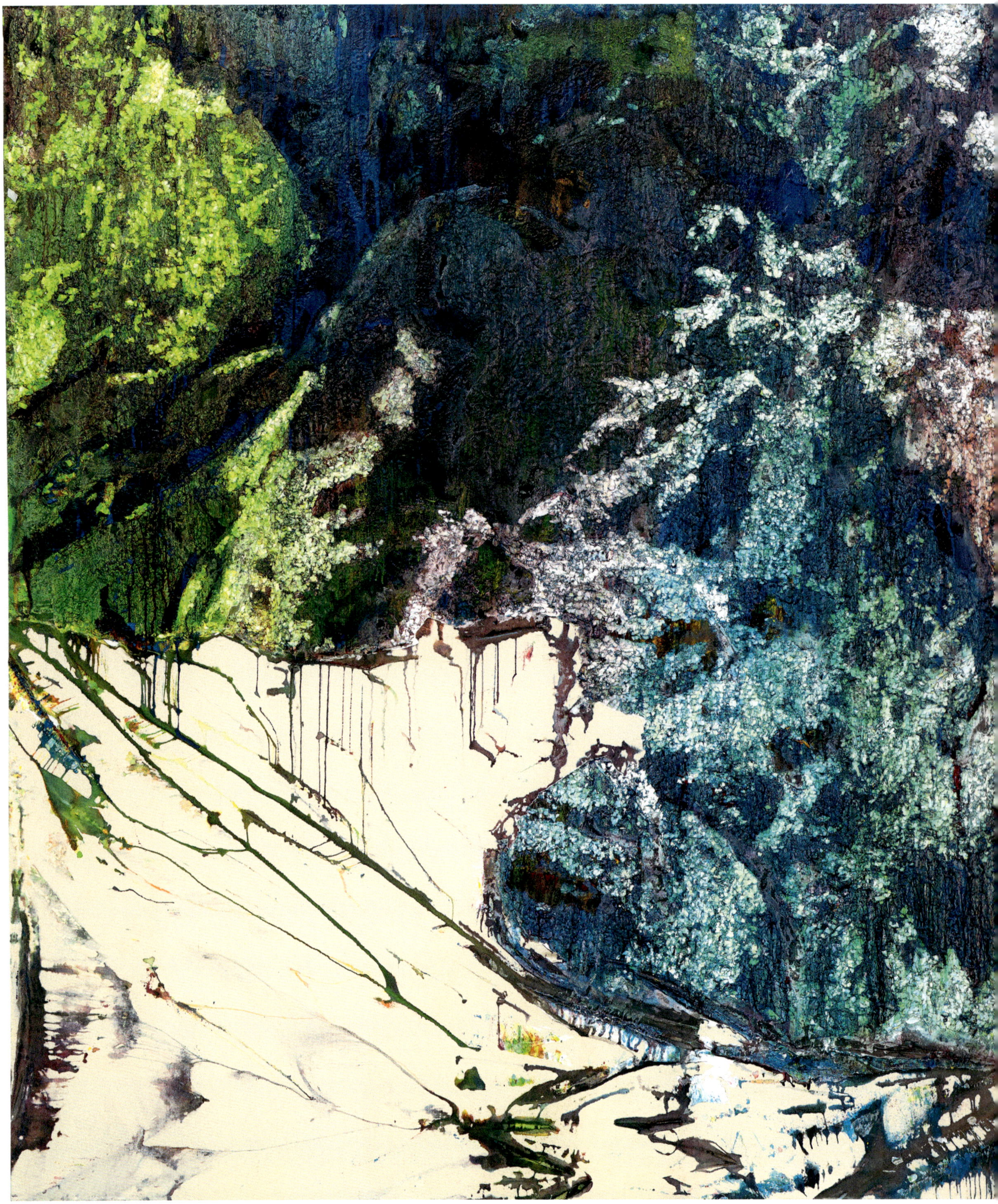

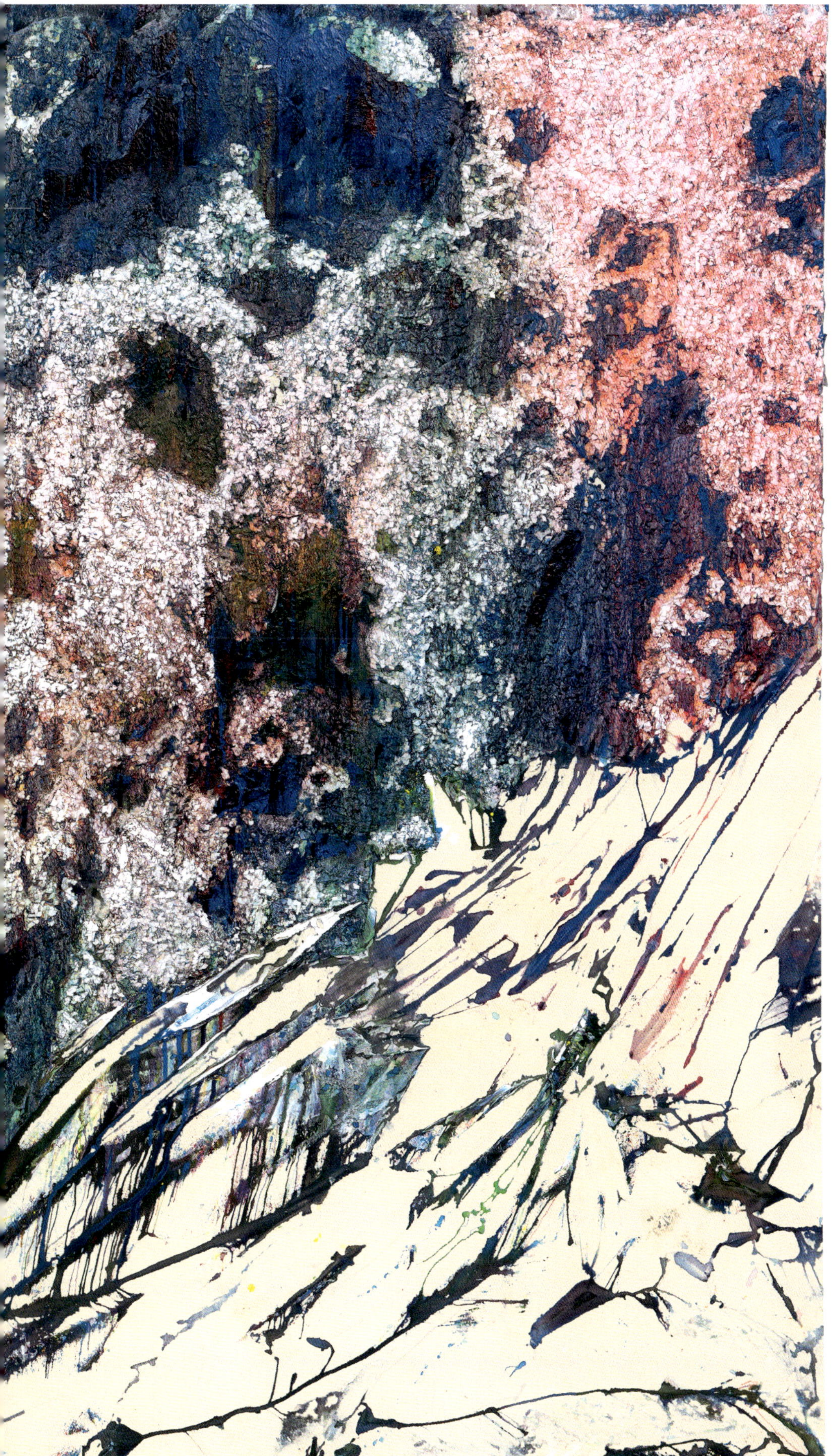

Fort royal, 2023
208 × 313 cm
81 $^{7}/_{8}$ × 123 $^{1}/_{4}$ in

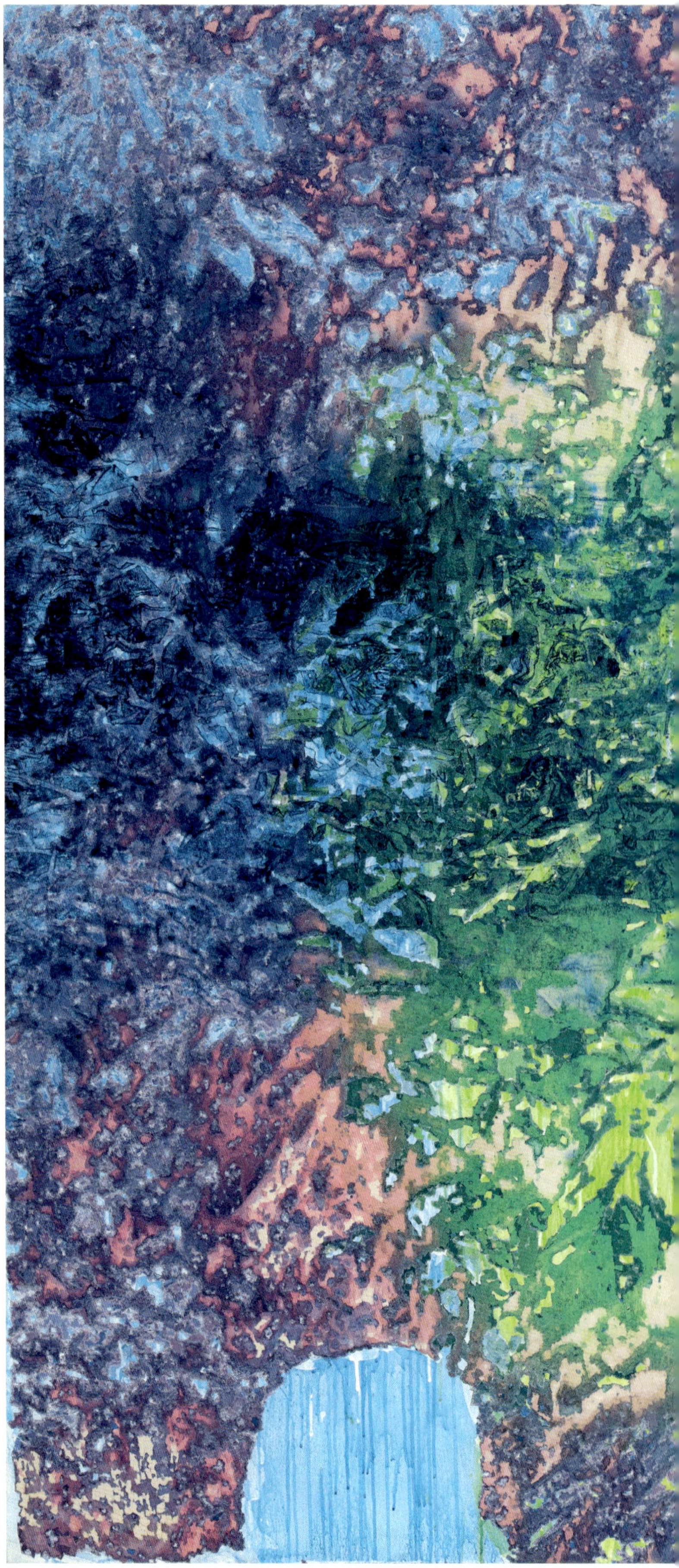

Auréole, 2023
186 × 260 cm / 73 ¼ × 102 ⅜ in
Collection privée / Private collection

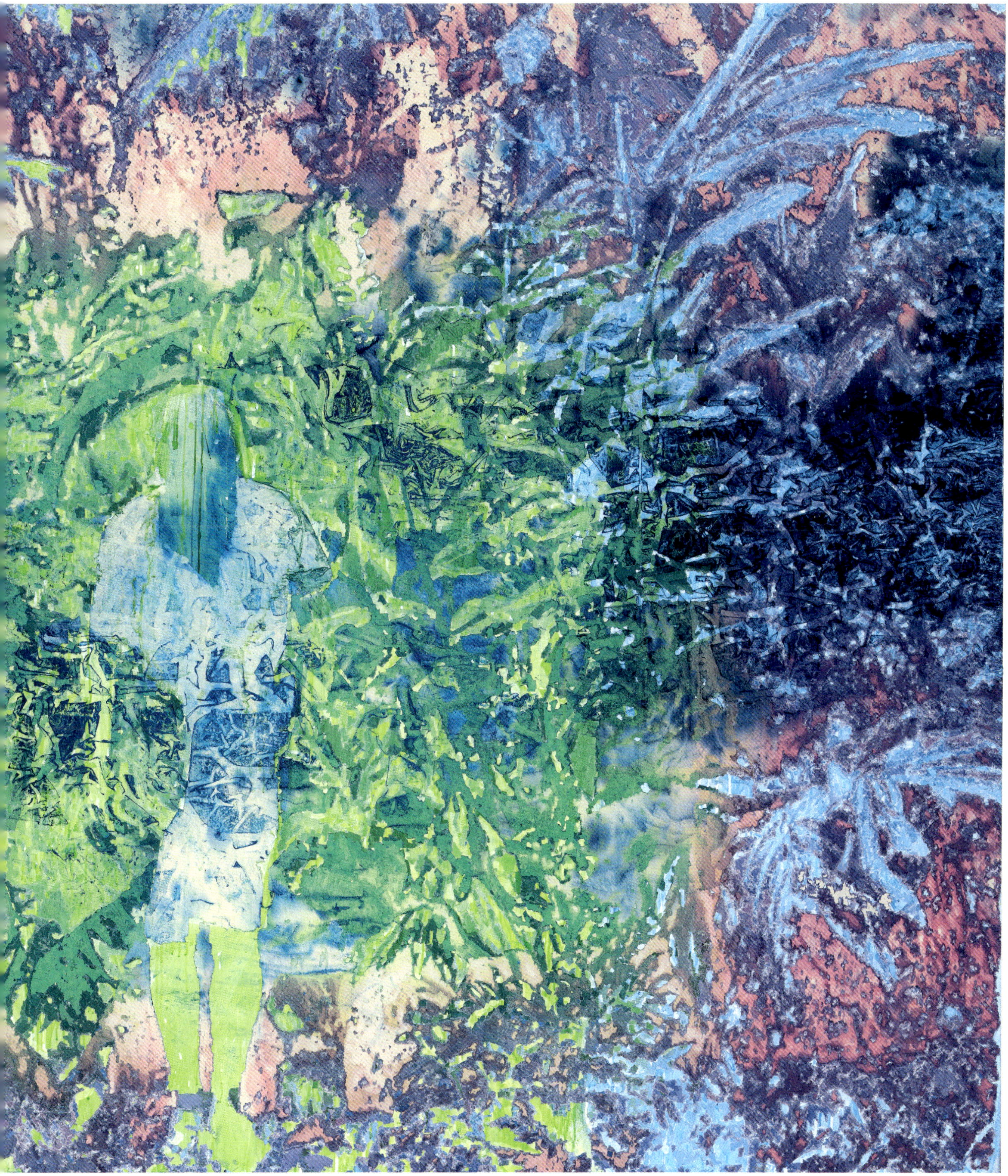

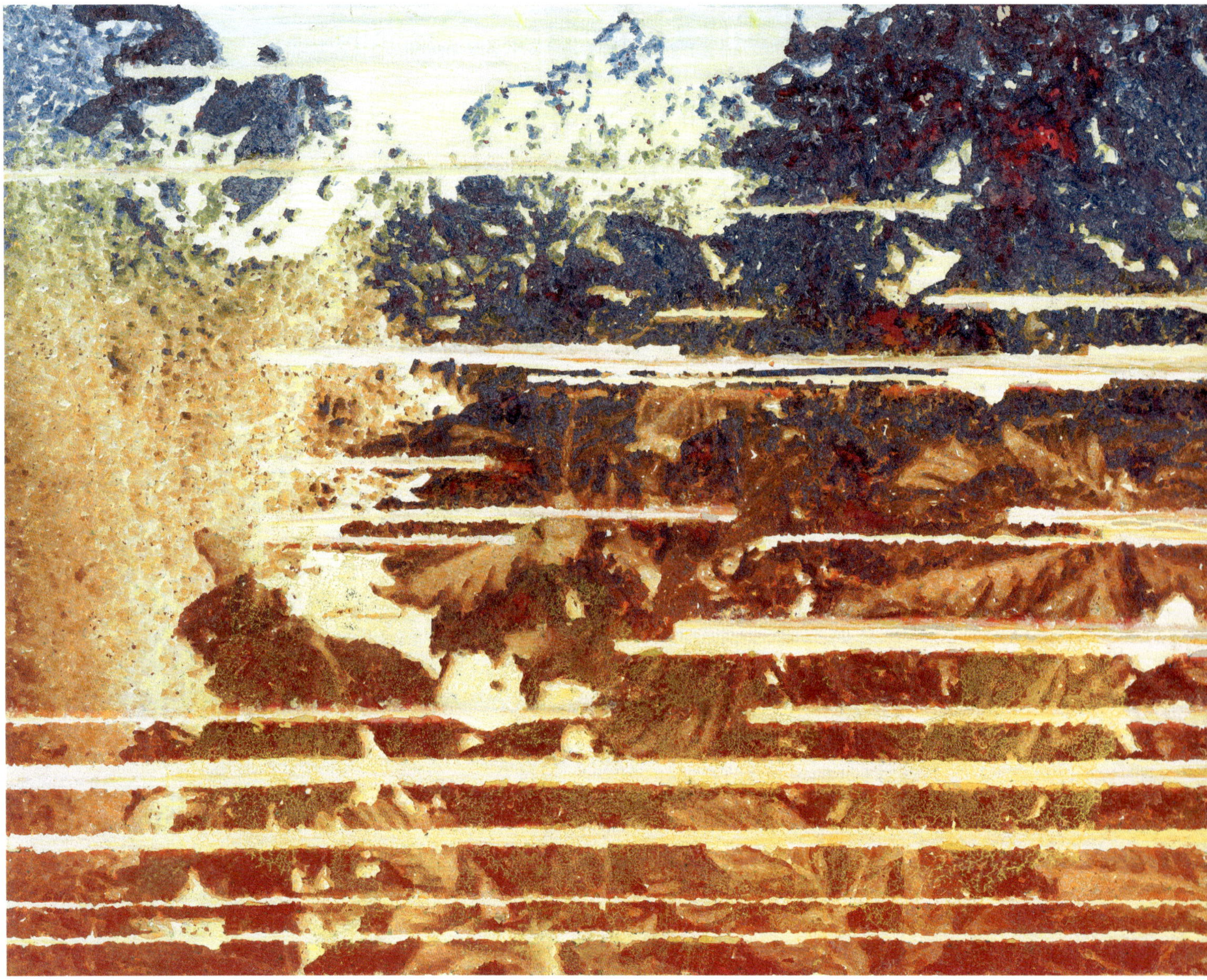

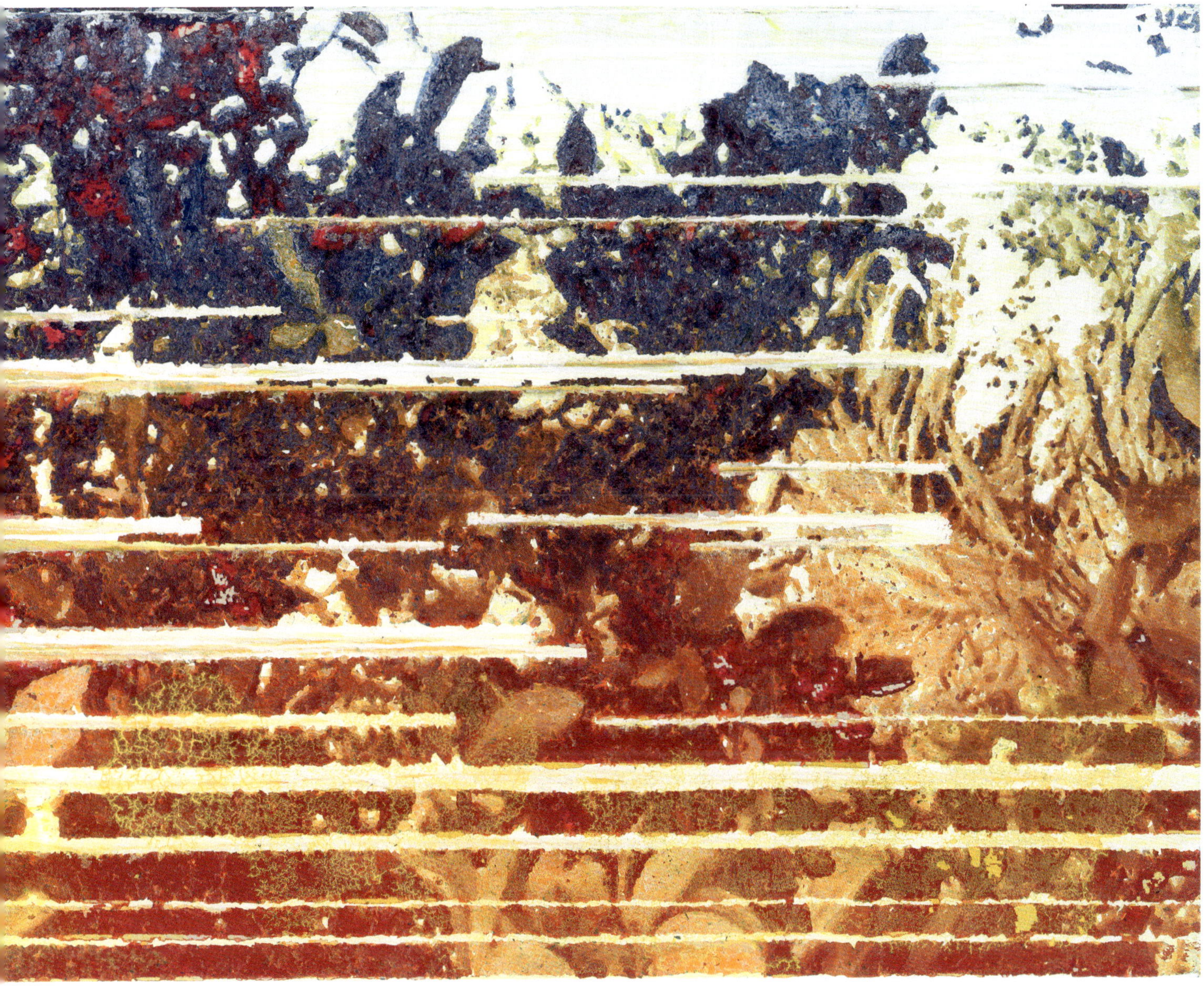

Kayak, 2023
diptyque / diptych, 114 × 300 cm / 44 ⅞ × 118 ⅛ in
Collection privée / Private collection

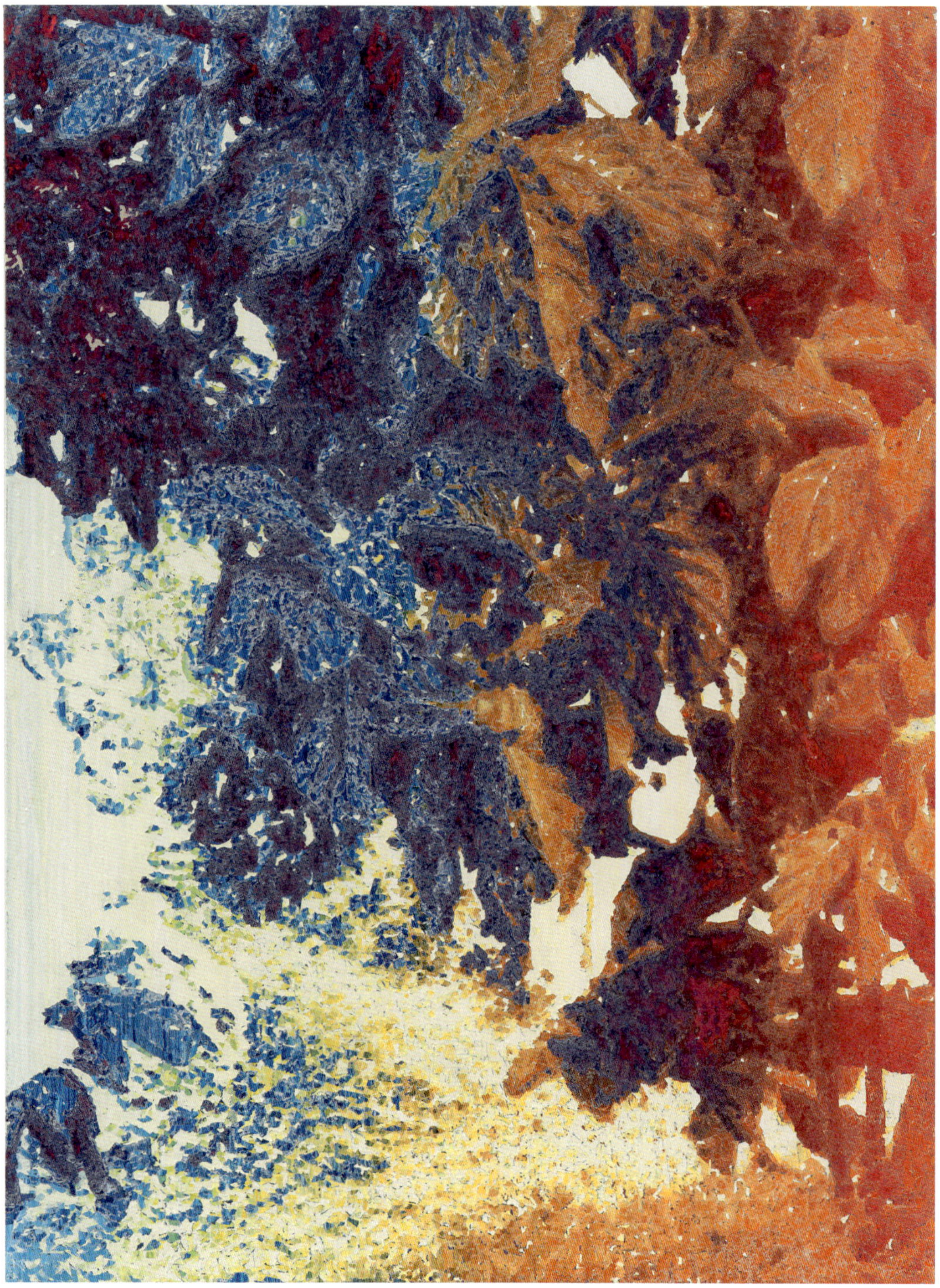

Caïn, 2023
158 × 119 cm / 62 $^{3}/_{16}$ × 46 $^{7}/_{8}$ in
Collection privée / Private collection

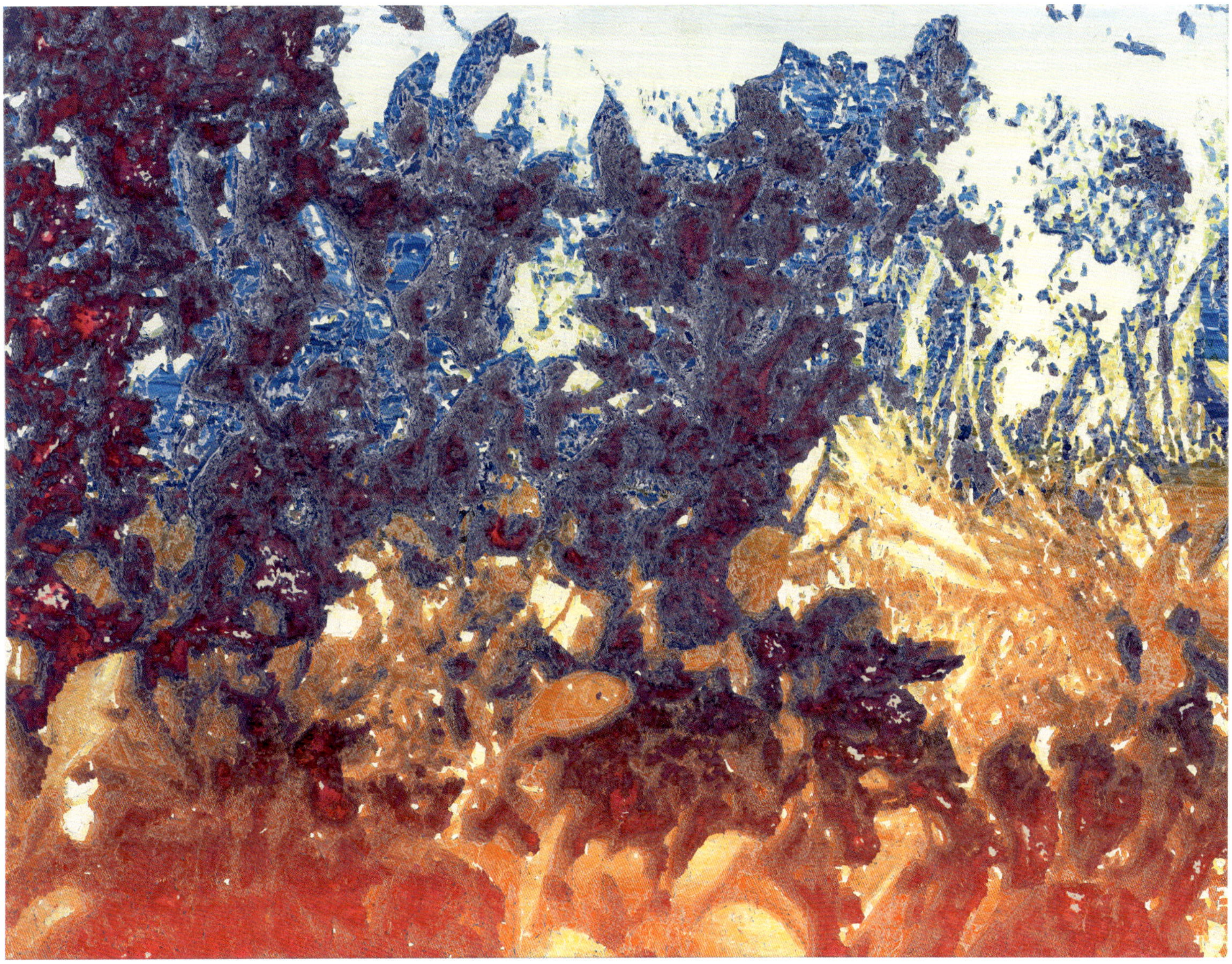

Abel, 2023
119 × 158 cm
46 7/8 × 62 3/16 in

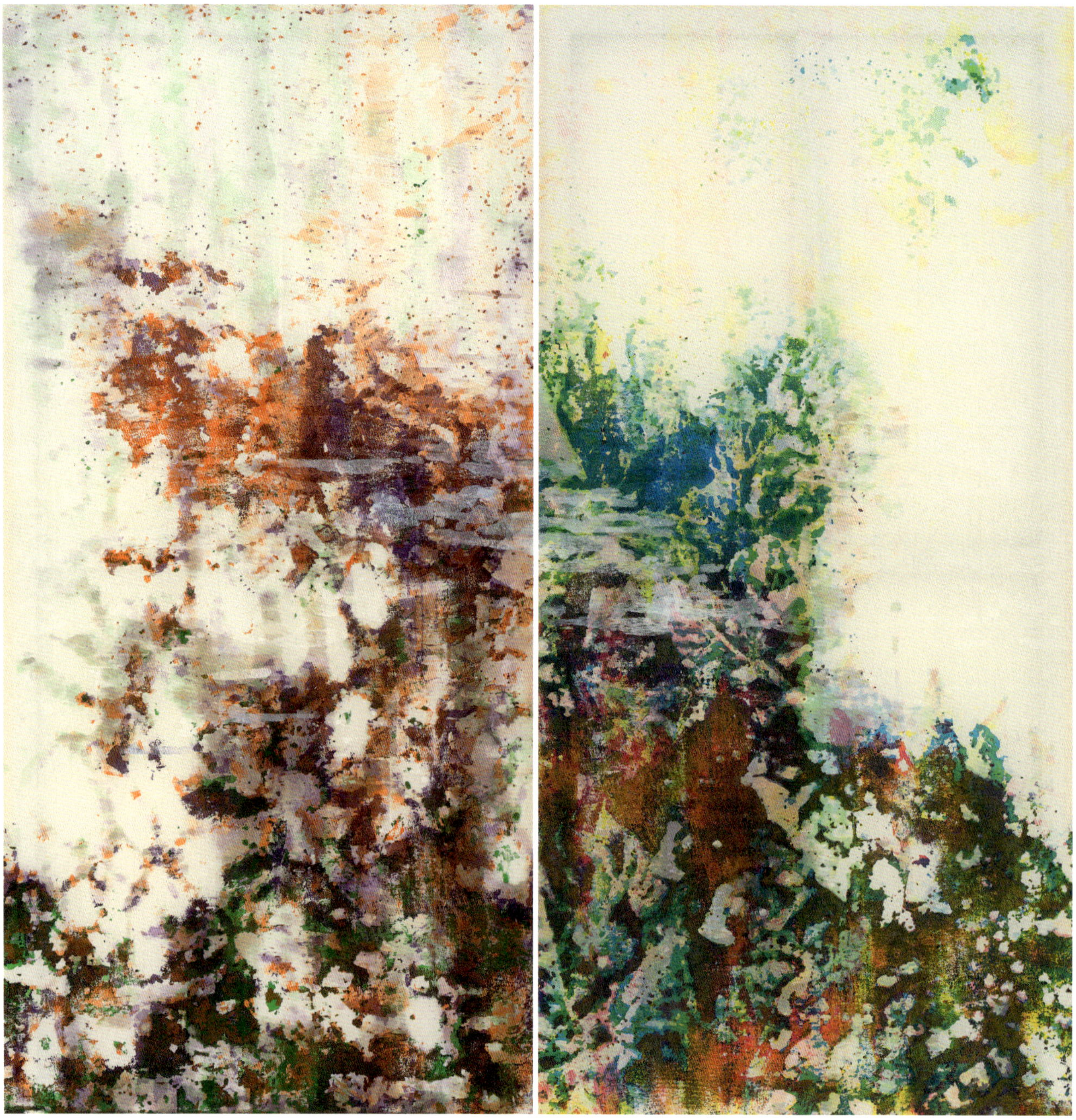

Corail, 2023
diptyque / diptych, 208 × 206 cm
81 7/8 × 81 1/8 in

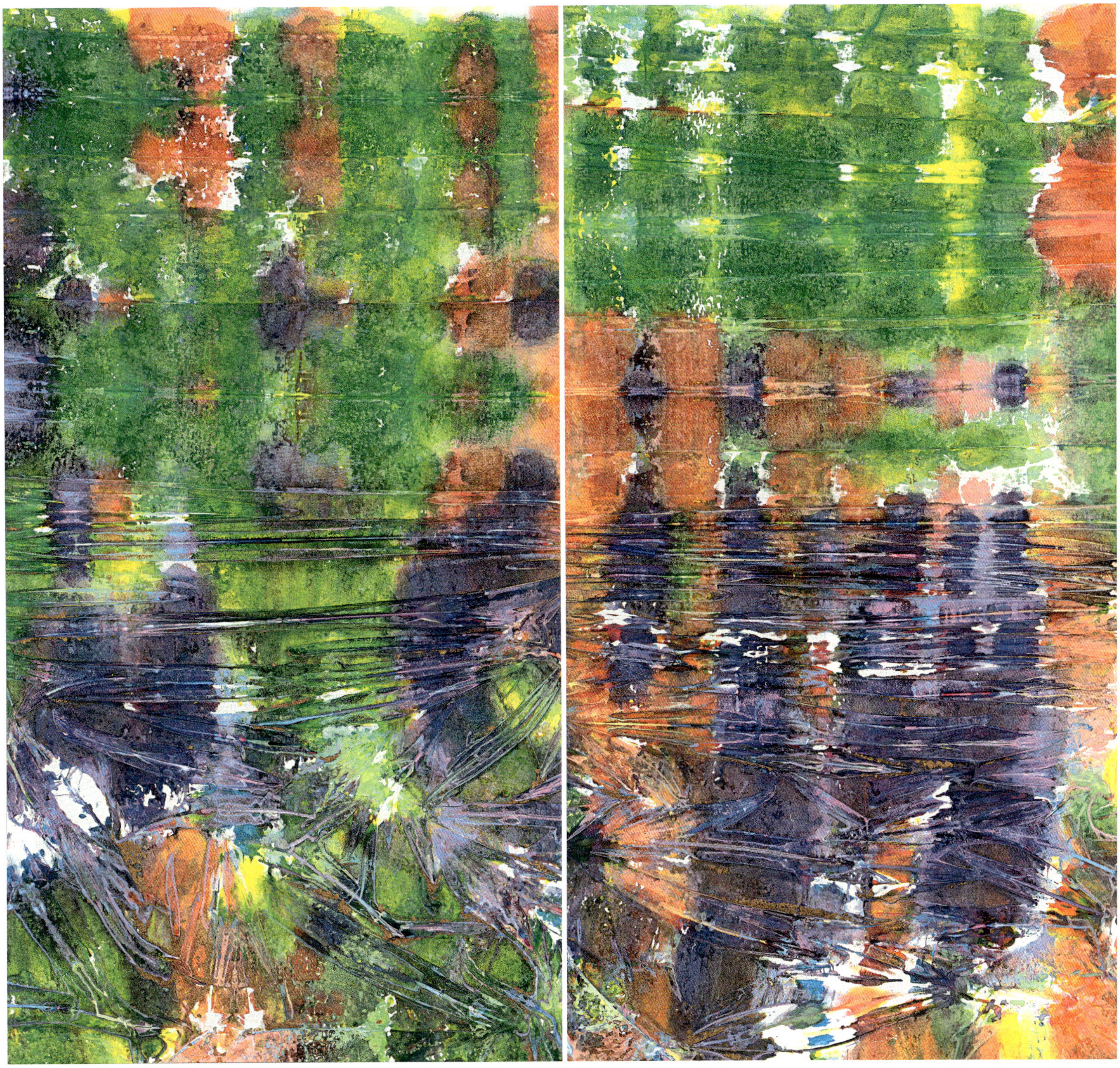

Soleil rouge, 2023
diptyque / diptych, 245 × 226 cm
96 $^{7}/_{16}$ × 89 in

Page suivante / Following page
Pléiade, 2023
Acrylique, huile et ruban adhésif sur toile /
Acrylic, oil and tape on canvas
diptyque / diptych, 200 × 280 cm / 78 $^{3}/_{4}$ × 110 $^{1}/_{4}$ in

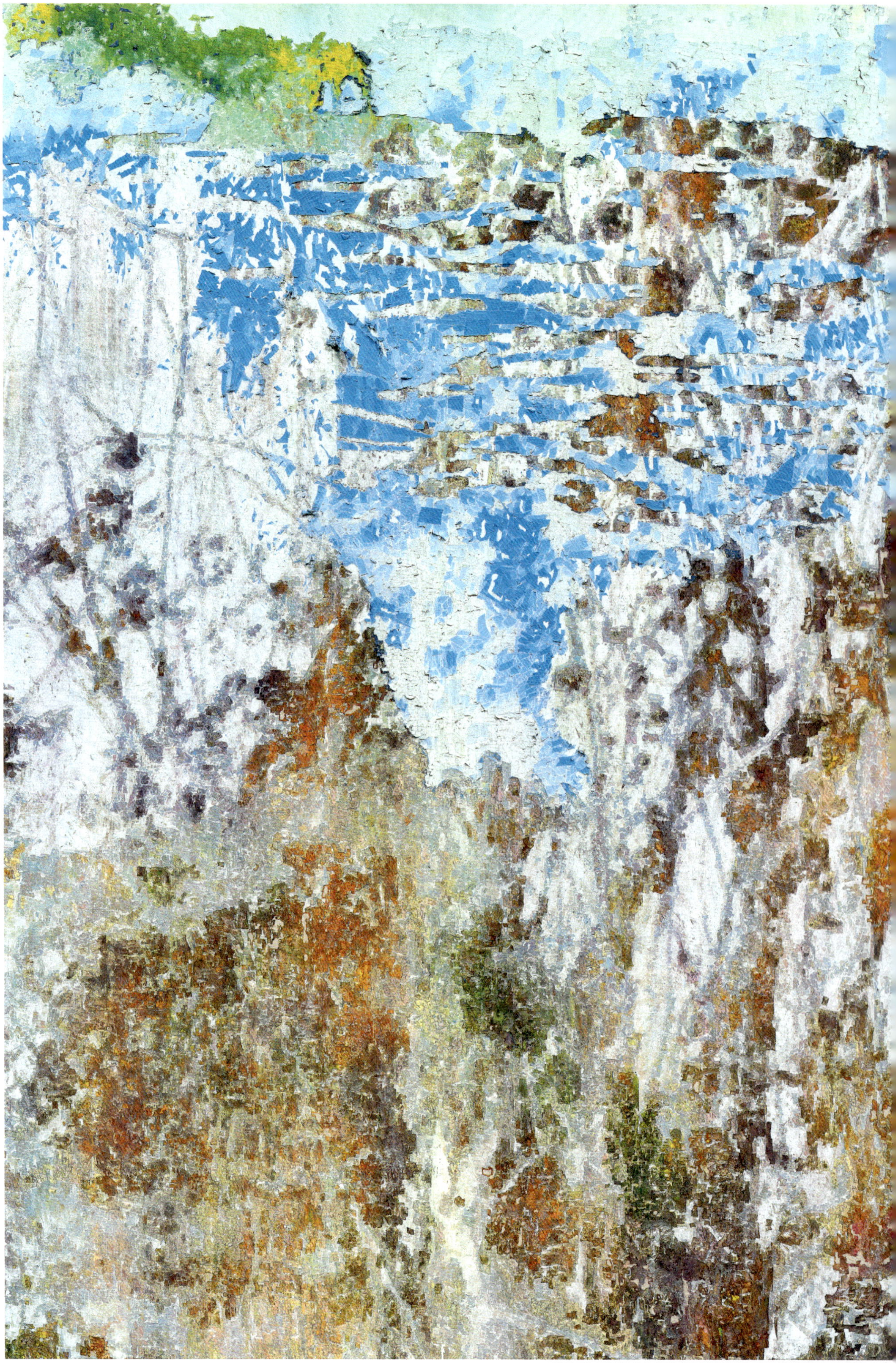

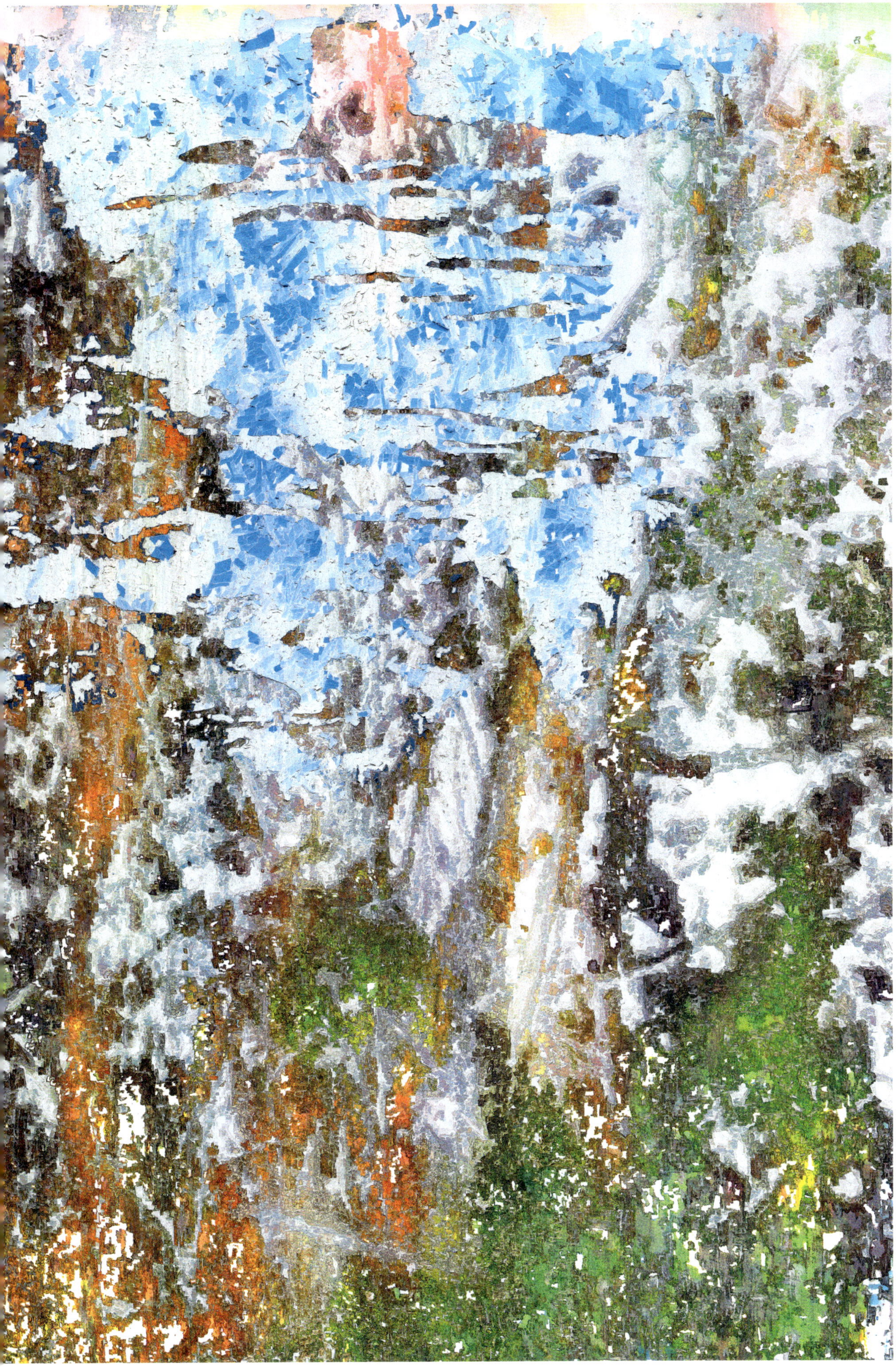

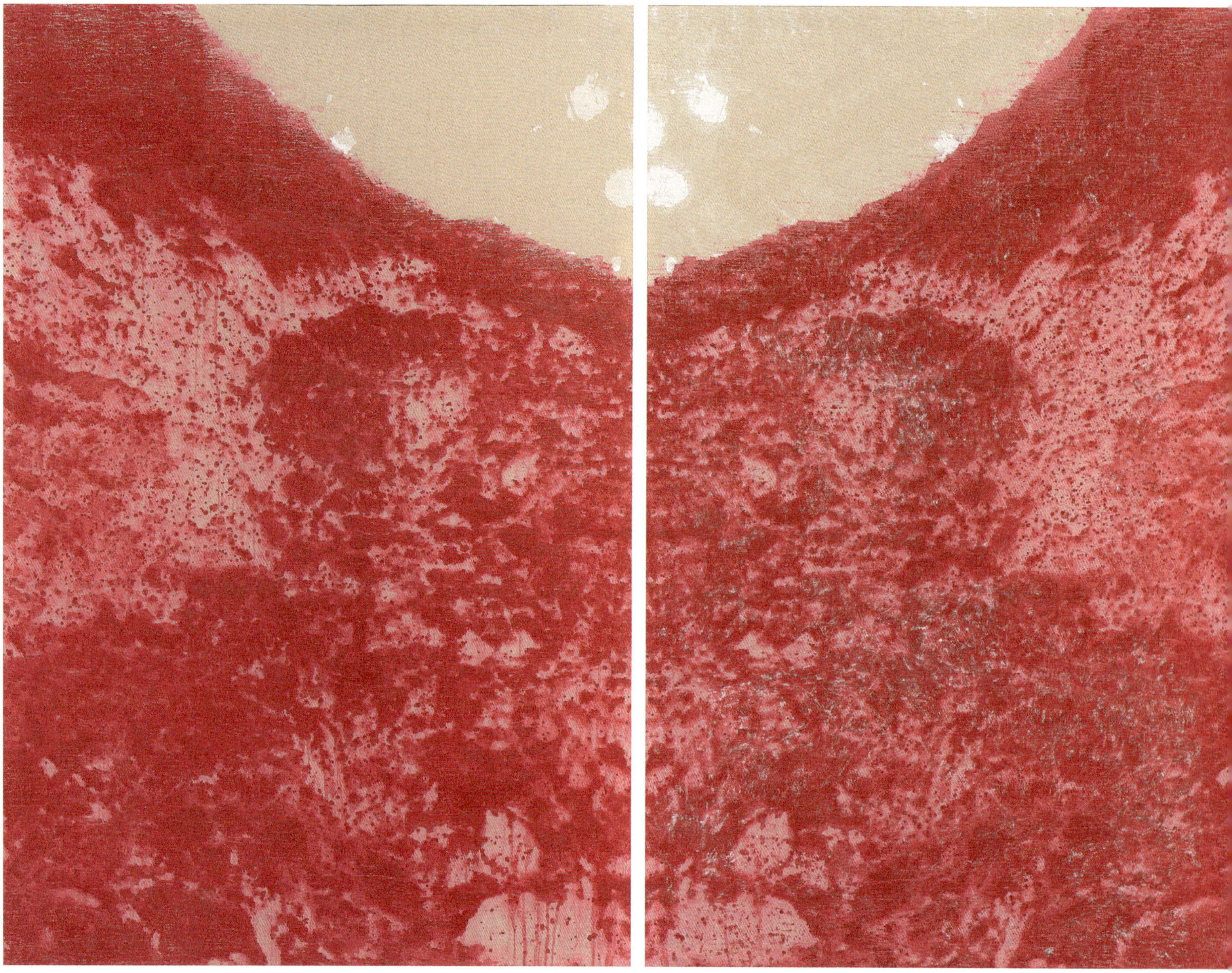

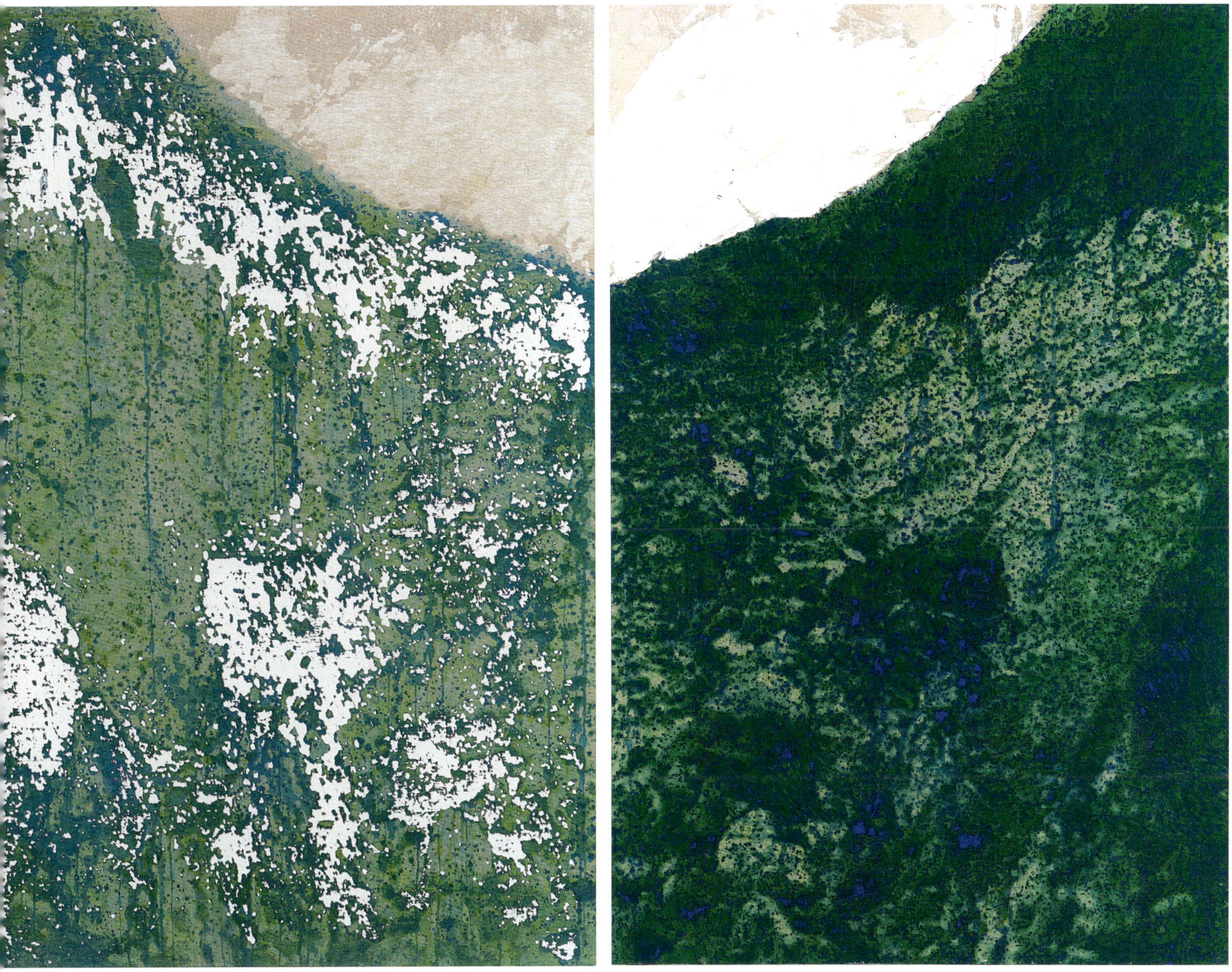

Rune, 2023
polyptyque / polyptych, 244 × 660 cm
96 $^{1}/_{16}$ × 259 $^{13}/_{16}$ in

Crépuscule, 2023
triptyque / triptych, 203 × 258 cm
79 $^{15}/_{16}$ × 101 $^{9}/_{16}$ in

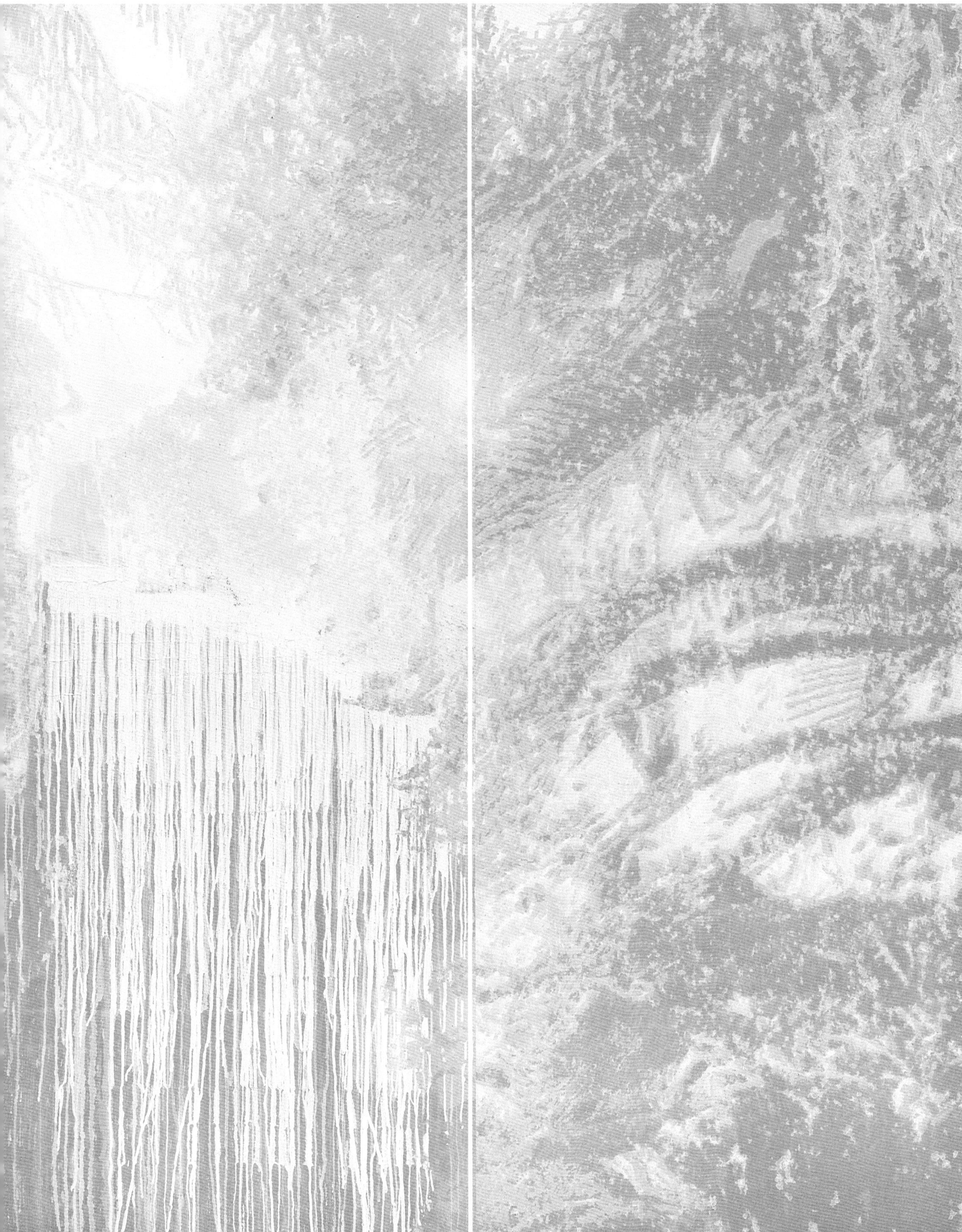

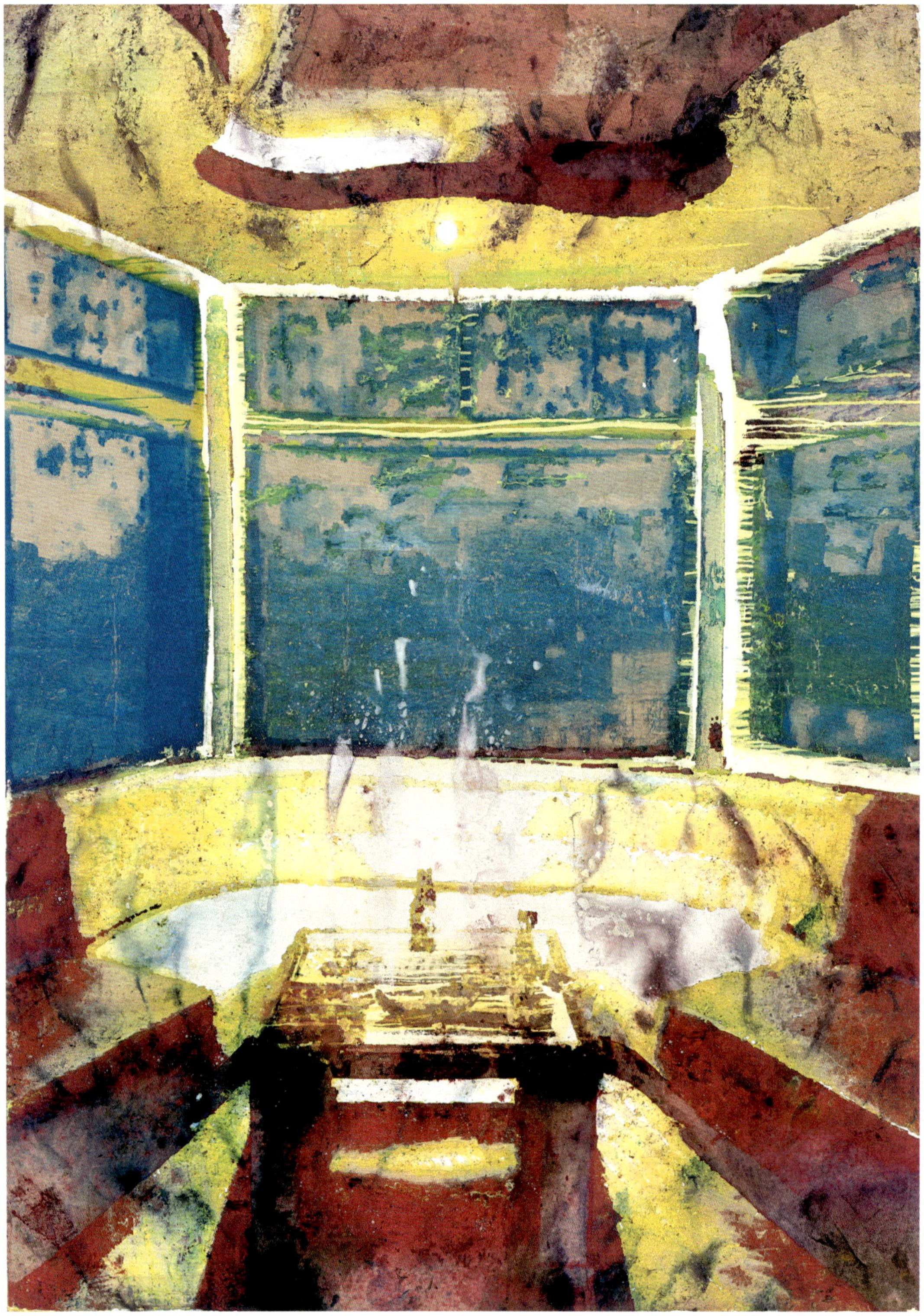

L'Atomic, 2023
214 × 161 cm
84 $^{1}/_{4}$ × 63 $^{3}/_{8}$ in

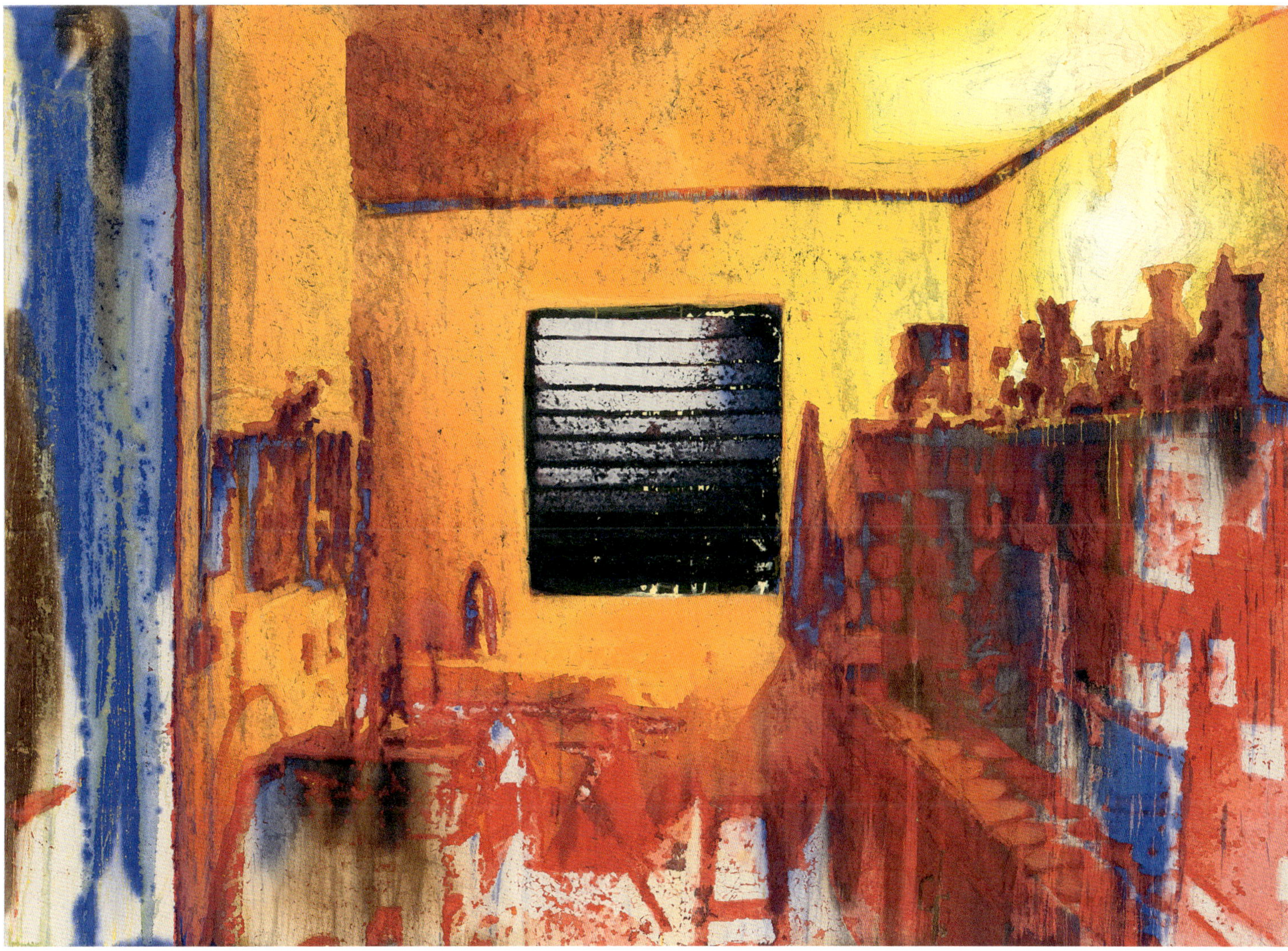

Orange Room, 2023
151 × 214,5 cm
59 $^{7}/_{16}$ × 84 $^{7}/_{16}$ in

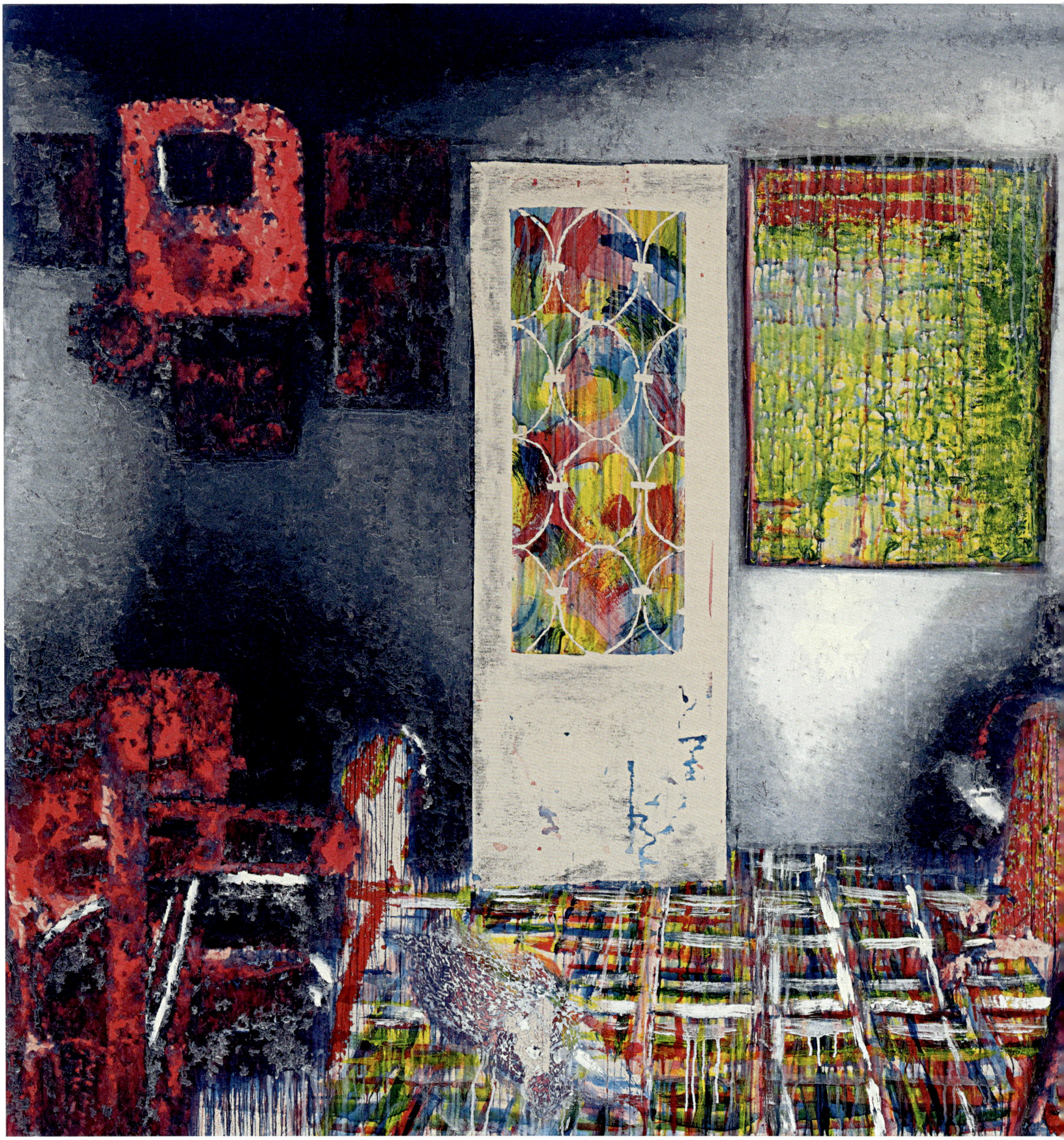

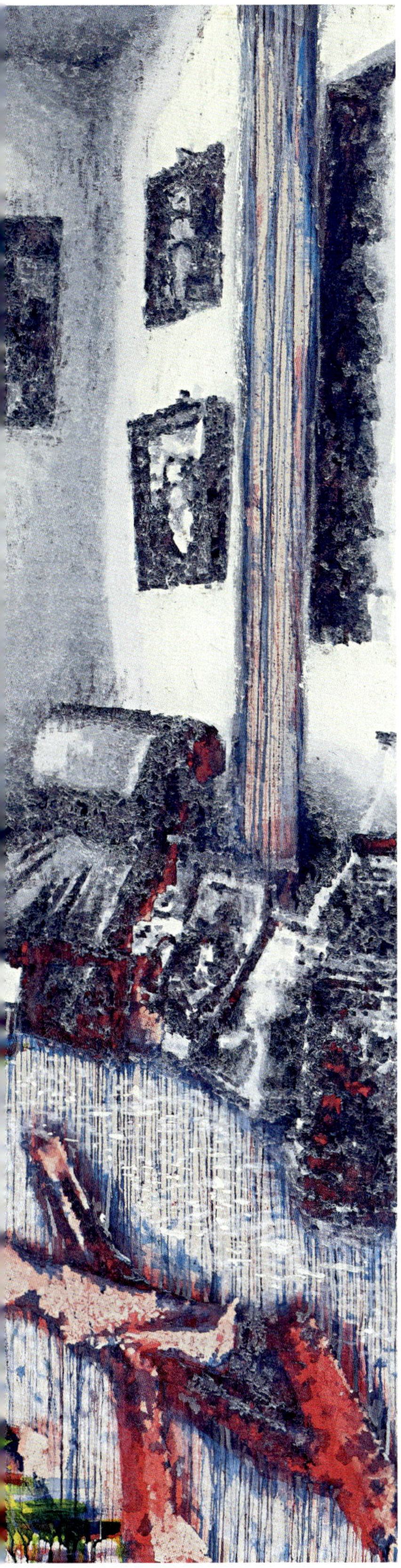

6PM, 2024
164 × 214 cm
64 $^{9}/_{16}$ × 84 $^{1}/_{4}$ in

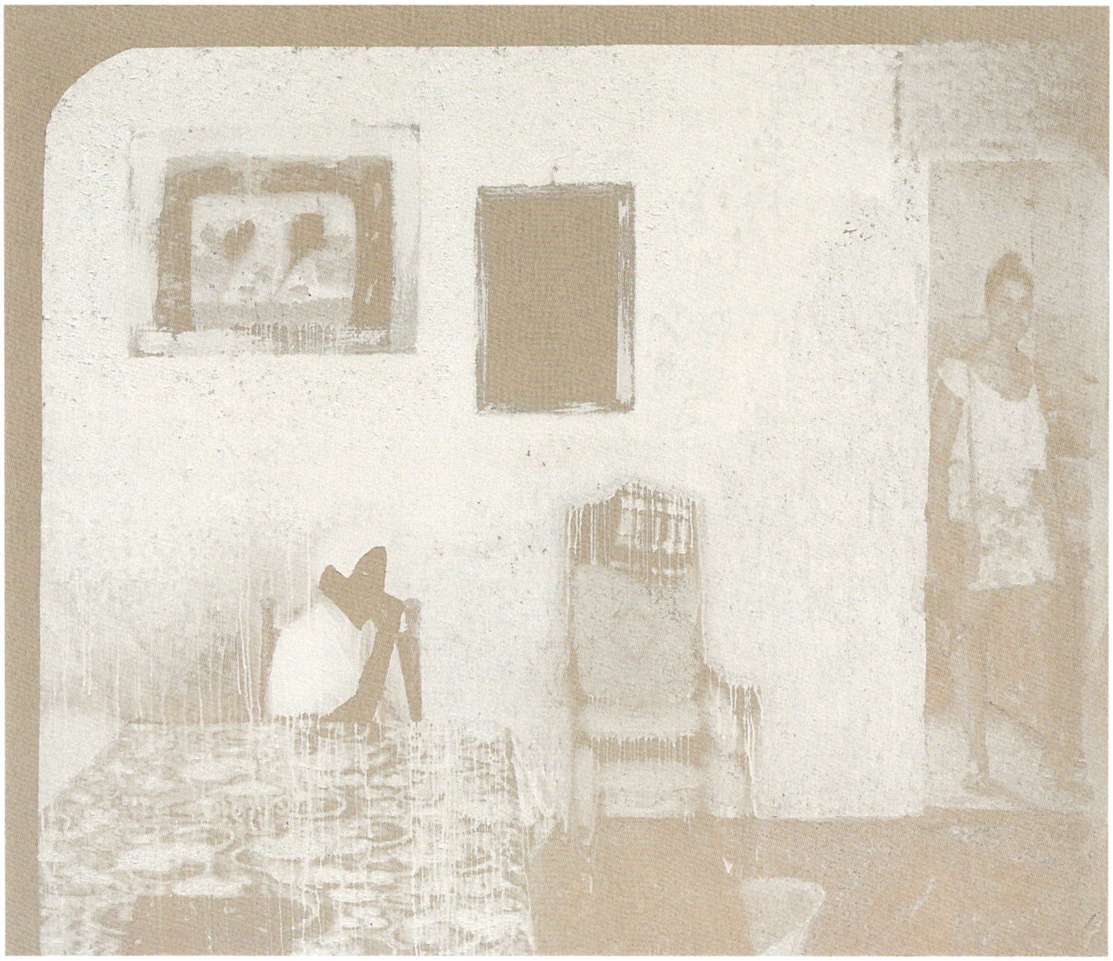

L'Attente, 2024
136 × 160 cm
53 $^{9}/_{16}$ × 63 in

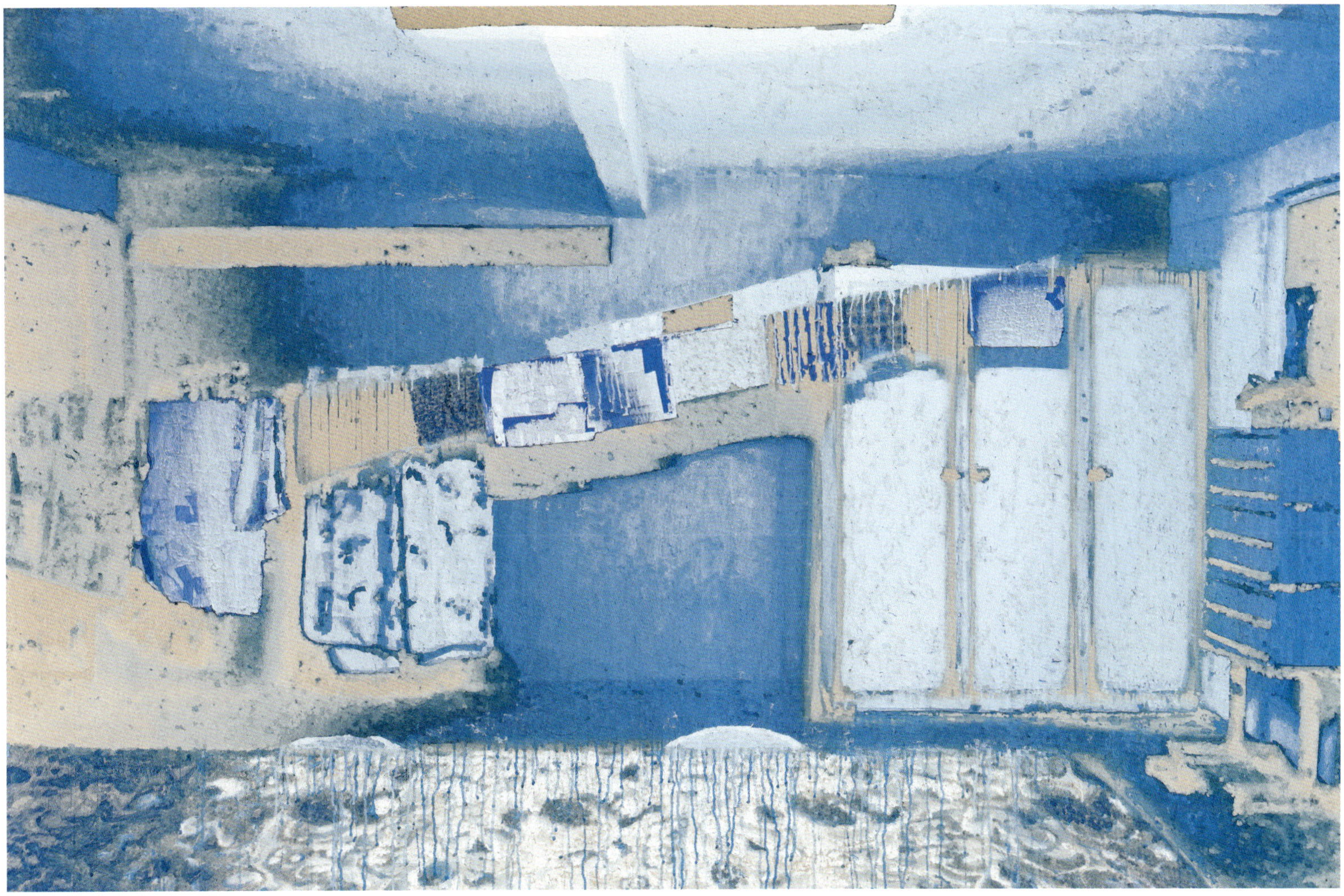

Rest is Peace, 2024
Acrylique et ruban adhésif sur toile / Acrylic and tape on canvas
141,5 × 220 cm / 55 $^{11}/_{16}$ × 86 $^{5}/_{8}$ in

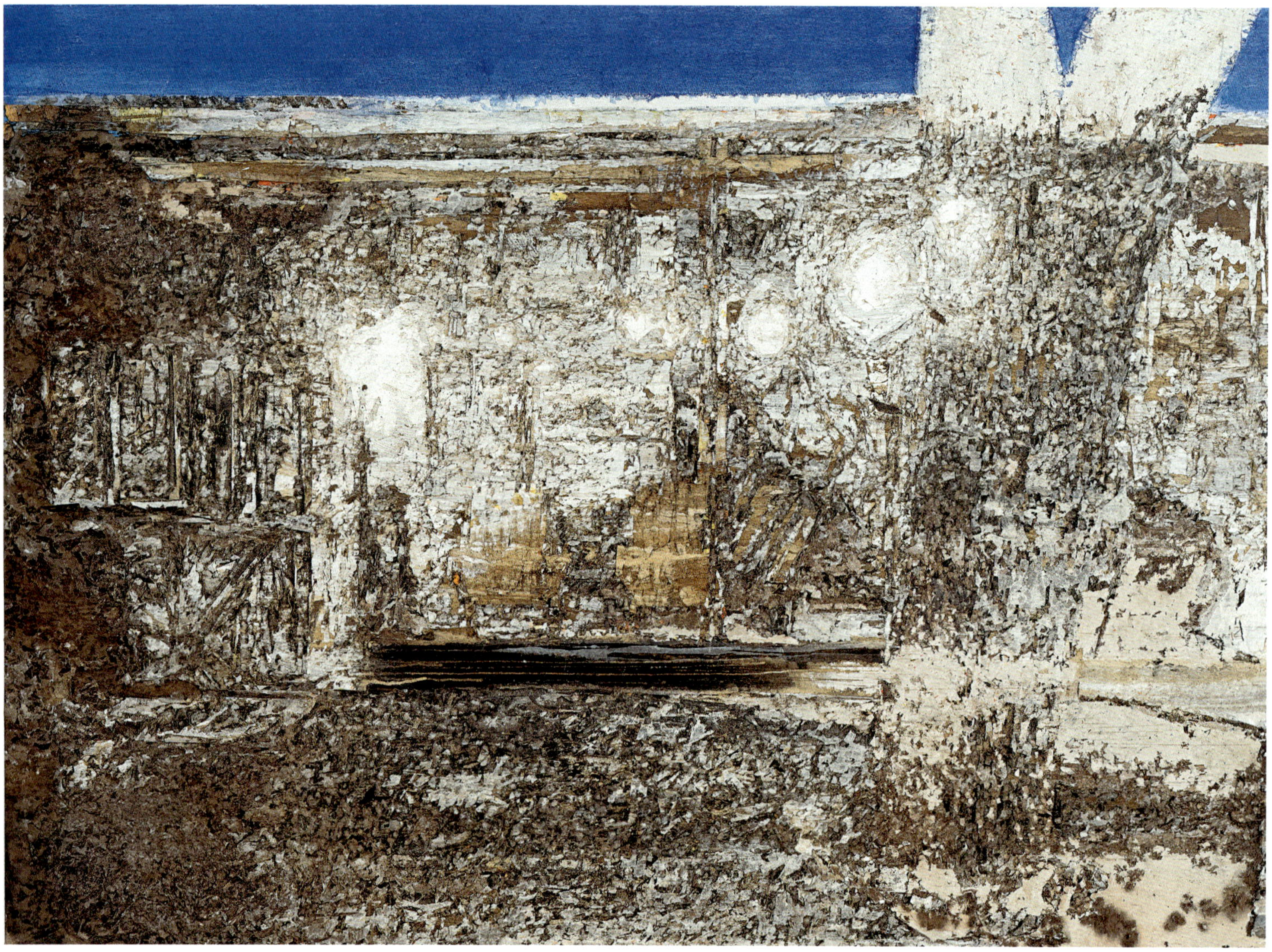

Invisible Temple, 2024
Acrylique, huile et ruban adhésif sur toile / Acrylic, oil and tape on canvas
136 × 188 cm / 53 $^{9}/_{16}$ × 74 in

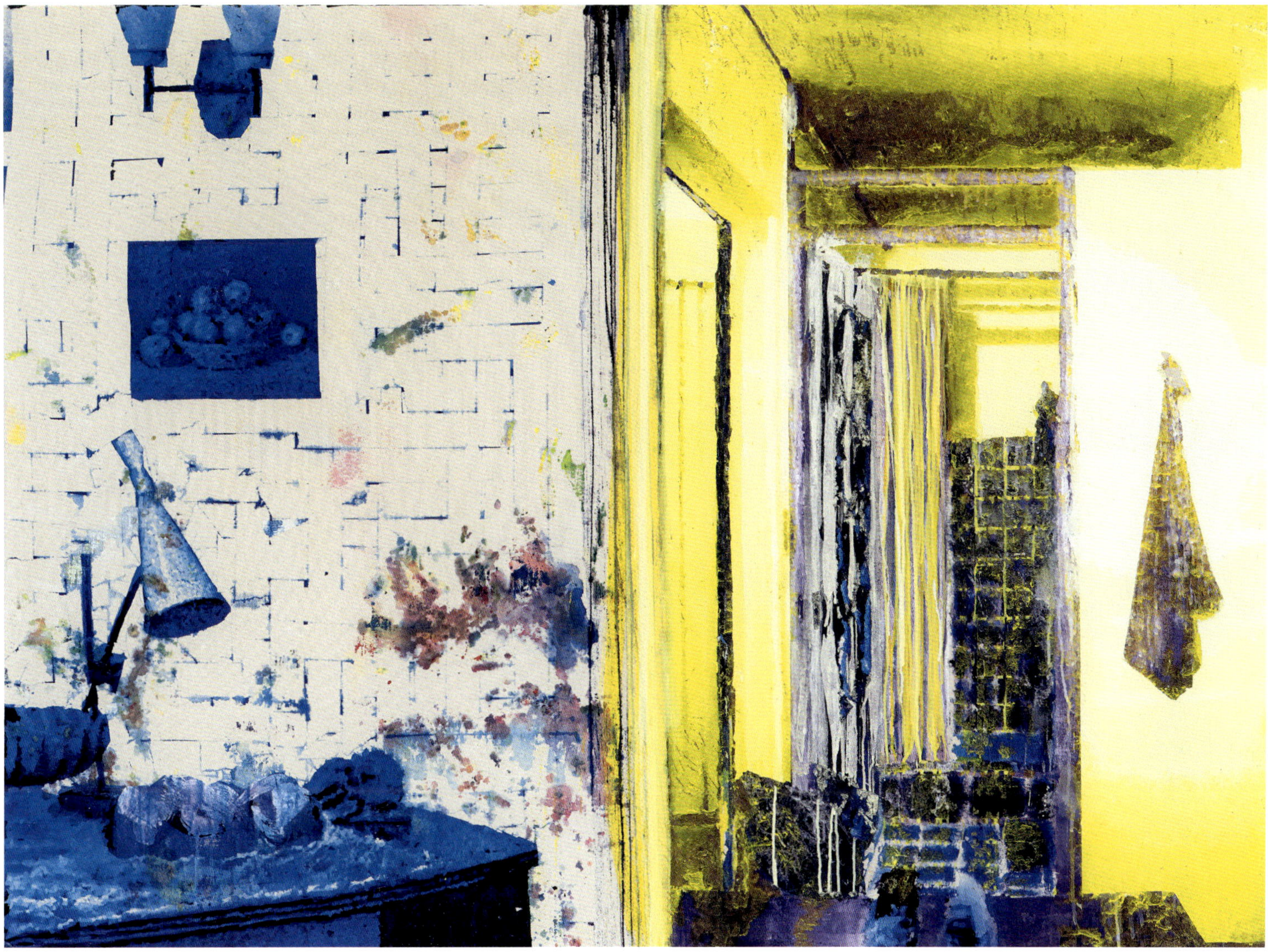

La Pièce jaune et bleue, 2024
135 × 186 cm
53 ⅛ × 73 ¼ in

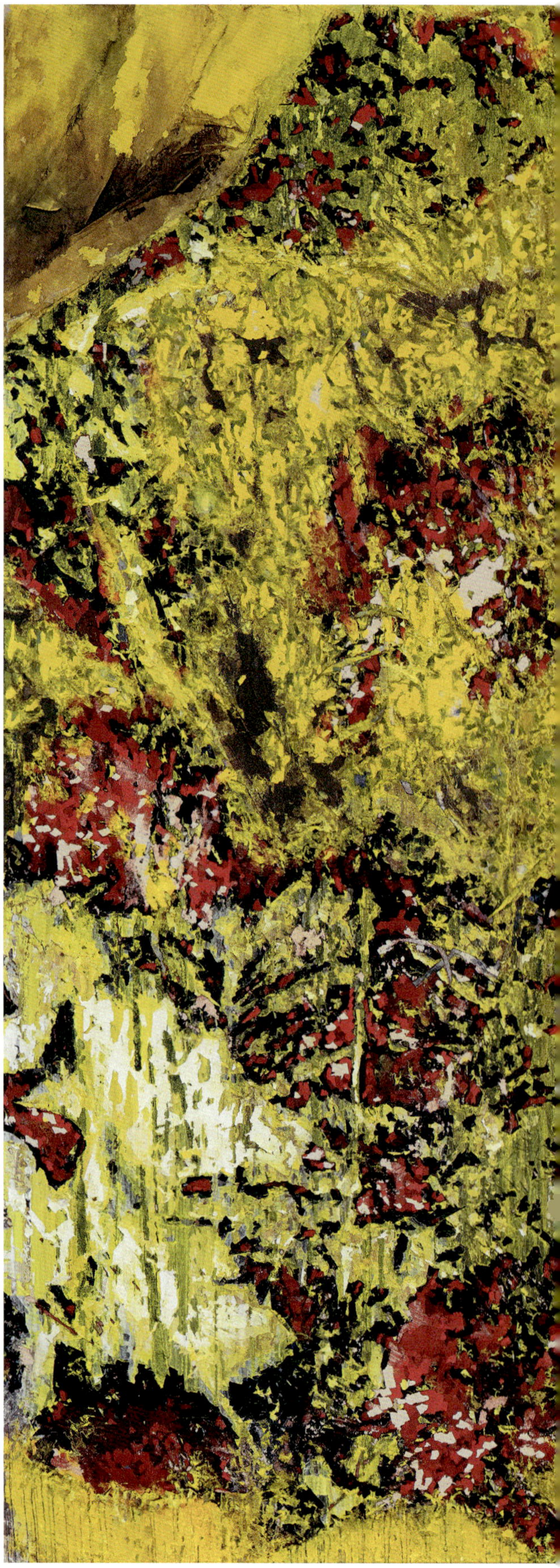

Nightlife, 2024
Acrylique, huile, feuille d'or et lin sur coton /
Acrylic, oil, gold leaf and linen on coton canvas
173 × 233 cm / 68 ⅛ × 91 ¾ in

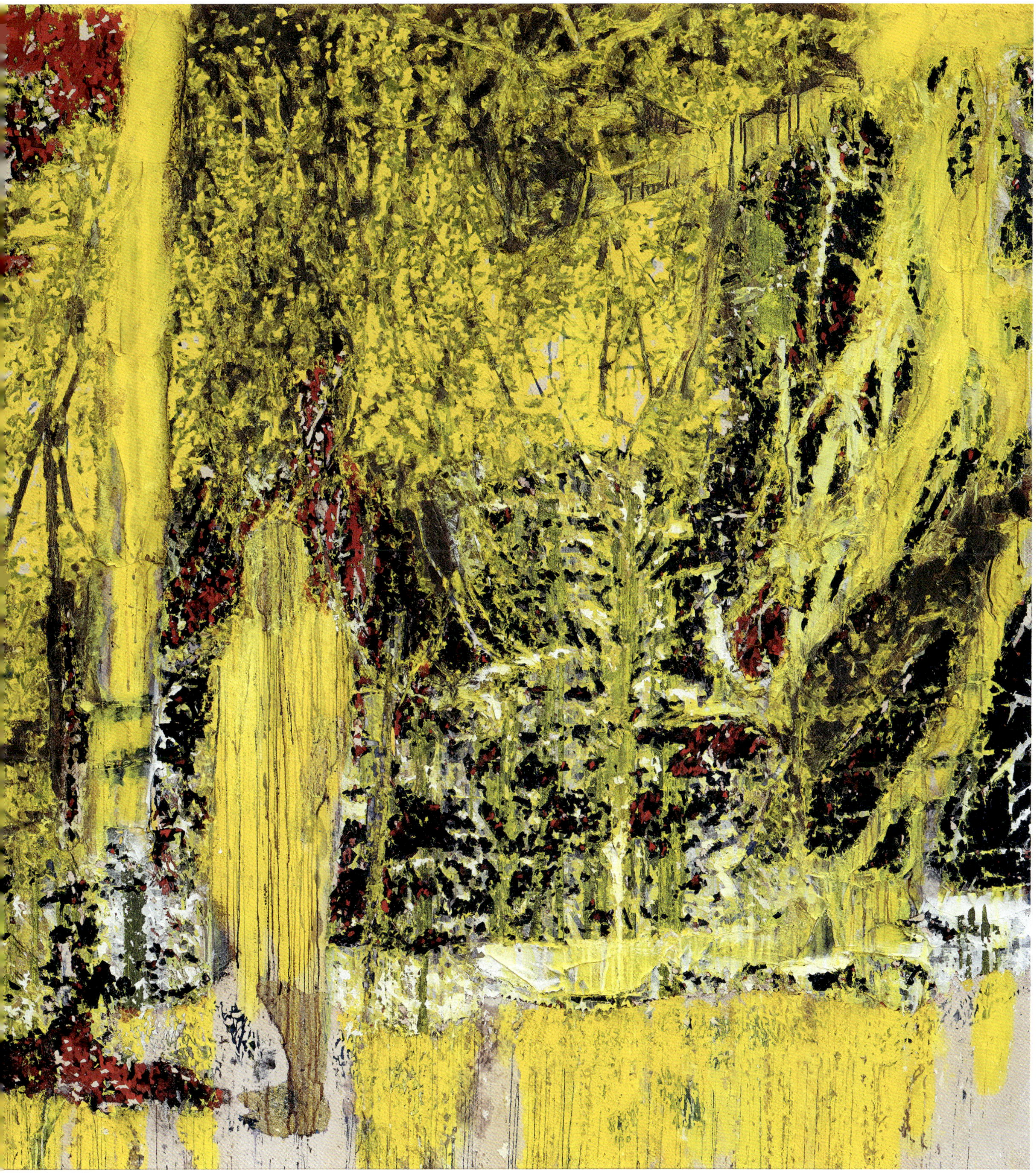

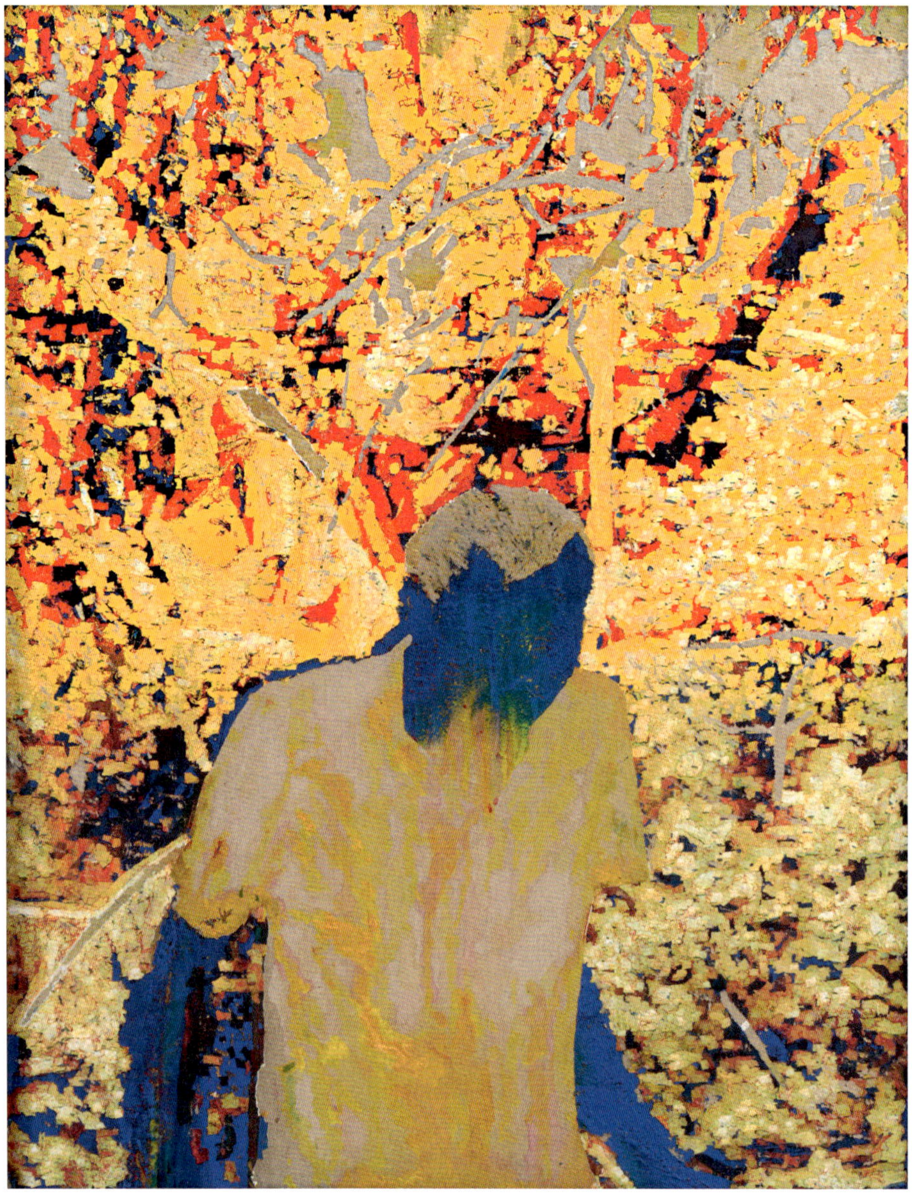

Nol (biface / two-sided), 2024
Acrylique et bois sur lin / Acrylic and wood on linen
101 × 80 cm / 39 $^{3}/_{4}$ × 31 $^{1}/_{2}$ in

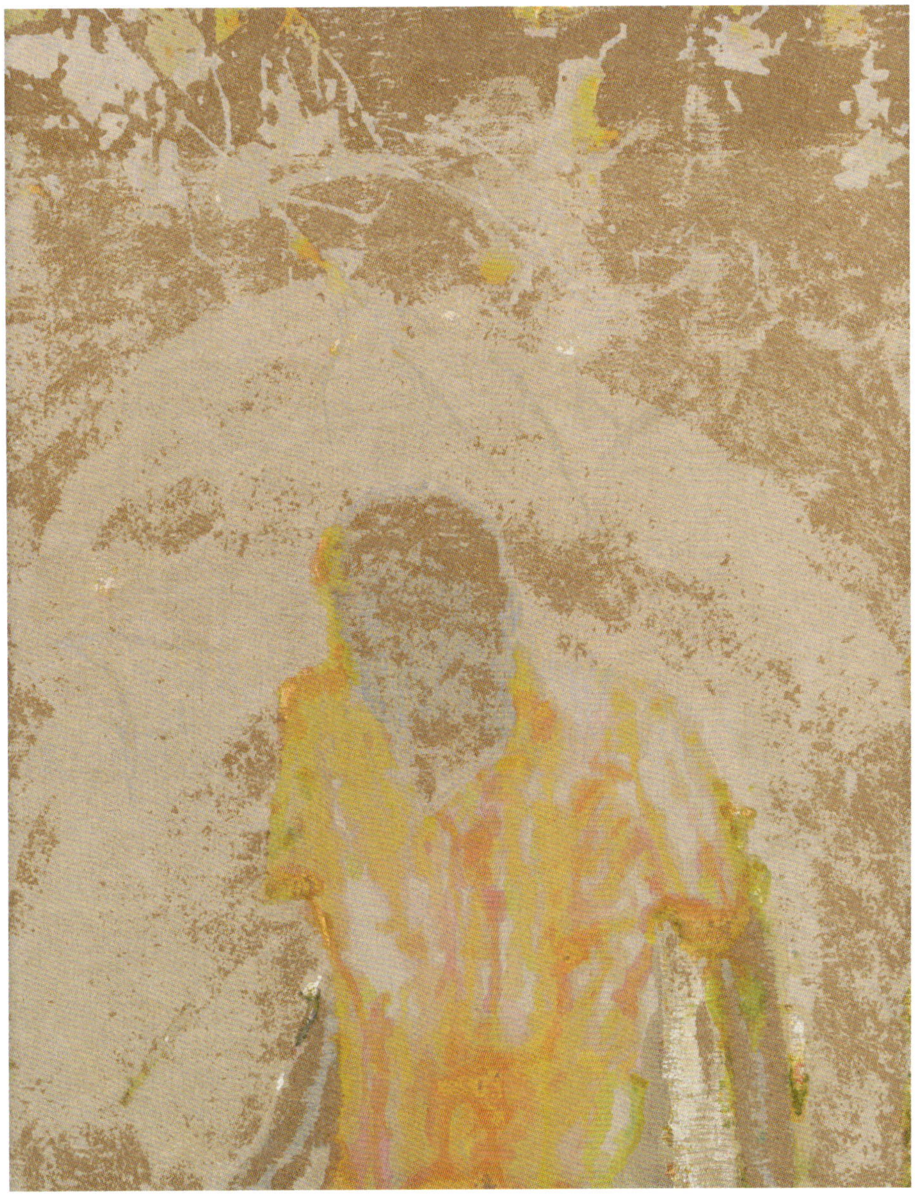

Nol (biface / two-sided), 2024
Acrylique et bois sur lin / Acrylic and wood on linen
101 × 80 cm / 39 $^{3}/_{4}$ × 31 $^{1}/_{2}$ in

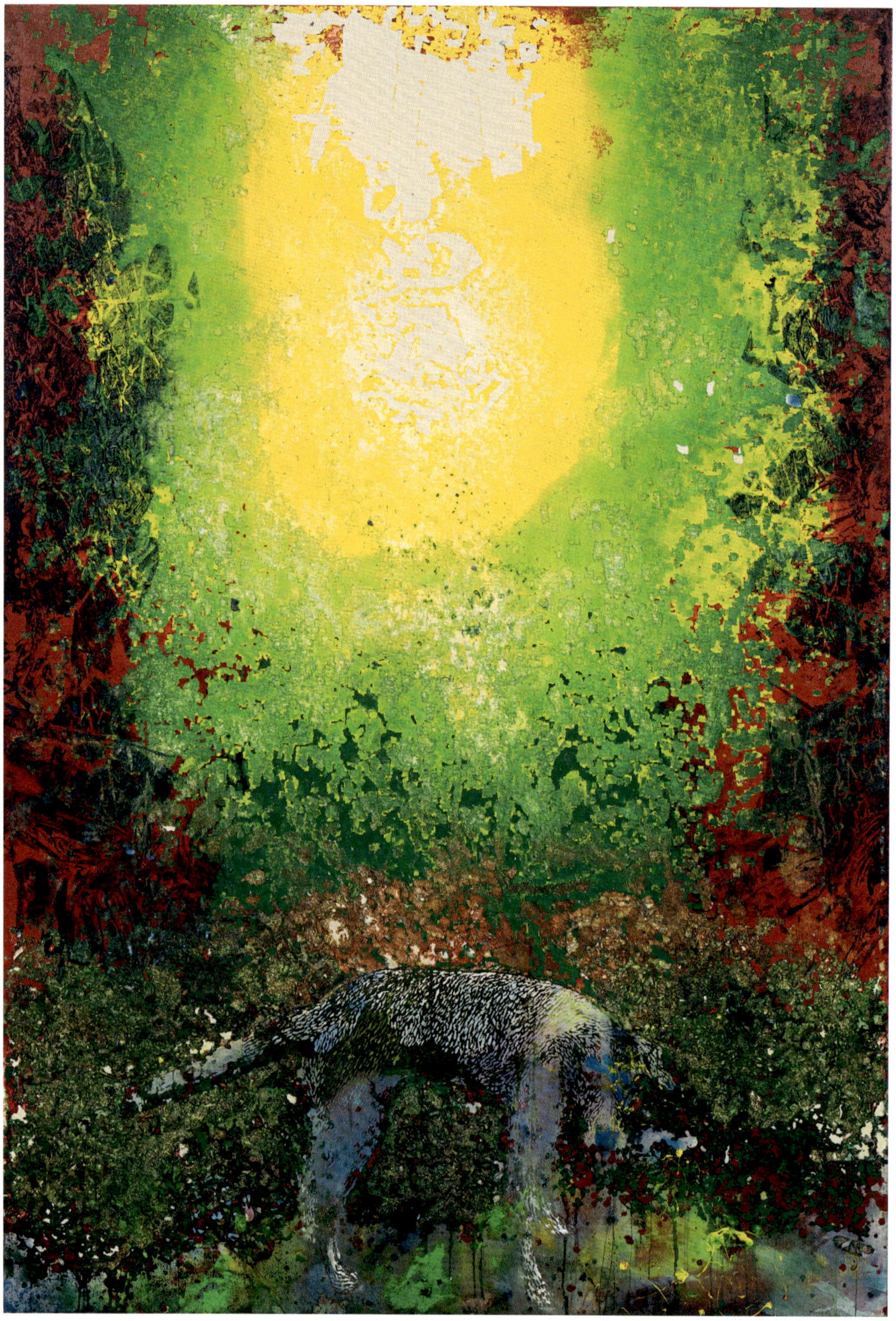

Dans la gueule du loup, 2024
200 × 140 cm
78 3/4 × 55 1/8 in

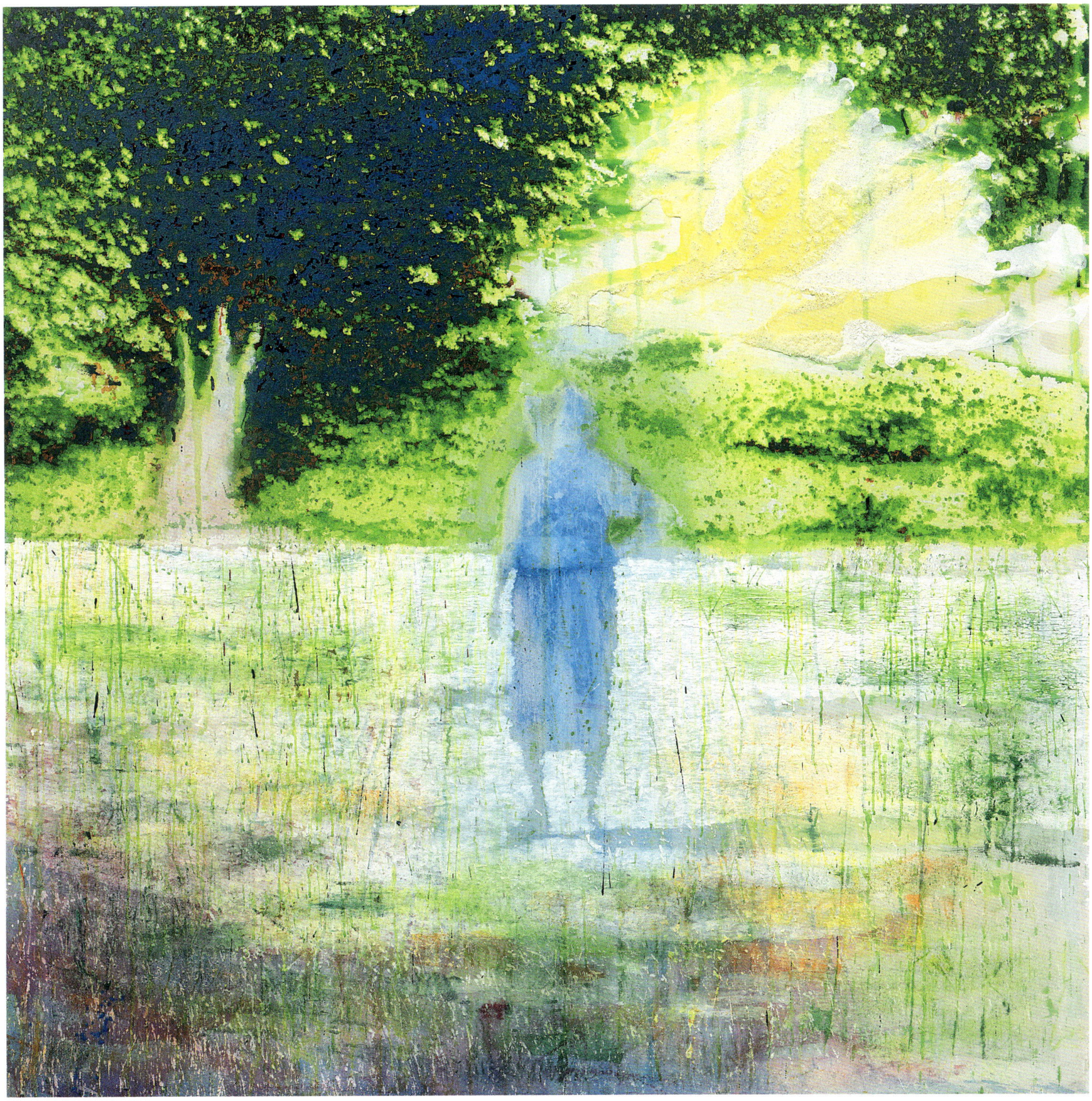

Grand-mère, 2024
202 × 207 cm
79 $^{17}/_{32}$ × 81 $^{1}/_{2}$ in

Page suivante / Following page
Dream House, 2024
Acrylique et ruban adhésif sur toile assemblée /
Acrylic and tape on assembled canvas
267 × 393 cm / 105 $^{1}/_{8}$ × 154 $^{3}/_{4}$ in

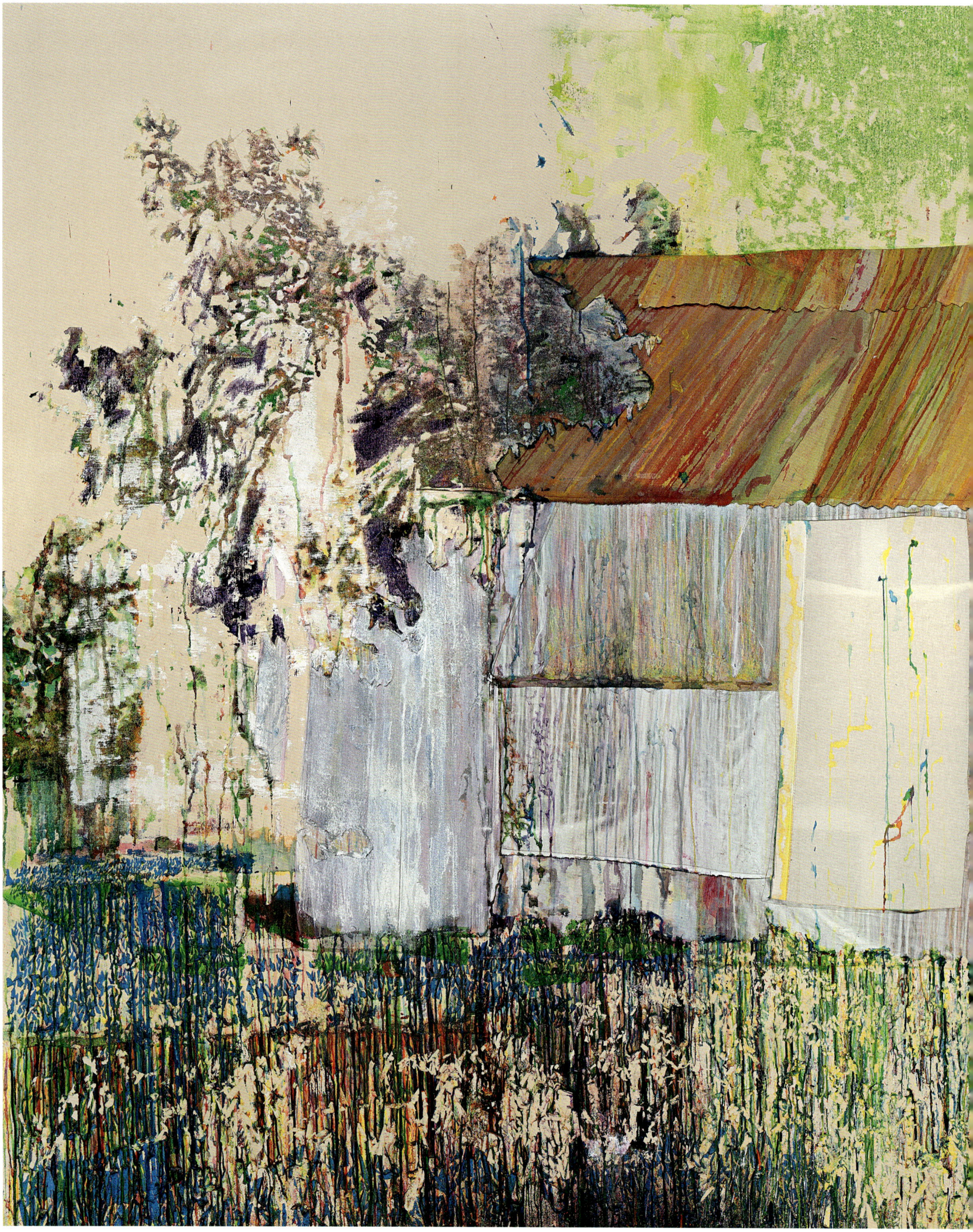

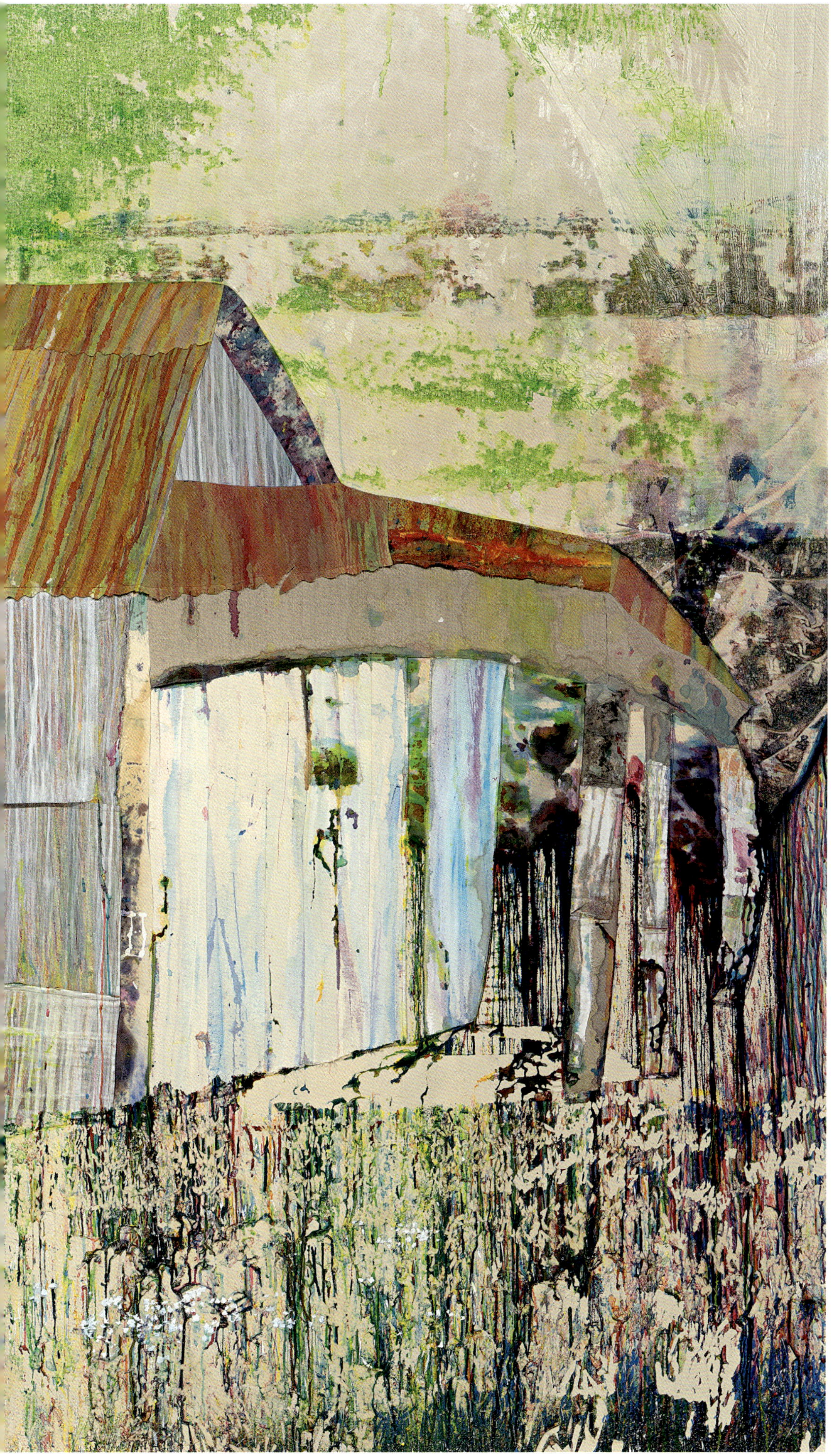

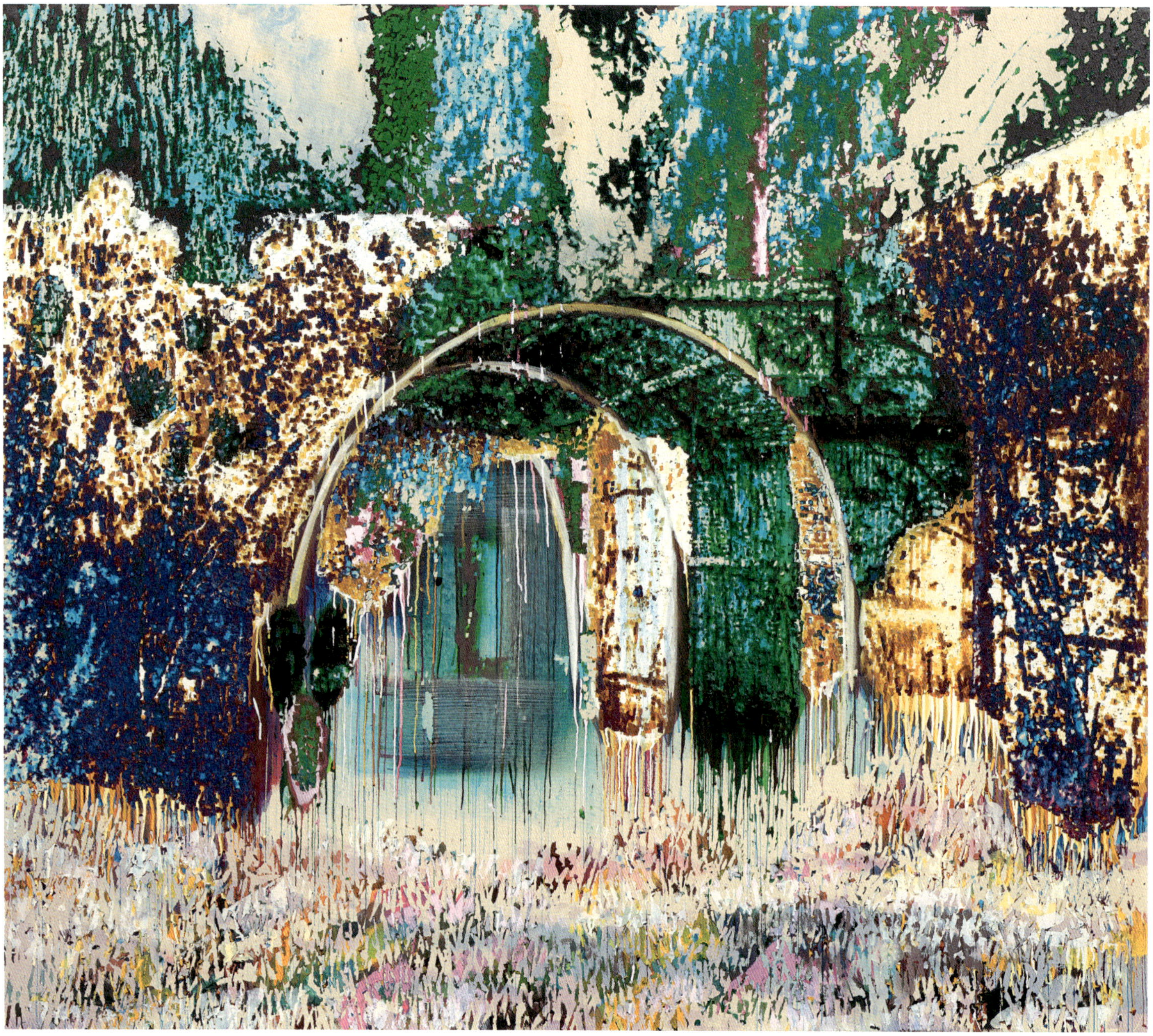

Ce qui se passe dans la nuit, 2024
171 × 196 cm
67 $^{11}/_{16}$ × 77 $^{11}/_{16}$ in

Le Poids de la nuit, 2024
221 × 155 cm
87 $^{1}/_{64}$ × 61 $^{1}/_{32}$ in

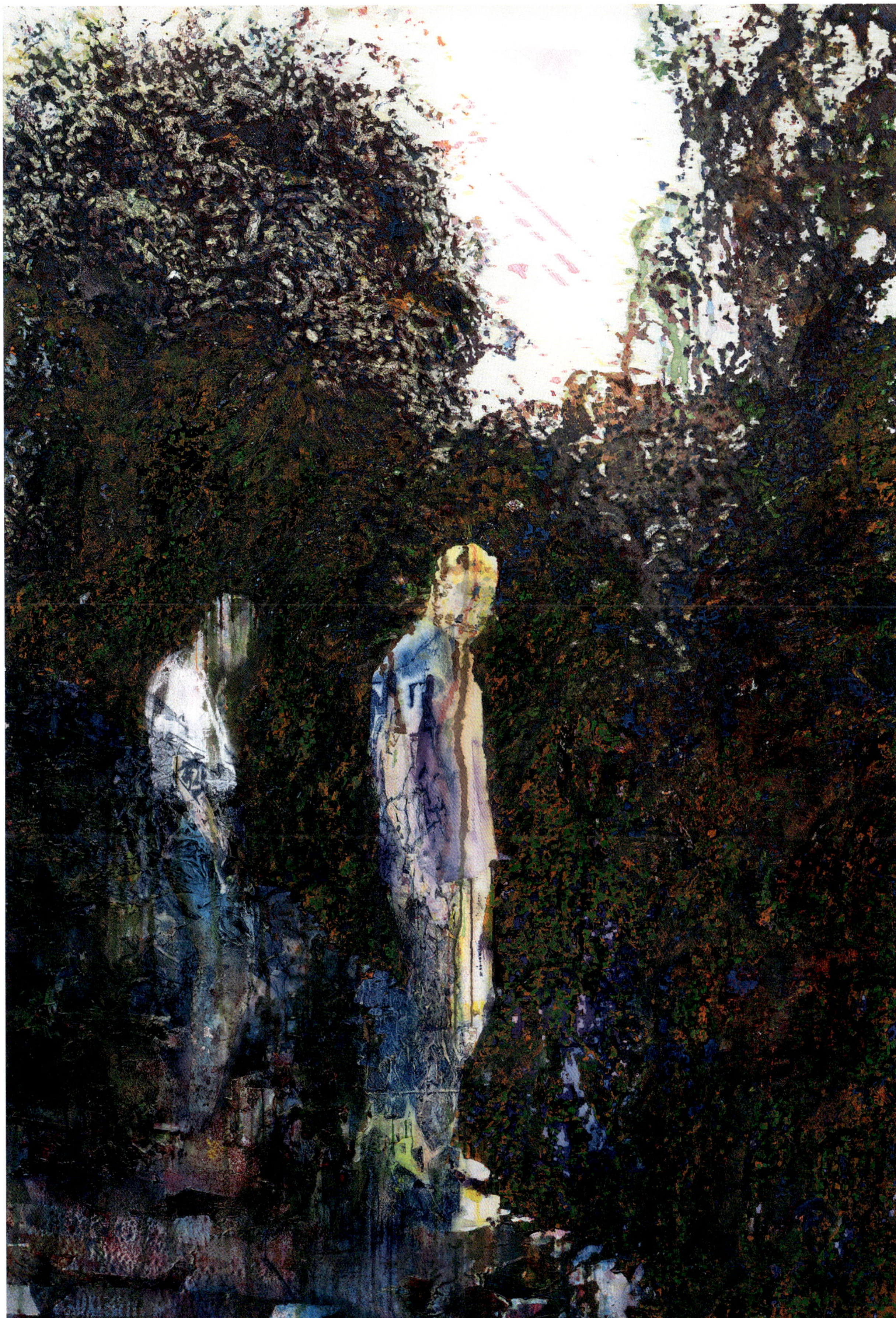

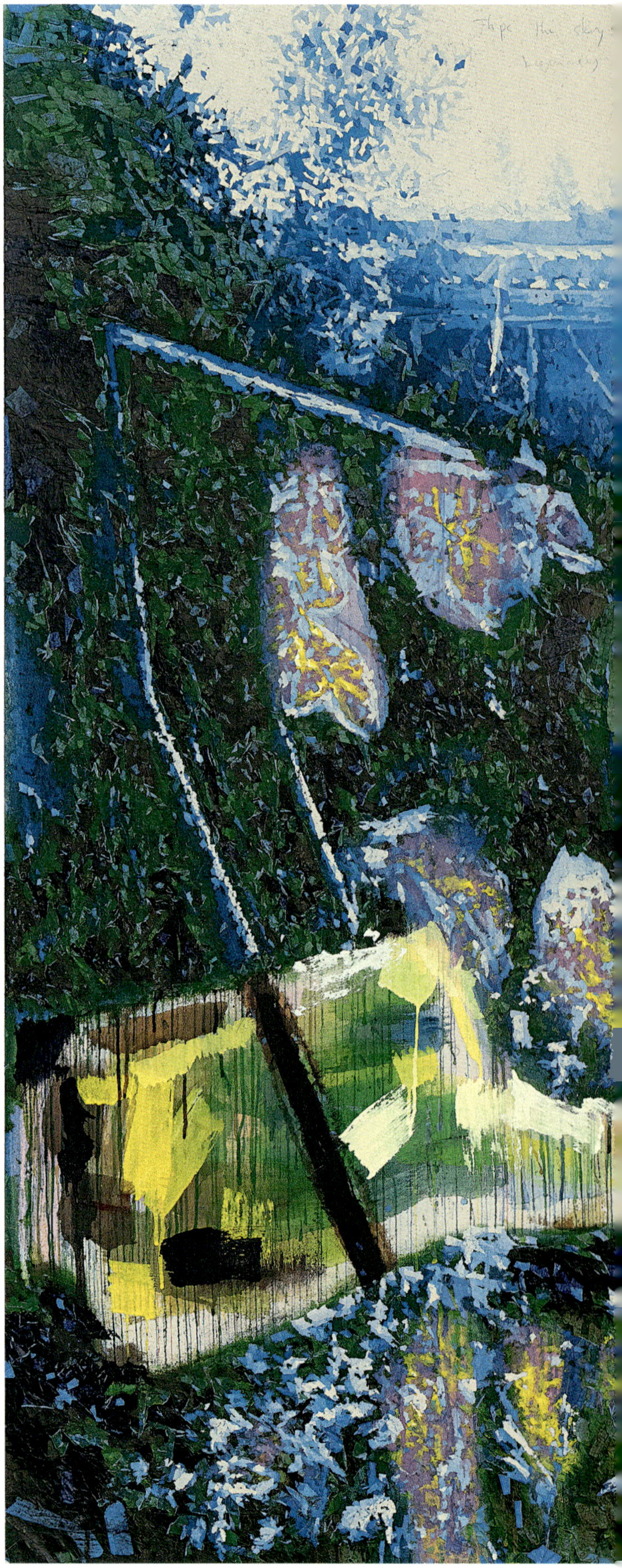

Entre chien et loup, 2024
Acrylique, huile et ruban adhésif sur toile /
Acrylic, oil and tape on canvas
167 × 228,6 cm / 65 $^3/_4$ × 90 in

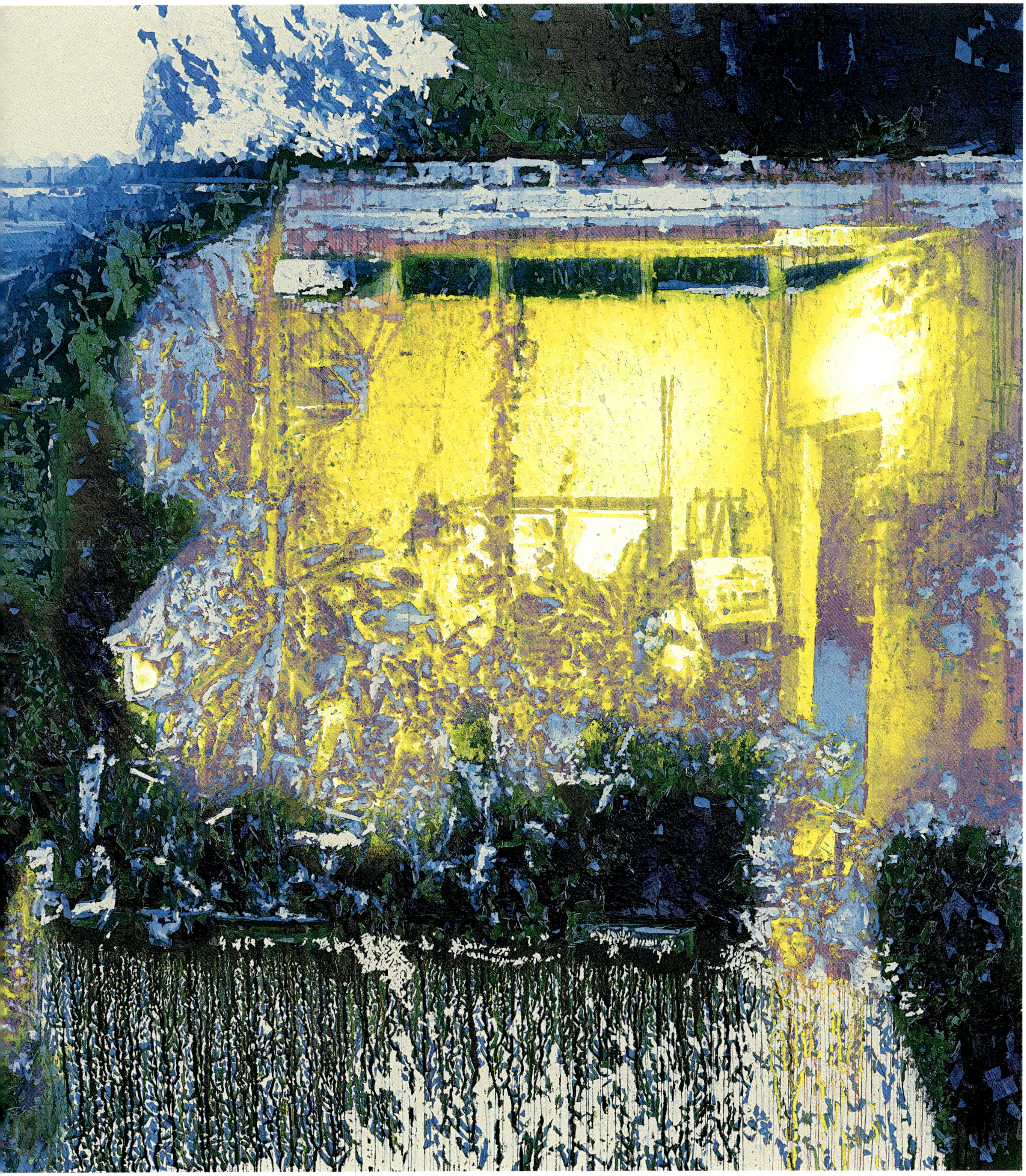

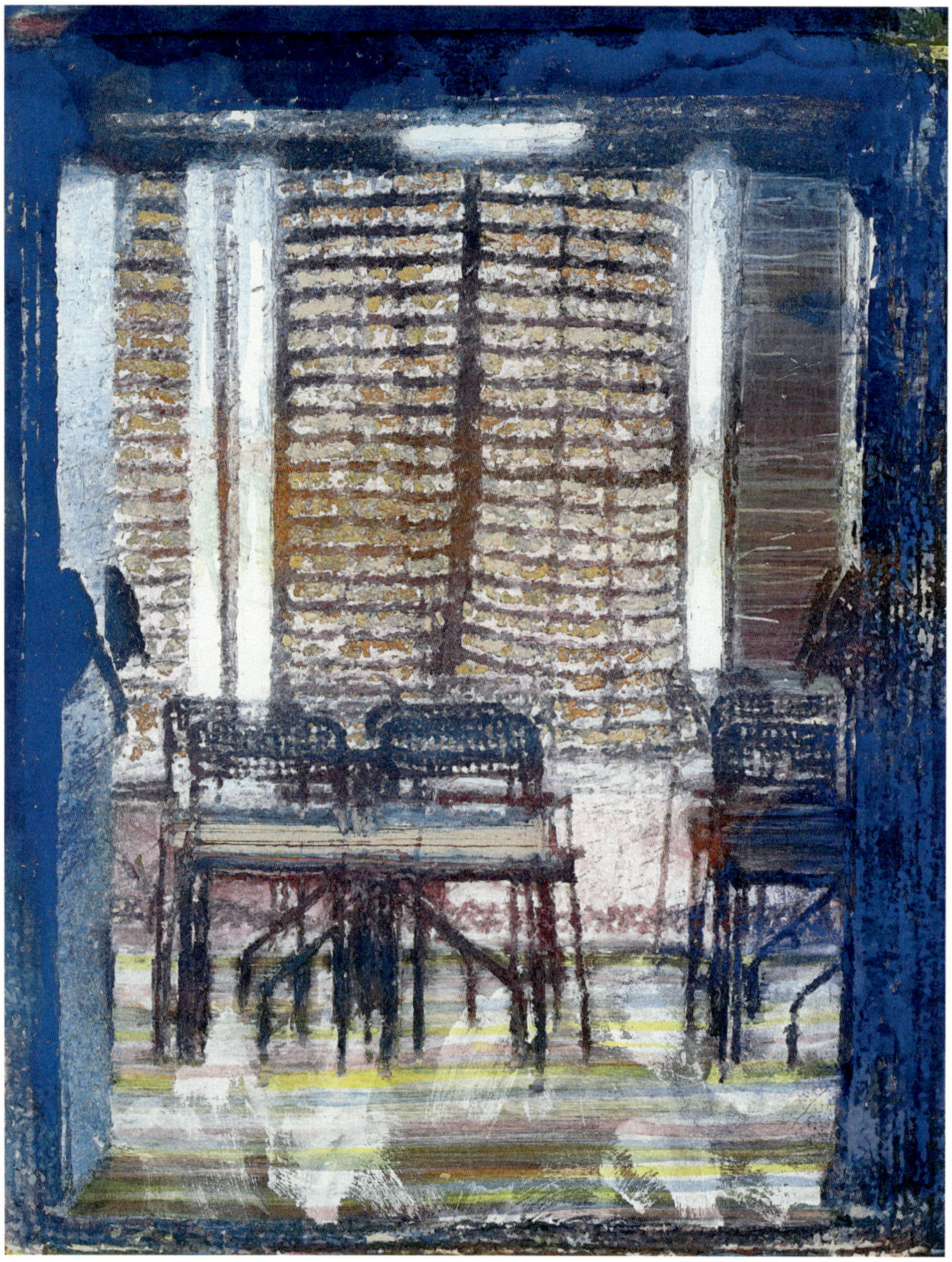

The Stage, 2024
Acrylique, huile, ruban adhésif et feuille d'or sur toile / Acrylic, oil, tape and gold leaf on canvas
163 × 125 cm / 64 $^{3}/_{16}$ × 49 $^{3}/_{16}$ in

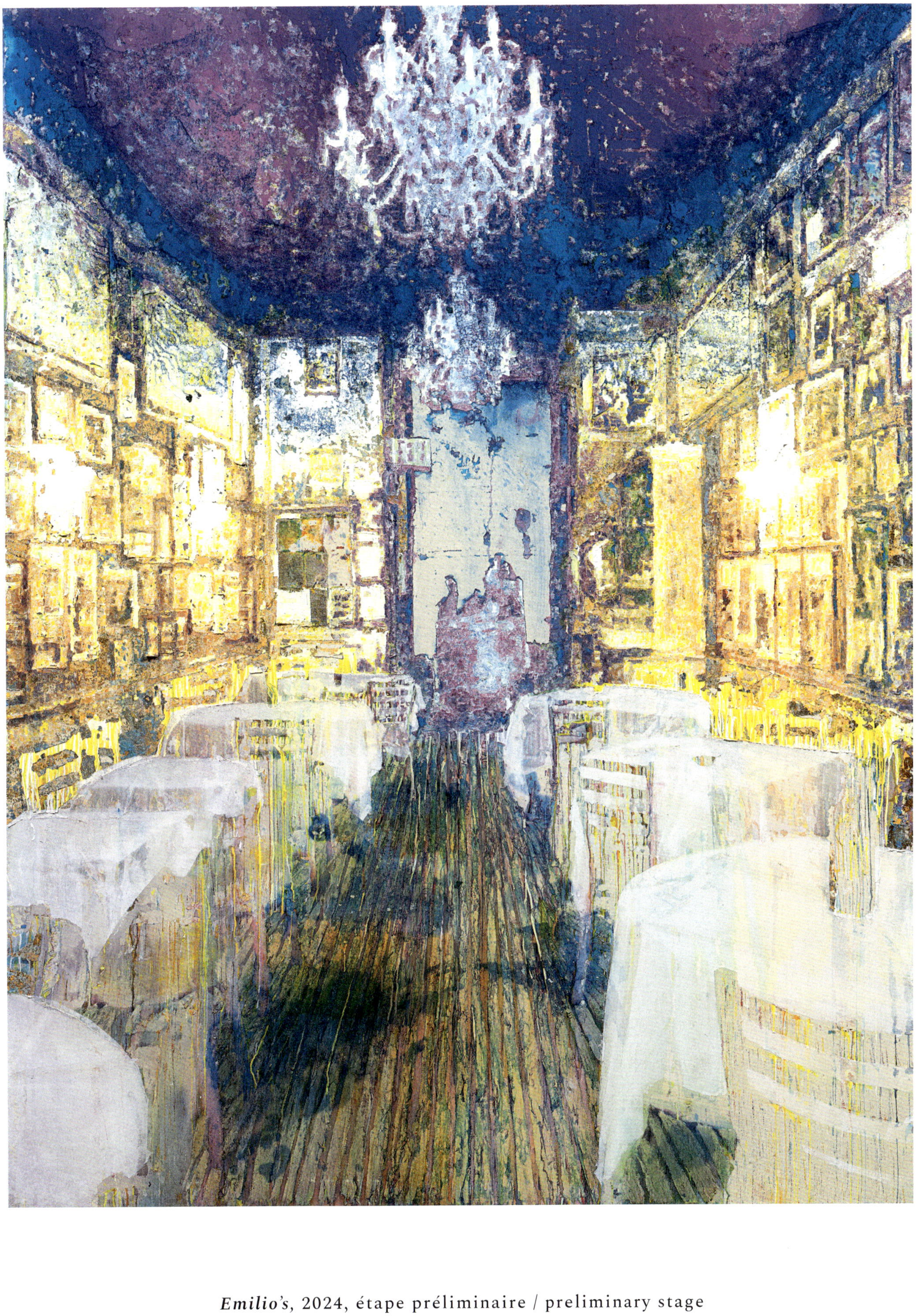

Emilio's, 2024, étape préliminaire / preliminary stage
Acrylique, huile, feuille d'or et polyester sur toile de coton / Acrylic, oil, gold leaf and polyester on coton canvas, 251 × 196 cm / 98 $^{13}/_{16}$ × 76 $^{3}/_{16}$ in

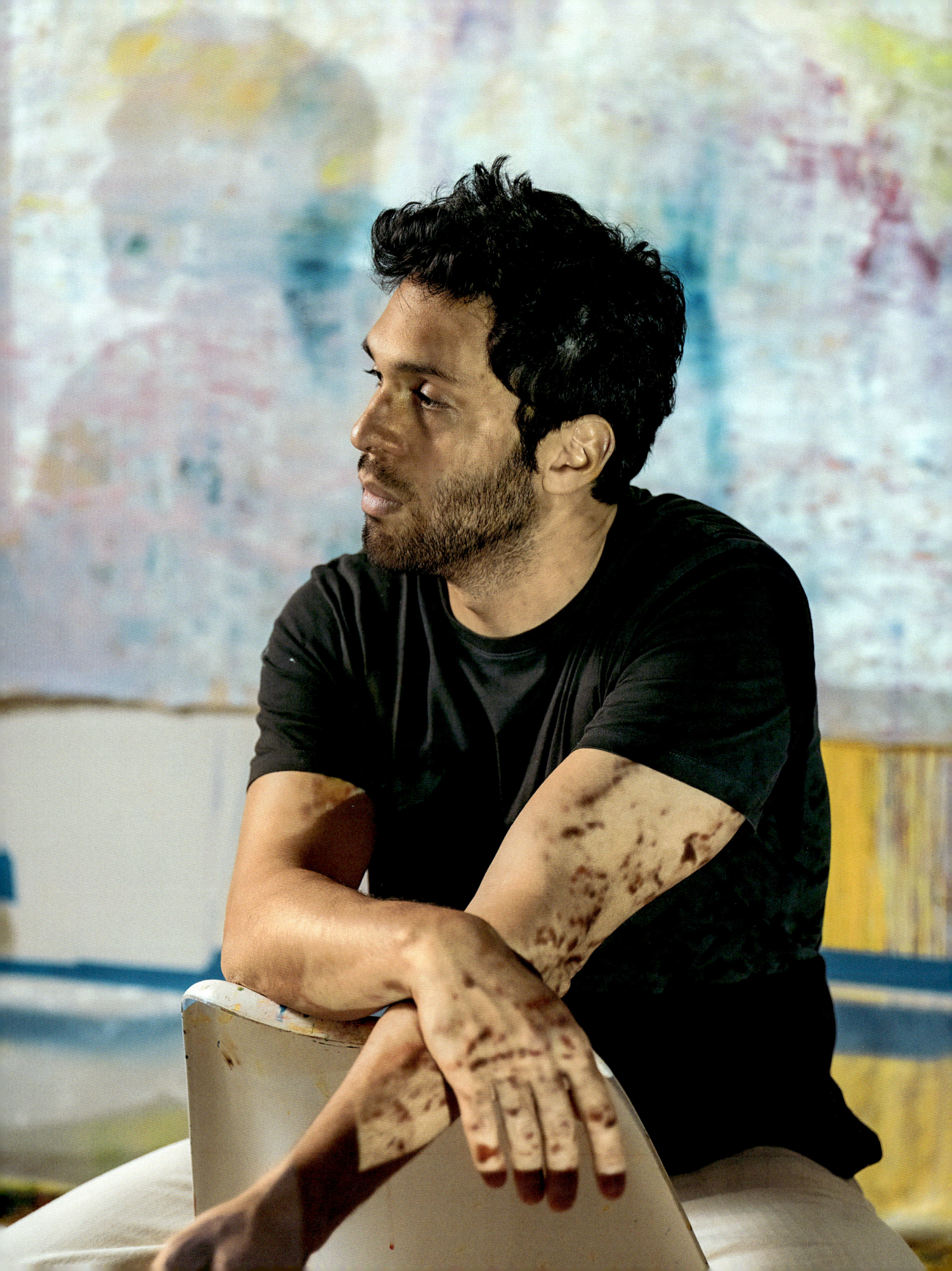

Portrait de l'artiste dans son atelier / Portrait of the artist in his studio
New York, 2024

Chronologie - Chronology

Alexandre Lenoir

Né en 1992, franco-caribéen
Vit et travaille à Paris et New York

Born in 1992, French Caribbean
Lives and works in Paris and New York

Formation / Education

2016 École nationale supérieure des beaux-arts de Paris

Expositions personnelles / Solo exhibitions

2024 « Between Dogs and Wolves », Almine Rech, New York (Tribeca), États-Unis / United States

2023 Armory Show, Almine Rech, New York, États-Unis / United States

2022 « Visages Paysages », Almine Rech, Shanghai, Chine / China

2021 « Trois Rivières », Almine Rech, New York, États-Unis / United States

« La Source », Caisse des dépôts et consignations, Paris, France

« sous le niveau de la mer », Almine Rech Matignon, Paris, France

2020 « Sur le fil / On the Edge », Almine Rech, Bruxelles, Belgique / Brussels, Belgium

« Alexandre Lenoir », Almine Rech, Paris, France

« La vie qu'on mène », Fondation Sisley, Paris, France

Expositions collectives / Group exhibitions

2024 « Monaco Opening Show », Almine Rech, Monaco

« Le vernissage» (partie une et partie deux), Brigitte Mulholland, Paris, France

2022 « We Paint », Beaux-Arts de Paris, France

2021 « Un goût de vacances », CAC Meymac, France

« Salon de peinture », Almine Rech, New York, États-Unis / USA

« Spring », Fondation Thalie, Ixelles, Belgique / Belgium

« Un Hiver à Gstaad », Almine Rech, Paris, France

« Artistes à la Une Togeth'Her », Monnaie de Paris, Paris, France

2020 « Summer », Almine Rech, Paris, France

2017 « Felicità 17 », Beaux-Arts de Paris, Paris, France

2014 « Carte blanche à Hector Obalk », galerie Farideh Cadot, Paris, France

Collections publiques et privées / Public and private collections

Blenheim Art Foundation, Woodstock, Royaume-Uni / United Kingdom

Caisse des dépôts et consignations, Paris, France

Fondation Thalie, Ixelles, Belgique / Belgium

Fondation Sisley-d'Ornano, Paris, France

Fonds de dotation Bredin Prat pour l'art contemporain, Paris, France

He Art Museum (HEM), Guangdong, Chine / China

Longlati Foundation, Shanghai, Chine / China

MAM (musée d'Art moderne de Paris), France

Pearl Collection, Paris, France

Prix / Awards

2021 Prix Jean-François Prat 2021 (10 ans / years)

2020 Prix Pierre Cardin, Académie française

2016 Prix Marie-Laure de Clermont-Tonnerre

Prix Thaddaeus Ropac

Crédits photographiques - Photo credits

Remerciements - Acknowledgments

Almine Rech et les Éditions Skira tiennent à exprimer leur profonde reconnaissance à Alexandre Lenoir pour sa confiance et son engagement au cours de l'élaboration de cet ouvrage. Ce projet n'aurait pu voir le jour sans sa très grande implication et sa passion. Qu'il soit assuré de notre profonde gratitude.

Notre vive reconnaissance va également aux auteurs, Anaël Pigeat pour son entretien avec l'artiste, et Joachim Pissarro pour son essai, leurs textes permettant une meilleure approche et connaissance de l'œuvre d'Alexandre Lenoir, ainsi que pour leur engagement tout au long de ce projet.

Enfin, nous remercions toutes les personnes ayant contribué à cet ouvrage, ainsi que les collaborateurs et amis de la galerie pour leur soutien. Qu'ils et elles soient assurés de notre profonde gratitude, tout comme ceux qui ont préféré garder l'anonymat.

Almine Rech and Éditions Skira would particularly like to thank Alexandre Lenoir for his trust and commitment during the preparation of this book. This project would not have been possible without his invaluable dedication and passion. He has our deepest gratitude.

We are grateful to the authors Anaël Pigeat for her interview with the artist and Joachim Pissarro for his essay, their texts providing a better approach to and understanding of Alexandre Lenoir's work, and for their commitment throughout this project.

Finally, we would like to thank all those who contributed to this publication, and the collaborators and friends of the gallery for their support. They have our deepest gratitude, as well as all those who preferred to remain anonymous.

ALMINE RECH

Coordination des expositions et liaison avec les artistes
Exhibitions Coordinator and Artist Liaison
Paul de Froment

Coordination éditoriale
Editorial Coordinator
Milena Oldfield

Coordination des foires et ventes, et liaison avec les artistes
Fair and Sales Coordinator and Artist Liaison
Lily Cohen

Responsable des éditions Almine Rech
Almine Rech Editions Manager
Boris Cucalón

Assistante des éditions et de la boutique
Editions and Shop Assistant
Maud Langlais

Paris
64, rue de Turenne, 75003 Paris, France
Mardi-samedi, de 11h à 19h / Tuesday-Saturday, from 11.00 to 19.00
T. +33 145 83 71 90

18, avenue Matignon, 75008 Paris, France
Mardi-samedi, de 11h à 19h / Tuesday-Saturday, from 11.00 to 19.00
T. +33 143 87 30 66

Bruxelles / Brussels
20, rue de l'Abbaye / Abdijstraat 20,
Bruxelles / Brussel 1050, Belgique / Belgium
Mardi-samedi, de 11h à 19h / Tuesday-Saturday, from 11.00 to 19.00
T. + 32 (2) 648 56 84

Monaco
20, avenue de la Costa, 98000 Monaco
Mardi-samedi, de 10h à 18h / Tuesday-Saturday, from 10.00 to 18.00
T. +377 99 92 42 30

Gstaad
Chatlet Wilibenz, Bahnhofstrasse 1, 3780 Gstaad, Suisse / Switzerland
Mardi-samedi, de 11h à 18h / Tuesday-Saturday, from 11.00 to 18.00

Londres / London
Grosvenor Hill, Broadbent House, W1K 3JH
Londres / London, Royaume-Uni / UK
Mardi-samedi, de 10h à 18h / Tuesday-Saturday, from 10.00 to 18.00
T. +44 20 72 87 36 44

New York
Upper East Side 39, East 78th Street, 2nd Floor,
New York, NY 10075, États-Unis / USA
Mardi-samedi, de 10h à 18h / Tuesday-Saturday, from 10.00 to 18.00
T. +1 (212) 804 8496

Broadway 361, New York, NY 10013, États-Unis / USA
Mardi-samedi, de 10h à 18h / Tuesday-Saturday, from 10.00 to 18.00
T. +1 (212) 804 8496

Shanghai
27 Huqiu Road, 2nd Floor, 200002 Shanghai, Chine / China
Mardi-samedi, de 11h à 19h / Tuesday-Saturday, from 11.00 to 19.00
T. +86 21 63120260

The Shop
20, rue de l'Abbaye / Abdijstraat 20,
Bruxelles / Brussel 1050, Belgique / Belgium
T. +32 (0)2 648 56 84
Mardi-samedi, de 11h à 19h / Tuesday-Thursday, from 11.00 to 19.00
theshop@alminerech.com

ÉDITIONS SKIRA PARIS

14, rue Serpente
75006 Paris
www.skira.net

Responsable des éditions
Senior Editor
Nathalie Prat-Couadau

Responsable du projet
Project Manager
Meryl Mason, assistée de
Roxanne Rebours

Responsable éditoriale
Editorial Manager
Juliette Chambon

Assistant éditorial
Editorial Assistant
Paul Bonete (stagiaire / intern)

Conception graphique
Graphic Design
Guévørk Aivazian

Traduction
Translation
Christian Diebold (EN > FR)
Anne McDowall (FR > EN)

Relecture
Copyediting and Proofreading
Laure Barbosa–français / French
Myriam Birch–anglais / English

Photogravure
Colour Separation
Litho Art New, Turin

ISBN 978-2-37074-232-2

Couverture / Cover
Entre chien et loup, 2024
Acrylique, huile et ruban adhésif sur toile /
Acrylic, oil and tape on canvas
167 × 228,6 cm / 65 3/4 × 90 in
© Charles Roussel

Achevé d'imprimer en août 2024 sur les presses de Graphius à Gand, Belgique
Dépôt légal septembre 2024

Printed in August 2024 on Graphius presses in Ghent, Belgium
Legal deposit September 2024

MIXTE
Papier | Pour une gestion forestière responsable
FSC® C014767